Über das Buch

Peter Glasers neues Buch ist eine Ausnahme im Meer der Computerliteratur. Niemand versteht es wie er, das spezifische Gefühl des digitalen Daseins zu beschreiben, die Poetik der Nächte vor den kühl-blauen Bildschirmen, wenn nur noch das leise Klicken der Maus in der Stille der späten Stunden zu hören ist.

Seit vielen Jahren ist Peter Glaser der Dichter unter den Experten und Computerliebhabern, ein Pionier der ersten Stunde, der in unzähligen Zeitschriftenartikeln und vielen Buchveröffentlichungen über seine Erlebnisse und Erfahrungen im Computeruniversum der Gegenwart schreibt.

Der Autor

Peter Glaser, 1957 als Bleistift in Graz (Österreich) geboren, wo die hochwertigen Schriftsteller für den Export hergestellt werden. Lebt seit 1984 als Schreibprogramm in Hamburg. Schreibt u. a. für «Spiegel«, »Die Woche«, »Die Zeit«, »Süddeutsche Zeitung«, »Neue Zürcher Zeitung«, »Vogue«.

In einem gewöhnlichen Leben schafft, wer
begierig liest, etwa 4000 Bücher;
das entspricht, grob überschlagen,
ebensovielen Megabytes.
Also: Es empfiehlt sich, klug auszuwählen.

Albrecht Kunkel

Es gibt keine mechanischen, elektronischen
oder chemischen Substitute für ganze lebende
Organismen, obwohl man häufig das
Bedürfnis nach symbolischer Erweiterung und
Verstärkung tatsächlicher Erlebnisse
empfinden mag.

Lewis Mumford

Peter Glaser

24 Stunden im 21. Jahrhundert

Onlinesein.
Zu Besuch in der neuesten Welt.

Kiepenheuer & Witsch

KiWi 425

1. Auflage 1996

Umschlaggestaltung: Christoph Pracht, CCCP Köln
Umschlagmotiv: Moritz Reichelt, München
Satz: Peter Glaser, Hamburg
Layout Supervision: Robert Weissenbacher, Hamburg
Belichtung: Ready For Press, Stade
Druck und Bindearbeiten: Clausen & Bosse, Leck
ISBN 3-462-02547-3

Inhalt

Vormittag

Licht gegen Licht 11

08:00 *Die erste Stunde* • Wege in der Wirklichkeit, Wege im Netz • Das große, planetare Gewebe • E-Mail und Leichtigkeit • Der Computer als Erkenntnismaschine • Die frühe Scheinzeit • So weit das freie Auge reicht • Null und Eins, das zählt • Die Hypermoderne • Der Geist, das Netz der Netze • Cyberspace, das Inversum • Die Eroberung der Intelligenz • Eine Maschine, die leuchtet

Menüs 21

09:00 *Die zweite Stunde* • Das Archiv der Katze • Der Duft von heißem Kaffee und druckfrischen Zeitungen • Farbige Ecken und Eselsohren: Informationsaufbereitung • Die Künste der Ordnung: Verweiser, Suchen, Finden • Essen im Internet • Goethe und das Usenet • Der Unterschied zwischen Netz und zentralem Service • Couscous mit Chilli • Die Tragik des Perfekten

Wie alles anfing 29

10:00 *Die dritte Stunde* • Das Unbegrenzte des Blicks • Welterweiterungen • Eine kleine Geschichte der Netze • Vom ARPAnet zum Internet • Der Siegeszug des PC • Die ersten privaten Mailboxen • Die unabhängigen Netze • Internet in Deutschland • Die Kommerzialisierung

Mittag

Grasfaserkabel 39

11:00 *Die vierte Stunde* • Ganz nah wie sonst nur beim Küssen • Deutschlands allerschöne Netze • Al Gore und die Global Information Infrastructure • Wam Kat und das Zagreb-Tagebuch • Was Nachrichten sind • Kriege und Netze • Das Z-Netz • Fidonet • Die Mailboxkultur in Deutschland

KREUZ UND QUER DURCH IMMER MEHR 49

12:00 *Die fünfte Stunde* • Echter und mittelbarer Internet-Zugang • Die Standards: E-Mail, News und WWW • Die Internet-Dienste • Cray, Gopher und Tunnels • Datenkraftwerke und Problemdesign

KAFFEE UND SUCHEN 59

13:00 *Die sechste Stunde* • Das Wunderbare an der Musik von Kraftwerk • Das Informationsproblem • Knowbots und Spiegelwelten • CNN und andere Ereignisumwälzanlagen • Die virtuelle Einkaufstüte • Ein Versuch, das Fernsehen zu nutzen • Das blinkende LCD am Videorekorder • Komplex versus kompliziert • Der Information Overflow • Schnelldichter

NACHMITTAG

NEUBEGINN DER GESCHICHTE 69

14:00 *Die siebte Stunde* • Cyberspace, ein literarisches Konzept • Computersubkultur und Cyberpunk • Eine Welt der Worte • Die Sache mit den Umlauten • Das Märchen vom Wissen der Menschheit • Das Projekt Gutenberg • Die Digitalisierung der Bibliotheken

DAS GLÄSERNE BLATT 79

15:00 *Die achte Stunde* • Meine Tinte ist das Licht • Hinterglas-Reinheit und falsche Wichtigkeit • Der Mythos «Kommunikation» • Schreiben und Bedacht • Die Freude am Eilen • Echtzeit und ein Gefühl von Verlorenheit • Die Linearität der Schrift und das Viele der Welt • Hypertexte

INFORMATION SUPERHEIMWEH 89

16:00 *Die neunte Stunde* • Der Kugelschreiber und das World Wide Web (WWW) • Das kalifornische Museum für Paläontologie im Netz • Die geologische Zeitmaschine • Eine Sammlung nutzloser Musiksammlungen • Hypermedia • Wie das WWW wurde • Lustvolles Verlorengehn: Netsurfen • Hypermedia • Nach Hause telefonieren

DIE BLAUEN STUNDEN

FASZINATION UND FERNE 99

17:00 *Die zehnte Stunde* • Beseelungsversuche im Einkaufszentrum • Onlinesein - das Gefühl • Der aktuelle Plan für die kulturelle Entwicklung der Menschheit • Das Wow-Spiel • Die Demokratisierung der Unsterblichkeit • Computer und Netze die mächtige Metapher • Körperlose Spielräume • Wie wirklich ist die Wirklichkeit? • Die phantastische Inbrunst der Computernutzer

HALLO WELT 109

18:00 *Die elfte Stunde* • Abendessen • Eine lange Fahrt beginnt • Durchs WWW zu den Sternenräumen • Ein Blick aus dem Orbit • Der zweite Traum vom Fliegen • Karten, Zooms, geheime Landschaften • Das planetare jugendliche Wir-Gefühl • Gedanken über Teilung statt Globalisierung • Langsam wieder auf der Erde landen

ZOOM: MULTIMEDIAMEGALOPOLIS 115

19:00 *Die zwölfte Stunde* • Das Lichtermeer einer virtuellen Stadt • Feuer, Licht und Bildschirmleuchten • PEN - das erste elektronische Bürgernetz • Freenets • Wie man sich das Internet vorstellen kann • Die Digitale Stadt - Amsterdam • Regen in der Stadt

ABEND

ZOOM: DIE INTERNET-BADEWANNE 123

20:00 *Die dreizehnte Stunde* • Abenddämmerung • Das Cambridge Panorama • Besichtigung der Kapelle des King´s College übers Netz • Das Klick-begehbare Forschungslabor • Blick auf einen fremden Bildschirm: Was macht A. H.? • Pauls Internet-Badewanne und Pauls Internet-Kühlschrank • Ein Plop im Garten

SCHLÜSSELSTELLEN 131

21:00 *Die vierzehnte Stunde* • Is There No Privacy? No • Das Geheimnis des Geheimnisses • Kleine Geschichte der freien Kryptographie • Whitfield Duffie und der Public Key • Code am Henkel der Internet-Kaffeekanne • Supergeheimdienste und der Clipper-Chip • Phil Zimmermann und Pretty Good Privacy • Demokryptie • Steganographie • Cypherpunk

INDIVISUALISIERUNG. 141

22:00 *Die fünfzehnte Stunde* • Willkommen in der Visual Age • Entfernung als Botschaft • TV-Nachtprogramme: Einübung in die Handlungslosigkeit • Von «Shining» nach «Zoom City» • Videosurfen • PeepTech so weit das Auge reicht • Mord vor der Überwachungskamera

SPÄTABENDS

DAS PYJAMA-ZEITALTER 147

23:00 *Die sechzehnte Stunde* • Das weiche Wärmenetz im Tee • Telearbeit und die Herrenschneider • Status und Stil im Netz • Wahre Arbeit • Die neuen digitalen Bauern • Unsichtbare Machtgerüste • Das Netz ist gesellig und warm • «No Collar»-Jobs

ARBYTER ALLER LÄNDER. 153

24:00 *Mitternacht. Die siebzehnte Stunde* • Klassenkampf ohne Klassen • Bit Busineß • Einkaufen in Permanenz • Die legendäre Interaktivität • «Netz von oben»: BTX/T-Online • symmetrische Übertragungspower • Eine neue Art von Tod • Chefsimulationen • Geistige Gefangenenbefreiung • Wie spät ist es?

KOMMUNIKATIONSWAFFEN. 163

01:00 *Die achtzehnte Stunde* • Was hilft gegen Nervsäcke? • Paste Bombing • Die Schlacht am Wounded F-Key • Bozo-Filter und Killfiles • Der Fall Canter & Siegel • Crossposting, Cancelbots, Usersimulatoren • CrossPoint und die Filterfundamentalisten • Phrasendatenbanken • Nobody expects the spanish inquisition!

Nacht

Mein allein 171

02:00 *Die neunzehnte Stunde* • Die Nacht ist unfaßbar • Muerto Media • Vor zwei Millionen Jahren im Vorland des Kilimandscharo • Die schöne Einsamkeit • Winni, mein Toastmaster • Wenn Ikea Raumschiffe bauen würde • Die Nächte der Städte • Erholung vom aufrechten Gang

Die Herren der Infobahn 177

03:00 *Die zwanzigste Stunde* • Wem gehört der Cyberspace? • Der Heilige Gral der Wirtschaft • Konvergenz • I-Bahn und Telezivilisation • Das Internet, ein humanistischer Traum • Die Cyber-Conquista • Wenn Neil Postman zweimal klingelt • Gerechtigkeit ab 2020 • Werbung online: vom Überfall zur Romanze • Obdachlose im Netz

Sei online, sei mein 185

04:00 *Die einundzwanzigste Stunde* • Internet Relay Chat (IRC) • Chatten damals und heute • Ungreifbare Nähe neuester Welt • Die Zartheit der Kathodenstrahlung • Der Schatz im Silbensee • Die Geschichte von POE und ROSA

Morgen

Maschinen gegen die Nacht 193

05:00 *Die zweiundzwanzigste Stunde* • Zurück nach Hause • Der letzte Angriff • Die einzige Droge, die zündet • Gedankensurfen • Ein Kuß der Tiefe • Der Ereignishorizont • Faulheit als höchstes Kulturziel • Raumfahrt, Atomkraft, Knautschlackstiefel

Kampfschweigen 197

06:00 *Die dreiundzwanzigste Stunde* • Schnee im Zimmer • Mit der Katze kommunizieren • Alle wollen was • Der Glaser baut die Fenster aus • Nicht ans Telefon gehen, bis die Polizei kommt

Morgenwollen, Morgenmüssen 201

07:00 *Die vierundzwanzigste Stunde* • Einer dieser herrlichen Tage • Der Zwang zur Zukunft • Wenn die Welt einmal sortiert sein wird • Kenn ick, weeß ick, ha´ ick ooch zu Haus • Eingesperrt in die Gegenwart • Meine Augen, zwei scheue, blaue Tiere • 86.400.000.000.000 Nanosekunden später • Wieder die Sonne

ACHT UHR. DIE ERSTE STUNDE.

LICHT GEGEN LICHT

Es ist zu hell. Am Vormittag scheint die Sonne eine Weile auf meinen Schreibtisch. In der Wärme fängt die Platte wieder an, nach Holz zu riechen, und die Papiere darauf, die schwarze Luxo-Lampe und der kleine Fernseher, alles wird staubhell. Ein neuer Stern flammt im Glas meiner Brille auf, und das Sonnenlicht überzieht den Bildschirm meines Computers mit einem scharf spiegelnden Glanz. Ich kann den Mauspfeil nicht mehr sehen und unter dem Leuchten kein Wort mehr lesen. Sieht so aus, als wollte die gute, alte Wirklichkeit mit mir den Pepsi-Test machen. Unter welchem Anschein liegt die interessantere Welt?

Einloggen bedeutet, einen Computer anzurufen und durch die Eingabe seines Namens und eines Paßworts Zutritt zu erhalten.

Log in.

Ich bin in meiner Stamm-Mailbox und sehe nach elektronischer Post; E-Mail. Reinhard hat geschrieben. Wir sind alte Freunde. Reinhard und ich waren als Jungs gemeinsam bei den Pfadfindern, später ist er nach Amerika ausgewandert, nun erledigt er von Hongkong aus Spezialaufträge für ein Kreditkartenunternehmen. Wenn Sie durch das Innere Neuguineas fahren und Ihnen das Benzin ausgeht und Sie abends in Los Angeles sein müssen, um pünktlich zu dem kleinen Erdbeben mit Sahne zu kommen, das die Frau Ihres Chefs arrangiert hat, dann regelt Reinhard das.

Zeitreise: Wölflinge, u.a. Reinhard W. und Peter G., wenige Monate vor der ersten Mondlandung. Weitere Zeitreisen zur *achten* und zur *neunten Stunde*.

So sind wir beide wieder Pfadfinder geworden; Reinhard sucht Wege in der Wirklichkeit, Wege im Netz sind mein Metier.

Im Lauf der achtziger Jahre haben wir nur alle paar Monate einmal miteinander telefoniert. Im Frühjahr ´93 haben wir unsere E-Mail-Adressen ausgetauscht. Zu dieser Zeit wurde ein kritischer Punkt überschritten, auf den sich die Entwicklung der Computernetze lange zubewegt hat. Die technisch bedingten Abgrenzungen zwischen verschiedenen Netzen – nationalen, transkontinentalen, kommerziellen – waren durchlässig geworden, und der Austausch zwischen ihnen geradezu unkompliziert. Jeder Teilnehmer kann seither eine weltweit gültige elektronische Adresse haben. Sie ist eindeutig wie eine gewöhnliche Postanschrift und wird bloß ein wenig **@nders** geschrieben. Die vielen verschiedenen Computerverbünde begannen sich damals tatsächlich anzufühlen wie ein zusammenhängendes, planetares Gewebe – das Netz. Vor allem: Die Netze wurden eine Angelegenheit des öffentlichen Interesses.

Seither schreiben Reinhard und ich einander alle paar Tage oder Wochen. Dieses melancholische Gefühl, daß eine alte Freundschaft im Treibsand der Zeit versinkt, ist wie weggeblasen. Freundschaft, frisch e-mailiert. Viele **Netizens** haben ähnliche Erfahrungen gemacht. Ein Bekannter erzählte mir, daß er eine Freundin in den USA hat, die unter einer Briefkastenhemmung leidet. Sie hätte ihm so gern geschrieben, wäre nicht ihr unbezähmbarer Widerwille gegen das Beschriften und Verschicken von Papier gewesen. Er hat ihr sogar einmal einen Satz frankierter Rückumschläge geschickt in der vergeblichen Hoffnung, daß sie schreibt. Seit sie E-Mail kennt, bekommt er regelmäßig Post von ihr.

Oft liest man, wie schnell die elektronische Post ist. Das interessiert in Wahrheit niemanden. Wenn´s schnell gehen soll, telefoniert man. Kein Mensch außer Nicholas Negroponte liest täglich seine E-Mail. Was E-Mail so attraktiv macht, ist ihr Komfort. Sie bringt Lebensqualität. Man muß nicht mehr durch den Regen zum Briefkasten gehen. Man muß überhaupt nicht mehr zum Briefkasten gehen. Man muß keine Briefmarken mehr kaufen, kein Schreibpapier und keine Kuverts. E-Mail ist billiger als Papierpost – die im Netz neckisch *Snailmail* heißt -, und man kann sie rund um die Uhr verschicken und abholen. Zeitversetzte Kommunikation ist ein Triumph des individuellen Arbeitsrhythmus über den institutionellen.

Und während manche noch über den Verfall der Schriftkultur durch die elektronischen Medien klagen, lebt im Netz das Schreiben auf. Keine Frage, Faxen ist flotter, aber ein Fax hat diesen Schmierzettel-Appeal. Außerdem geht es bei E-Mail nicht um eine an Rentabilität orientierte Form von Geschwindigkeit, es geht um Leichtigkeit. Ein Blatt Papier ist für manches einfach nicht flüchtig genug. «Ich weiß jetzt, daß die Stadtplaner in Hongkong Lücken zwischen den Hochhäusern lassen, damit die Drachen weiterhin von den Hügeln zu ihrem Bad ins Meer fliegen können», schreibe ich an Reinhard; dazu zwei, drei persönliche Sätze. Niemand würde einer solchen Kleinigkeit wegen einen Papierbrief von Europa nach Asien fliegen lassen. Hier findet E-Mail zu sich selbst. Früher wären die kurzen Sätze als Flüchtigkeit verweht. Heute tragen Computer zum Ferntransport auch des Feinen und Kleinen bei.

Ich will niemandem, der das Netz erst kennenlernen möchte, etwas vormachen. Es werden unglaubliche Mengen an Schwachsinn und Redundanz um den Globus bewegt, aber es liegen Nuggets im Schlamm. Auch die Drachen-Mail ist eine Ausnahme. Die kleine Form hat ihre Chance, weil die drei Zeilen als E-Mail verschickt und nicht gespeichert werden. Mir sind mehr als zwei Jahre lang kleine Beobachtungen und Ideen unwiderbringlich verlorengegangen, weil ich mir eingeredet habe, ich

@

Das @-Zeichen steht im Englischen für *at*. Bei uns heißt es wegen seiner geschweiften Umfassung **Klammeraffe**.
Der Klammeraffe ist ein neues Zeichen in unserem Alphabet. Manche bezeichnen die Generation, die nun mit den Netzen heranwächst, als Generation @.

In einer E-Mail-Adresse verbindet der Klammeraffe den Namen mit der elektronischen Anschrift, z.B. *p.glaser@bionic.zerberus.de* .

Dabei steht *bionic* für einen bestimmten Rechner im Netz, entsprechend einer Hausnummer, *zerberus* steht für einen Bezirk - eine sogenannte *Domain* - und *de* für das Land, in dem Fall Deutschland.

Netizens nennen sich die Leute, die sich im Netz zuhause fühlen. *Newbies* heißen die Neulinge. Als *Lurker* bezeichnet man jemanden, der nur liest und keine eigenen Beiträge ins Netz einspielt.

würde nunmehr alles mit dem Computer festhalten. Für kurze Betrachtungen oder einzelne Worte, die ich behalten will (z.B. «Marmeladehemmung»), hatte ich bis dato immer ein Notizbuch eingesteckt. Nachfolgend war mir das Notieren gerade von Kleinigkeiten verleidet durch die computerspezifischen Umstände, etwa anstelle eines Griffs in die Hemdtasche und eines Aufblätterns erst eine Datei öffnen zu müssen, deren Dateiname bedarfsweise länger sein konnte als das Aufzuschreibende. Ich benutze längst wieder ein Notizbuch (und den Computer).

Ich will damit sagen, daß der Computer nicht wirklich das universelle Werkzeug ist, als das er gern vorgestellt wird. Die Digitaltechnik vereint ein breites Spektrum singulärer technischer Möglichkeiten unter einem einheitlichen Konzept. Wie jede Technik aber ist sie weit entfernt davon, das Spektrum der menschlichen Möglichkeiten zu umfassen. Keinem Computer wird jemals, nachdem er zwanzig Jahre lang Western gesehen hat, an einem Abend im Mai plötzlich auffallen, daß er während der ganzen Zeit nie einen Indianer mit Bart gesehen hat. Andererseits kann der Computer gerade durch das, was er nicht kann, als eine Erkenntnismaschine funktionieren – als das modernste Modell dessen, was wir an uns selbst zu verstehen suchen.

Der Computer liefert eine Metapher, deren immense Attraktivität an die Anziehungskräfte eines Schwarzen Lochs oder einer Religion erinnert. Die forcierte Vernetzung der Computer fördert den Mythos der allumfassenden Maschine. Jedem einzelnen verheißt sie von zu Hause aus Zugriff auf das mächtige, weltumfassende Arsenal der Informationen.

Die ungewohnten Grade an **Komplexität**, die inzwischen mit Computerhilfe gemeistert werden können – ob Strömungsberechnung oder animierter Dinosaurier – verlocken dazu, die Lage zu überschätzen. Wir sind gerade im Begriff, in eine neue Vorzeit einzutreten. Das angemessene Bild von uns selbst ist also das eines elektronischen Höhlenmenschen. Mit dem Computer hat der Mensch endlich die Scheinaxt erfunden. Die Zeit, die beginnt, werden die Archäologen nachfolgender Zeitalter Die frühe Scheinzeit nennen.

Im übrigen bleibt zu hoffen, daß sich mit dem Abklingen der ersten

Computer- und Multimedia-Euphorie auch die Blödheit legen wird, die Organismen mit einer Entwicklungszeit von mehreren hundert Millionen Jahren veranlaßt, sich einer Technik gegenüber, die gerade mal 50 Jahre alt ist, allen Ernstes ihrer Souveränität begeben zu wollen. Wissenschaftler wie Hans Moravec – Künder künstlicher Intelligenz und einer postbiologischen Ära – entwerfen Vorstellungen, in denen Roboter die Herrschaft über Evolution und Erde übernehmen, wobei die Maschinen sich dann wohl ebenso schämen sollten, vom Menschen abzustammen, wie es dem Menschen peinlich war, vom Affen herzukommen.

Zwanzig Jahre lang Western gesehen.

Ich lehne mich weitmöglichst nach rechts neben den Schreibtisch in den Schatten, als ginge ich mit einer bürostuhlförmigen Beiwagenmaschine in die Kurve. So kann ich lesen, was Reinhard schreibt. Der Umgang mit Kommunikationstechnik in Hongkong macht Fortschritte. Beispielsweise verwenden in der großen Stadt immer weniger Leute einen Anrufbeantworter. Entweder man erreicht jemanden sofort oder gar nicht.

Echtzeit ist der Heilige Gral der Computerentwicklung. Da es bis zur umfassenden Verwirklichung der Jetzt-sofort-alles-Maschine noch ein bißchen – *a bit* – dauern wird, kann man sich die Zeit einstweilen vertreiben, indem man das Echtzeitige in Form von Sozialverhalten emuliert. Der Wunsch, eine solche Maschine zu haben, wird im Vorgriff erfüllt. Seit jeher versuchen Stammesvölker, ihre Jagdtiere bis ins Innerste zu verstehen, indem

«Ich weiß nicht, wie es Ihnen geht, aber ich verlaufe mich häufig. Da mein **Orientierungssinn** also nicht sehr ausgeprägt ist, könnte ich eine Taschennavigationshilfe gut gebrauchen, die mir nicht nur mitteilen würde, wo ich mich befinde (Elektronikkarten, die ähnliches leisten, kommen gerade auf den Markt), sondern mich auch zu meinem Zielort führen und an die Einkaufsliste erinnern würde, wenn sie feststellt, daß ich mich in der Nähe des Supermarktes befinde.»

Hans Moravec

sie sie nachtanzen (imiTieren), nur um sie schließlich besser töten zu können. Ebenso beginnen die Menschen in Hongkong sich nun offenbar bereits im Takt einer zukünftigen Maschine zu bewegen, die sich selbst als Jagdziel intelligent entzieht, indem sie permanent Beute produziert (erledigte Jobs) und die Echtzeit über die Gegenwart hinaus beschleunigt, eine Tunnelvortriebsmaschine ins Künftige.

Was mir an den E-Mails von Reinhard besondere Freude macht, ist die schlichte Magie, mit der sie Wirklichkeit erzeugen. Jemand, den man persönlich kennt, erzählt einem etwas, dadurch wird es wirklich. Es sind dies die tatsächlichen Nachrichten, nicht dieser bleiche Regen aus Bildern und Berichten, in dem uns die Medien ungerührt stehenlassen.

Reinhard hat sich in eine Kambodschanerin verliebt und ist im Begriff, sich in Pnom Penh niederzulassen. «Ich hatte Meetings mit Regierungsmitgliedern. Die Minister haben nicht einmal Telefone in ihren Büros. Ich bin praktisch gerade zur Tür 'rein vom Flughafen und wollte Dir von Cambodia erzählen...»

Freunde, die Fernreisen unternehmen, bitte ich gewöhnlich, Beweismittel mit nach Hause zu bringen, daß es das Land auch tatsächlich gibt, in dem sie zu sein gewesen vorgeben. Ich bin stets so lange reserviert einer angeblichen Weltgegend gegenüber, wie ich sie nicht selbst besucht habe, oder eben eine Person meines Vertrauens. Wer sagt denn, daß es China wirklich gibt?

Hinter dem stillen Vergnügen an derlei Verschwörungstheorien sitzt ein fundamentales Mißtrauen an der Medienmaschinerie, die nichts als irgendwelche Informiertheiten umwälzt. Dieses Mißtrauen erkennt das ganze System der **Medien** als einen vernetzten, also miteinander verschworenen, technisch hochgezüchteten, kollektiven Wahn und schlägt sich nomadisch entlang der kostbaren persönlichen Berichte von Freunden von einem Wasserloch der Wirklichkeit zum nächsten durch.

So erlösen die Berichte der Freunde die medienvermittelte Ferne und Fremde aus ihrer fahlen Existenz hierher in die satte, zunächste Umgebung. Die reicht immer gerade so weit, wie ich rufen, hören und sehen kann, Satelliten-Links hin oder her.

Und sehen kann ich weiter als mit jedem technischen Mittel. Ich sehe den Himmel von meinem Schreibtisch aus, blau wie Seide ist das, bloß tiefer. So weit, wie ein jeder von uns mit freiem Auge sehen kann, reicht kein Teleskop und wird nie ein Instrument reichen – wenn nämlich der Blick ins Blau geht und beiläufig klar wird, daß einem das Geheimnis der Welt ganz konkret vor Augen liegt – da, am Ende des Blicks. Nur offenbart es sich nicht. Ebensowenig erreichen wir den Grund des Universums an dem bescheidenen Ort, der wir selbst sind und an dem man meinen könnte, höchstpersönlich hinabreichen zu können in das Herz der Welt. Wir haben die Information, wir sind sie sogar selbst, aber sie führt zu nichts.

Ich denke, daß der Begriff der Information viel zu unbedeutend ist, um einem Zeitalter den Namen zu geben. Die Zeit, die kommt, ist **die Hypermoderne**.

«Daß nun gerade der Mensch der Industriegesellschaft von objektiven **Mächten** ins Private abgedrängt wird, so daß er schließlich öffentliche Probleme nur noch in seine persönlichen Interessen übersetzt verstehen kann, hat strukturelle Gründe. Er übersieht nur noch kleine Ausschnitte riesiger und unberatbarer Ereignismassen, er befindet sich sozusagen chronisch auf der Talsohle der Wirklichkeit, und wenn er über die Wohnung, den Arbeitsplatz hinausdenken will, muß er sich auf die gewerbsmäßigen Meinungsverbreiter und das Zimmerkino verlassen. Folglich sucht der Industriebürger die echte Nahrung des Lebens im privaten Bereich, an dessen Wert und Würde niemand zweifeln kann, er kehrt heim, geistig und seelisch.»

Arnold Gehlen

Dieses Buch ist nicht als Einweisung gedacht, sondern als eine Einladung in unser gemeinsames Vorstellungsvermögen. Ich bediene mich dabei der poetischen Methode. Ich verarbeite keine Texte, sondern ich schreibe.

Das Buch soll zu einem Verständnis unserer Verhältnisse zu jener Technik beitragen, die sowohl Faszination als auch Verwirrung phantastischen Ausmaßes verursacht und die sich hinter seltsam fühllosen Begriffen aufhält – Telekommunikation, Multimedia, Interaktivität, Vernetzung.

Daß der Computer tatsächlich **etwas fundamental Neuartiges** ist, wird daran ersichtlich, daß er das erste Werkzeug in der Geschichte ist, mit dem man keine Bierflaschen aufmachen kann.

Alle Elemente der neuen Technik funktionieren einheitlich, nämlich digital, das ist das Neue. Null und Eins, **das zählt**. Nun möchten sich die verschiedenen Teile vormals selbständiger Techniken – Telefon, TV, Video, Computer, Audiotechnik, Druck, Grafik, Filmgerätschaft und so weiter – immer weitergehender verbinden. Der Technologiedenker Friedrich Kittler spricht davon, daß der Computer den Begriff der Medien in der Mehrzahl einkassieren und zum Medium schlechthin werden wird.

Ich möchte Ihnen aber nicht die Technik nahebringen, jedenfalls nur soviel davon, wie nötig ist, um sie übersehen zu können. Das eigentlich Aufregende liegt natürlich in uns, nicht in den Maschinen. Es ist unsere Fähigkeit, neugierig zu sein, zu fühlen, zu erkennen, zu lernen, zu spielen, zu wissen, Ideen zu entwickeln, zu beurteilen, was sich uns so als Welt vorstellt, eins um´s andere daran zu lieben und ein Teil dessen zu sein, das uns Menschen auf einzigartige Weise mit allem verbindet – ein Teil des Geistes. Der Geist ist das Netz der Netze.

Void nennen die Astronomen ihre jüngste Entdeckung – die Große Leere. Void ist ein Teil des Alls, in dem es fast keine Galaxien gibt. Eines jener Gebiete liegt von der Erde aus gesehen im Sternbild Bärenhüter und ist etwa 250 Millionen Lichtjahre groß. Ein Mittelklassewagen, der sich an Tempo 100 hält, würde vom einen Void-Ende zum anderen etwa $2{,}3652^{13}$ Stunden reine Fahrzeit benötigen.

Daß die letzte große Entdeckung der Wissenschaft von der äußersten Welt die Große Leere ist, ist bezeichnend. Die beiden naturwissenschaftlich fundierten Großtechnologien des 20. Jahrhunderts, die Raumfahrt und die Nukleartechnik, sind gescheitert.

Der Versuch, die Feuerkräfte aus dem Innersten der Materie von der Kette zu lassen, hat zu den Ereignissen von Hiroshima, Nagasaki und Tschernobyl sowie zu der Einsicht geführt, daß es andere Wege gibt, große Mengen heißes Wasser herzustellen, als in einem Kernreaktor. Auch der Versuch, den exzessiv lebensfeindlichen Weltraum sozusagen mit menschlichem Eroberungsdrang zu beheizen, ist, nach dem milliardenteuren Einflug mehrerer Kilo Staub und Mondgestein, in der Kälte des Kosmos verweht.

Nun wenden wir den Raum, das All, die tiefsten Tiefen, auf technischem Weg nach Innen – in uns selbst. Cyberspace ist das **Inversum** – ein Resümee aus Tschernobyl, Challenger und dem unstillbaren menschlichen Bedürfnis, die Unendlichkeit zu passieren.

Die Nukleartechnik hat uns gelehrt, nun zu einem menschlichen Maß zurückzukehren und höchstens individuelle und soziale Kernkräfte in einem anscheinenden Raum in die Zügel schießen zu lassen. Die Raumfahrt hat uns gelehrt, daß jedermann persönlich an den Fahrten in die Weite der Welt teilnehmen können muß, um nachhaltig genug Begeisterung für eine Technik aufzubringen, deren Aufwendungen im Billionenbereich liegen dürften, und damit zu verhindern, daß nach zehn Jahren wieder alles nur rumsteht und rostet.

Der Mensch beginnt mit der gemeinschaftlichen Eroberung seiner Intelligenz und der weiten Areale des Geistes. Wir sind ganz vorne mit dabei, Leute.

Da steht eine Maschine, die leuchtet; viele von uns sitzen vor ihr. Was geschieht mit uns?

Was immer geschieht.

Das tiefe Schweigen im Fleisch schwingt von Empfindungen, die sich ins Blut und den Atem und in den Zustrom der Wahrnehmungen mischen und die ansteigen als ein Gefühl, getönt von Erinnerung und dem leisen Baß der Erfahrung; Gefühle sind die Melodie, die das Leben pfeift. In der lautlosen Raserei des unaufhörlich ins Empfinden einschwärmenden

Zahlen: Frankreichs neuer Präsident Jacques Chirac bekam 1995 von seinem Vorgänger François Mitterand den Atomcode übergeben. Die letzten Staatschefs trugen den Code an einem Halskettchen bei sich.

«Die Natur füllt mit ihrer gränzenlosen Productivität alle Räume. Betrachten wir nur bloß unsre Erde; alles, was wir bös, unglücklich nennen, kommt daher, daß sie nicht allem Entstehenden **Raum** geben, noch weniger ihm Dauer verleihen kann.»

Goethe

«Die **Sprachen** sind beseelt von so etwas wie einem universalen Rhythmus, der sich nicht von dem musikalischen unterscheidet und der ebenso die Mathematik widerspiegelt. Die sprachlichen Figuren reproduzieren auf irgendeine Weise sowohl die Formen der Wahrnehmung (Gestalt) als auch die Weltallkarte . .Die Vorstellung, in der Sprache zeige sich die Werkstatt der Universen, war schon anderen Kulturen bekannt.»

Octavio Paz

Ungefähren – jedes gerade eine Andeutung mehr als bloß möglich geworden – durchquert das Gefühl sich selbst als unerschöpfliche Fülle von Vorformen, die alle **Ausdruck** werden wollen, Wort, Wink, Lüge, Idee, «Kommunikation», «Information». Den flüchtigen Raum, den jeder Ausdruck aufspannt, indem er sich gegen das Gewicht der Erscheinungen und Eindrücke aufrichtet ins Bewußtsein, umschließt ein Zelt, worin das Ich sein Lager aufschlägt an den Feuern der Vernunft. Ein Tier ist das Gefühl und umschleicht den Ort, gierig nach Gewißheit und elegant wie jede Bewegung, die schneller ist als das Denken. Das ist der Mensch.

Und das die Maschine: Ein schwerer Anschein von Licht liegt auf dem Bildschirm. Darunter schwimmt das schwarze, weiß gesäumte Schema des Mauspfeils wie eine kybernetische Kaulquappe durch die Untiefe des Bildschirms, am Rand von nichts.

Noch tiefer, angeschwemmt aus dem Gefühlsstrom, kristallisiert an einem Sandkorn an den Stränden der Aufmerksamkeit ein winziges grammatisches Gehäuse um eine Ahnung von etwas, das gedacht werden möchte; schon die nächste anbrandende Regung zerstört es, und seine Bruchstücke sinken zurück ins Vage. Dort hat sich in den Jahrhunderttausenden eines Augenblicks korallenschön ein Filigran aus derlei Resten abgelagert, das nun aufkommt und tonlos Bedeutung gewinnt. Noch ist nichts gesagt; nur manchmal scheint mir, als wiederhole sich mit dem kaum wahrnehmbaren Ablauf eines jeden Gedankens aufs Neue unfaßbar schnell und zart die Entstehung der Welt, dramatischste aller Gesten, indem sich all das Viel zu Viele, das die Welt doch ausmacht, mit aller Macht aneinander vergeudet, verschwendet, verliert und verschenkt.

Neun Uhr. Die zweite Stunde.

Menüs

Meine Frau und meine Schwester, die zu Besuch ist, schlafen noch. Die Katze ist bei mir. Sie springt auf das Regal, in dem die Videokassetten stehen, und riecht daran. Für sie ist, was für den Menschen eine Bibliothek bewegter Bilder ist, ein Archiv von Gerüchen. Da ich die Bänder öfters verleihe, riecht sie die vielen Menschen, die diese schon in der Hand gehabt haben. So unterscheiden sich die Auffassungen von dem, was Information ist.

«Ein Optimist ist in der Regel ein Zeitgenosse, der ungenügend informiert ist.»

John B. Priestley

Die Katze und ich wateten durch das Licht am Boden, und auf dem Weg in die Küche sprach ich schallgedämpft mit dem Tier, damit meine Marion nicht aufwacht. Wir lassen in unserer Wohnung die Türen zwischen den Zimmern offenstehen, so kann der Raum vom einen ins andre Zimmer. Die Katze kuschelte sich an meine Beine, so daß ich sie vor mir herschieben mußte wie eine Lokomotive mit einem kleinen Kuhfänger. Mir war, als hätte ich das alles noch nie erlebt. Auf dem Küchentisch lag ein weißes Blatt Papier, darauf ein feiner Bleistiftstrich, der dann doch ein Katzenhaar war und mich an das Blattrückgrat einer bestimmten Art **Farn** erinnerte, einen schwarzen, zum Blattende hin immer dünner zulaufenden Strich, den ich allerdings nicht aus der Natur kenne, sondern aus einem der Pflanzenbücher meiner Frau, in denen eine von den rechten Winkeln der Zivilisation erblaßte Seele

Nestfarn, *Asplenium Nidus*

wieder Form und Fühlung nehmen kann.

Noch angenehmer als der Geruch von Kaffee ist mir beim Frühstück der Duft der druckfrischen Zeitungen, von denen bemerkenswerterweise die, die nachts zugestellt wird, *Tageszeitung* heißt und die, die in der Früh kommt, *Abendblatt*. Sie werden mir nachsehen, daß ich als erstes ein Printmedium als Beispiel heranziehe. Die wesentlichen Prinzipien und Probleme von **Informationsaufbereitung** lassen sich an alten wie neuen Medien gleich gut beobachten. Ich lese die Zeitungen und habe neben meinem Notizbuch einen Markierstift eingesteckt, um eine farbige Ecke an jene Artikel zu malen, die später ausgeschnitten werden sollen. Da die Zeitungen sich gewöhnlich ein, zwei Wochen stapeln, ehe ausgeschnitten wird, bekommt jede Seite, auf der sich eine Markierung befindet, ein Eselsohr. Angefangen habe ich mit dem Anstreichen, nachdem ich zum hundertsten Mal einen nachträglich zu einer Idee passenden Artikel benötigt hätte, den ich vor kurzem gelesen hatte und der in dem Stapel gelesener Zeitungen mit vertretbarem Aufwand nicht wiederzufinden war. Das Eselsohrenmachen habe ich mir angewöhnt, nachdem ich bemerkte, daß man mit der Schere in der Hand doch nochmal alles durchblättern muß, um die markierten Artikel wiederzufinden. Inzwischen bewahre ich überhaupt nur noch Bögen mit mindestens einem Eselsohr auf.

Nachdem die Artikel mit Quellenhinweis und Datum versehen und ausgeschnitten sind, hat sich zwar das Papiervolumen erheblich vermindert (Kompression), mit Nutzen handhabbar ist der Schnipselstapel aber noch nicht. Im nächsten Schritt wird alles auf A4-Blätter geklebt (Standardisierung). Den richtigen Kleber zu finden, hat eine Weile gebraucht. Uhu trägt zu sehr auf, Fixogum ist Luxus, und von den Flüssigklebern aus der Streichschnabelflasche gibt es Sorten, welche die Druckerschwärze von der Rückseite auf die Vorderseite durchweichen lassen. Die A4-Blätter, auf die Schnipsel geklebt werden, sammle ich aus meiner Post und der täglichen Arbeit: sämtlich freie Rückseiten benutzter Blätter. Ich werfe kein Blatt Papier weg, das eine freie Seite hat. Ebenso hasse ich es, Platz zu vergeuden, beispielsweise eine Fünfzeilenmeldung allein auf ein Blatt zu kleben. Da die aufgeklebten Artikel anschließend nach Themen sortiert werden, ergibt sich hierdurch ein Problem, das ich durch eine Extrasammlung mit Kleinstschnipseln behebe, die dann nach und nach thematisch passend auf Blätter kommen.

Die Tragweite der Entscheidung, Zeitungsausschnitte zu archivieren, war mir einigermaßen klar. Konsequentes Auswerten oder gar nicht. Kostet eine Menge Zeit, kostet eine Menge Platz. Daraus ergibt sich ganz realer Wert, den man den Informationen zumißt.

Die Notwendigkeit, die geklebten Blätter noch möglichst thematisch zu strukturieren (Rubrizierung), führte mich an den Rand einer existentiellen Krise. Ich war in tiefer Sorge, mit dem Themengerüst des Archivs ein Skelett aus Interessengebieten in mir zu fixieren, das mich für immer unflexibel macht, anstatt mir mehr Möglichkeiten zu geben. Tatsächlich passiert es ab und zu, daß ich mit einem einzelnen Blatt in der Hand dasitze wie Hamlet mit dem Totenschädel und nicht weiß, wohin damit; es mich also bedrückt, daß nicht schon eine Rubrik dafür da ist. Genau gleich geht es einem natürlich auch mit Dingen, die man nicht wegwerfen will, von denen man allerdings auch noch nicht weiß, welchen Platz man ihnen geben soll, worauf man sie erst einmal in eine Schublade, eine Schachtel oder ein Regalfach packt, bloß um das angespannte Gefühl von Unentschlossenheit abzulegen. Man kann eine Wohnung (und die ganze Welt) durchaus als Analogie zu einem Archiv und Abbild der persönlichen Art zu ordnen betrachten.

Andererseits erfüllt es einen mit kühnem Vergnügen, beim Durchblättern einer Zeitung

Das Archiv: Eine Art, die Welt zu ordnen.

Morgens um fünf beginnt ein kleines Spezialistenteam im Presse- und Informationsamt der Bundesregierung in der Bonner Welckerstraße Zeitungen, Agenturnachrichten, Interviews und Kommentare zu lesen, auszuschneiden, zu fotokopieren und in eine Mappe zu legen. Im hauseigenen Archiv der Nachrichtenabteilung lagern 13 Millionen Presseausschnitte, die zum größten Teil auf Mikrofilm festgehalten sind; täglich kommen 2000 Einzelmeldungen hinzu. Um 7.15 Uhr soll die rund 70 Seiten starke blaue Mappe auf dem Tisch des Bundeskanzlers liegen. Auch Ministerialbeamte und Abgeordnete erhalten ein Kompilat des täglich eingehenden Materials, das von ursprünglich 10.000 Seiten auf 100 Seiten **eingedampft** wird.

auch jene Themen zu orten, von denen man annehmen möchte, daß man sich erst später einmal dafür interessieren wird; und das nicht beliebig, sondern aus den Umrissen gegenwärtiger Interessen absichtsvoll vorausschattiert.

Ebenfalls schwierig ist der Umgang mit einem Artikel, der zu mehreren Themen paßt. Fotokopieren kommt nicht in Frage, und eigens eine Verweisdatenbank anzulegen ist äußerst aufwendig, wobei hier das Problem dessen, was zukünftig von Interesse sein könnte, praktisch ungelöst bleibt, da man unmöglich jedes potentielle Subthema oder Bedeutungsfeld eines Artikels bezeichnen kann (Hohe Kunst der Verschlagwortung). Was tun? Ganz einfach: Wenn ich eine Stunde Zeit für Archivrecherche erübrigen kann, schaffe ich es, zehn oder mehr Ordner mit Material durchzublättern und aufmerksam zu überfliegen (niedrige Zugriffszeit, komplexe Trefferqualität).

Im übrigen bin ich nun nach paar Jahren des Archivierens von allerlei Zeug zu einer gewissen Geläufigkeit gelangt. Das heißt, um etwas finden zu können, muß man erst einmal wissen, daß es da ist. Dieses Prinzip nennt man Bildung, wobei jeder einmal quer durch die Masse dessen geschleppt wird, was es zu wissen gibt, um ein Gefühl für das Ganze zu bekommen und später zu wissen, wo man nachschlagen könnte. Mein Archiv ist inzwischen offener geworden. Außer für meine Lieblingsthemen gibt es keine feste Themenstruktur mehr, statt dem eine alphabetische Ordnung, in die sich alles einfügt, das sich einfügen möchte; dazu Projektnester. Was sich weigert, auf den Begriff zu kommen, sortiere ich nach Datum.

Die Ordnungsverhältnisse meiner eigenen Archivbestände im Computer wirken sich gelegentlich auf die Anordnung der Blätter und Mappen in meinem Papierarchiv aus, da man am Computer wesentlich spielerischer Neuordnen kann; andererseits übertrage ich die bewährten Ordnungen der analogen Ansammlungen selbstverständlich auf die Dateistrukturen des elektronischen Archivs. Das Geordnetsein der weltweit in den Netzen verfügbaren Dateien ist eine Sache für sich; ich will nicht vorgreifen.

Es klingelt. Die Jungs vom *Feinschmecker* sind da. Die Redaktion hat eine Geschichte über «Essen im Internet» in der Mache. Jemand hatte mich als Netzpfadfinder empfohlen, und ich habe mich zu einem Fototermin breitschlagen lassen, weil ich den Ansatz ulkig finde. **Der Fotograf**, sein Assistent und der Produktionsleiter tragen schimmernde Aluminiumkoffer, Stative, Scheinwerfer, Kabeltrossen und einige Tüten voller Karotten, Paprika sowie Küchenbretter und eine beeindruckende Auswahl schwerer Messer in die Wohnung. Schlanke, schwarze Spannsäulen werden vor den Fenstern aufgestellt, Tücher zwischen ihnen befestigt, das Zimmer abgedunkelt. Das Problem mit dem blendenden Bildschirm ist behoben, die verhängte Düsternis verhilft dem Rechner am Schreibtisch wieder zu strahlender Dominanz. Was für ein wunderbares Bild: Die Fotografie begegnet dem Computer, und die Welt verdunkelt sich.

Der Assistent muß die Karotten anfeuchten. Der Produktionsleiter hält mir einen Zettel hin wie einem Taxifahrer in Tokyo. Auf dem Zettel steht *rec.food.*

«Irgendwie Internet», sagt er.

«Usenet», sage ich. Ich versuche ihm eine Vorstellung vom Usenet zu geben, indem ich Goethe zitiere – «Wenn ein paar Menschen recht miteinander zufrieden sind, kann man meistens versichert sein, daß sie sich irren.» Das Usenet ist der Debattenbereich des Internet. Etwas wie die größte mobile Leserbriefsammlung der Welt, aber ohne Zeitung und ohne Redaktion. Ein riesiges Laboratorium

«**Der Fotograf** hat Macht über die Betrachter seiner Fotografien, er programmiert ihr Verhalten; und der Apparat hat Macht über den Fotografen, er programmiert seine Gesten. Diese Umlenkung von Macht vom Dinglichen auf das Symbolische ist das eigentlich Kennzeichnende dessen, was wir <Informationsgesellschaft> und <nachindustriellen Imperialismus> nennen.»

Vilém Flusser

sämtlicher, auch der radikalsten und bizarrsten Formen der freien Meinungsäußerung und des authentischen Berichtens. Okay, in rec.food gibt´s vorwiegend Kochrezepte und vielleicht mal eine Diskussion über veganische Ernährung, aber das Usenet besteht aus Tausenden von fein abgestuften Rubriken. Die Grundstruktur bilden eine Handvoll Abkürzungen, die für Großbereiche stehen. Das *rec.* in rec.food beispielsweise steht für *recreation* – alles, was mit Freizeit und Vergnügen zu tun hat; *food* ist das Subthema. Daneben gibt es noch *comp.* (Computer und Anverwandtes), *sci.* (science, Wissenschaftliches), *soc.* (Soziales), *alt.* (alternative; alles, was sich nicht eindeutig zuordnen läßt) und ein paar andere Areale. Ich würde sagen, die Ausdifferenzierung hat inzwischen einen Grad erreicht, daß auch schwule Linkshänder, die Feuerwehrmodellautos sammeln, eine Chance haben, eine eigene *Newsgroup* im Usenet vorzufinden.

Die Nachrichtenverteilung funktioniert so ähnlich, wie wenn man Plastikentchen in den Golfstrom wirft. Man muß an irgendeiner Stelle Zugang zum Golfstrom haben und sein Plastikentchen reinsetzen, schon wird es rund um die Welt getrieben. Und an einem selbst schwimmen all die Entchen vorbei, welche die anderen ins Wasser getan haben.

Es gibt keine Usenet-Zentrale und keine Usenet-Organisation, nur die Newsgroups und die aktuellen Nachrichten, die sie enthalten (beispielsweise Abstimmungen über neue Newsgroups), auf ihrem Weg durch die Computer dieser Erde. Es fließt.

Keine Bilder», sagte ich, «nur Text.» Der Fotograf guckte traurig. Der Produktionsleiter zeigte mir einen anderen Zettel, auf dem ein Screenshot zu sehen war, eine Bildschirm-Momentaufnahme. Wie ein Botaniker, der für einen Laien Gewächse bestimmt, zeigte ich auf ein paar grafische Elemente in der Abbildung und sagte «Auch kein Internet. Das ist Compuserve. Ein kommerzieller Onlineservice».

Ich versuchte, den Unterschied zwischen einem Netz und einem zentralen Service anschaulich zu machen. Ein Computer im Internet ist über Standleitungen mit anderen Rechnern verbunden, die ihrerseits über Standleitungen an weiteren Rechnern hängen und so weiter; ein regelrechtes Geflecht. Standleitung bedeutet, daß permanent Daten zwischen den verschiedenen Systemen fließen, ohne daß, wie beim Telefonieren, jedesmal eine Verbindung angewählt und aufgebaut werden muß. Um per PC von zu Hause aus in diesem weltweiten Datenfluß mitschwimmen zu können, braucht man eine Zugangskennung auf einem einzelnen Rechner, der am Internet hängt. Von dort aus kann man sich dann in beliebige andere Systeme im Netz fortschalten.

Compuserve dagegen, Beispiel für einen kommerziellen Service, ist ein großes Rechenzentrum in Columbus, Ohio, in dem die Verbindungen von überallher zusammenlaufen. Sie werden über lokale Einwahlnummern vermittelt, die, jedenfalls für die Bewohner von Großstädten, zum Ortstarif erreichbar sind. Der Vorteil für den Betreiber des zentralen Online-Dienstes besteht darin, daß es ein solides Abrechnungssystem gibt. Zwar gibt es auch im Internet Versuche, durch die Übermittlung von Kreditkartennummern Geld fließen zu lassen, aber die Methoden sind noch nicht zuverlässig. Der Nachteil am zentralen System ist, daß jeder Mausklick und jeder Buchstabe aus meinem Rechner erst einmal nach Ohio und wieder zurück rauscht. Wenn ich einem Freund aus Düsseldorf, der ebenfalls Compuserve nutzt, eine E-Mail schreibe, entspricht das einer Postkarte, die von Hamburg erst nach Ohio und von dort aus nach Köln zugestellt wird, bloß eben elektronisch.

«Bilder?», fragte der Produktionsleiter.

«Bilder», sagte ich.

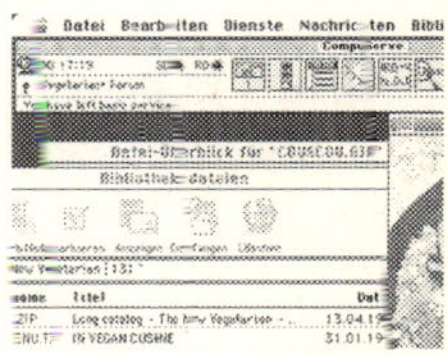

«Ein paar grafische Elemente in der Abbildung»

Ich wählte Compuserve an und gab FOOD als Suchbegriff ein. Man bekommt dann gewöhnlich alle Bereiche aufgelistet, in denen der Suchbegriff eine Rolle spielt, und kann sie einen nach dem anderen aufrufen. *Klack.* Verbindungsabbruch.

Das hatte ich noch nie gehabt – Vorführeffekt. Nach dem dritten Versuch erzählte ich, um eine gewisse Verlegenheit zu überbrücken, daß mein Rechner schon mal abgestürzt war, als die Physiker nachts DESY hochgefahren hatten, die Hamburger Teilchenschleuder. Während ich mit einer Gehirnhälfte nach einer Lösung für das elektronische Eßproblem suchte, sponn ich mit Hilfe der anderen meine Beobachtung aus, daß an den markantesten Punkten des Internet Physiker und ihre riesigen Maschinen sitzen. Ich finde das bemerkenswert, da doch die Physik heute die Philosophie als Königin der Wissenschaften abgelöst hat und unser Weltbild in Händen hält.

Der Produktionsleiter rief in der Redaktion an und fragte, welche Farbe der Hintergrund meines Bildschirms haben sollte. Man einigte sich auf pastellblau. Ich suchte mein Compuserve-Handbuch im Bücherregal. Dann eben zu Fuß. Essen, Essen, Essen... Endlich hatten wir ein Verzeichnis mit Bildern von Gerichten gefunden. Nudeln. Pasta. Couscous mit Chilli, auf einem Teller mit Schlangenornamenten am Rand. Was für ein Aufwand.

Mit jedem neuen Bild ändert sich die Farbe des Bildschirmhintergrunds, und der Fotograf mußte wieder fünf Minuten lang neu die Belichtung einmessen. Die Tücher vor den Fenstern wurden umgehängt, das Licht gedämpft, die mit Facetten verspiegelten Scheinwerfer geschwenkt. Mir war es peinlich, daß mich das Netz heute ausspuckte wie eine faule Dattel, dem Produktionsleiter war es peinlich, daß alles so lang dauerte, und der Fotograf machte seine Arbeit. Neben dem papageienbunten Bildschirm meines Rechners lag nun ein dickes Holzbrett mit drei Karotten und einer aufgeschnittenen roten Paprika, deren weiße Kerne der Assistent kunstvoll in den Paprikanahbereich drapiert hatte. Wahrscheinlich waren die beiden einzigen Menschen, die die Glanzlichter auf den polierten Paprika und den nassen Karotten, die so viel Mühe bereiteten, jemals wirklich beachten würden, der Fotograf und der Art Director des *Feinschmecker*.

ZEHN UHR. DIE DRITTE STUNDE

WIE ALLES ANFING

Ein Staubkorn schwimmt auf meinem Auge. Wenn ich versuche, es anzusehen, treibt es wie ein Urtierchen in einem winzigen Hof aus Unschärfe über den Glaskörper des Auges. Hier ist eine bedeutende Grenze: Bis hier bin ich, davor ist Draußen. Wenn man den Blick von der Unschärfe-Amöbe mit Absicht wieder hinaus in die Welt läßt, kann es geschehen, daß einen ein wilder Schwindel erfaßt, weil das Durchsichtige und Offene an den Augen, das Unbegrenzte zwischen den beiden Enden des Blicks, momentan vollkommen klar wird. Man fühlt eine Angst hochschießen, mit dem Blick auszulaufen, als wäre der Verschluß aus einem Behälter gezogen, hinauszufallen, verlorenzugehen in den Außenraum und zu sterben.

Damals. 27. Mai 1967, New Musical Express

Der Ort, an dem der Blick auf das Staubkorn trifft, ist dem Ort sehr ähnlich, an dem das Sonnenlicht mit dem Licht des Bildschirms zusammentrifft, nur daß es dort kein Auslaufen ist, sondern ein Eintauchen in eine Symbolwelt. Beide Erfahrungen erweitern die Welt, die eine auf erschreckende Weise, die andere begeisternd. Ich kenne noch eine dritte Erfahrung, die machtvoll alles ändert. Sie ist freundlich, und ich habe sie beim Lesen gemacht. Von allen Büchern, die ich in allen Jahren gelesen habe, waren es zwei oder drei, und in diesen Büchern zwei oder drei Sätze, die für mich zur Folge hatten, daß die Welt auf einmal höher und größer und ich selbst mehr geworden war, nachdem ich den Blick aus dem Buch gehoben hatte. Diese Bücher, die Sätze, haben mein Leben verändert.

Die Computer-Euphorie, die durchaus vorhanden ist und sich in Wellen immer wieder neu belebt, hat einen ganz anderen Charakter. Sie macht nicht froh, sondern berauscht, und man wird, indes man vor einer vermeintlichen Ausgeburt der Vernunft sitzt, nichts weniger als vernünftig.

Tatsächlich hat der Computer seine Karriere als eine Art Schnellrechenschieber zur Erzeugung ballistischer Tafeln begonnen, die von Militärtechnikern zur Berechnung von Geschoßbahnen benötigt werden. Inzwischen hat er seinen Status als beschränktes Werkzeug überschritten und sich auf bemerkenswerte Weise zu einer Kraft entwickelt, die in nahezu jeden Bereich unserer Gesellschaften vordringt und mit der Vernetzung eine neue Qualität schafft. Der Computer ist zu einem Symbol unserer Zeit und zum Anlaß für Fragen geworden, wie sie früher nur Theologen und Philosophen gestellt haben. Durch die Rolle, die Computer, Telekommunikation und die Netze in unserer Welt spielen, ist die Suche nach Antworten heute von weitreichendem, allgemeinen Interesse und großer Dringlichkeit. Um zu verstehen, was ist und werden soll, brauchen wir einen Überblick über das, was war.

Im Jahr 1945 schrieb der vormalige Vizepräsident des Massachusetts Institute of Technology (MIT) **Vannevar Bush** einen Essay in der Zeitschrift *Atlantic* mit dem Titel *As We May Think*. Bush sah es als die Hauptherausforderung für Wissenschaftler und Ingenieure des Nachkriegs-Amerika, den Umgang der Menschen mit Information zu verändern. Er beschrieb eine elektronische Traummaschine, die er *Memex* nannte – ein elektronischer Schreibtisch, in dem Massen von Information gespeichert und einfach zu finden sind.

Ein junger Techniker, Douglas C. Engelbart, las Bushs Essay. In den fünfziger Jahren arbeitete er an Windkanalexperimenten für jene Organisation, aus der später die NASA wurde, und ging dann nach Berkeley, um Informatik zu studieren. Danach heuerte er in einer Ideenfabrik namens *Stanford Research Institute* an. Die verwirklichten Ideen Doug Engelbarts haben die Art, wie wir leben, wie wir arbeiten und wie wir denken, verändert.

Ebenfalls in den frühen fünfziger Jahren wurde als ein Bestandteil des amerikanischen Luftaufklärungssystems das SAGE-Netz (Semi-Automatic Ground Environment) eingerichtet. Es kalkulierte die Flugbahnen feindlicher Flugzeuge und bestand aus mehreren Computern, die per Telefon miteinander verbunden waren. Mit SAGE begann das Zeitalter der Datenfernverarbeitung. 1957 jagten die UdSSR den ersten künstlichen Erdtrabanten in den Orbit: *Sputnik*. Vor Schreck gründeten die USA sofort eine neue Abteilung des Verteidigungsministeriums, die Advanced Research Projects Agency (**ARPA**), welche die amerikanische Führung in militärisch anwendbarer Wissenschaft und Technik wiederherstellen sollte. Der erste Fernsehsatellit *Telstar* war gerade gestartet, als Dr. J. C. R. Licklider 1962 die Firma Bolt Beranek and Newman (BBN) in Cambridge, Massachusetts, verließ, um Chef der ARPA zu werden, wo er das *Internetworking Project* ins Leben rief. Licklider gab seiner Gruppe von Computerspezialisten den Spitznamen *Intergalactic Network*. Ihr Ziel war die Entwicklung eines Computernetzwerks, das im Fall eines Nuklearkriegs auch nach teilweisen Zerstörungen weiter funktionierte. Das Netz durfte keine verwundbare zentrale Verwaltung haben, und die Computer im Netz sollten aus beliebiger Entfernung bedient werden können. Da die dezentrale Struktur ein wesentliches Konstruktionsmerkmal des Internet ist, gibt es keine Leitung oder Kontrollinstanz. Viele sprechen heute von einer technisch

Vannevar Bush.
Sein Essay *As We May Think*, online unter http://www.isg.sfu.ca/~duchier/misc/vbush/

Für ARPÄologen: Die **ARPA** ist über´s Netz erreichbar unter http://www.arpa.mil/

http steht für das **hypertext transfer protocol**, das den Verkehr im attraktivsten Teil des Internet - im World Wide Web - regelt. In den meisten Fällen wird es Ihnen erspart bleiben, die abkürzungsreichen Adressen à la http://www etc.pp einzugeben; stattdem können Sie einfach Klartext-Verweise anklicken.

realisierten Form der Anarchie. Daß davon tatsächlich nur wenig geblieben ist, werden wir noch sehen.

Lickliders Nachfolger Robert Taylor erzählte in einem Interview von Lickliders Interesse an vernetzten Gemeinschaften: «Lick gehörte zu den ersten, die den Gemeinschaftsgeist wahrnahmen, der unter den Usern der ersten Großrechner aufgekommen war, an denen man sich Rechenzeit teilen konnte (*timesharing*). Er brachte dieses Gemeinschaftsphänomen auf den Punkt, und auf einmal konnte man über die Verbindung von Gemeinschaften nachdenken, über die Vernetzung von interaktiven Online-Gemeinschaften...»

1963 veröffentliche Douglas Engelbart ein Papier (*A Conceptual Framework for the Augmentation of Man's Intellect*), in dem er vorhersagte, daß Individuen miteinander vernetzte persönliche Computer-Arbeitsplätze haben würden. Engelbart ist der Mann, der die Fenster erfunden hat – verschiedene Ansichten unterschiedlicher Daten, eingegrenzt durch Vierecke, auf ein und demselben Computerbildschirm. Die Maus hat er auch erfunden. Im Herbst 1968, anläßlich der Joint Computer Conference in San Francisco, präsentierte Engelbart sein Computersystem mit Tastatur, Maus, sich öffnenden und schließenden Fenstern und einer Datenfernverbindung. Das war die «Mutter aller Demos». Es war 15 Jahre zu früh.

1965 wurden erstmals zwei weit entfernte Rechner per Datenleitung miteinander verbunden: ein TX-2 am MIT Lincoln Lab in Boston und ein Q-32 in Santa Monica. Vier Jahre später startete das **ARPAnet**, die Keimzelle des Internet, mit vier miteinander verbundenen Computern an Universitäten in Kalifornien und Utah. 1971 war das Netz angeschwollen auf 23 Systeme. Im darauffolgenden Jahr erfand **Ray Tomlinson** von BBN das erste E-Mail-Programm, um Nachrichten über ein verteiltes Netz zu schicken. 1973 wurden die ersten transkontinentalen Verbindungen nach England und Norwegen etabliert. Drei Jahre später schickte Königin Elizabeth aus London ihre erste E-Mail durchs Netz.

Nachdem das ARPAnet am Laufen war, bemerkten die Computerwissenschaftler bald, daß die Funktion der assistierenden, hilfreichen menschlichen Kommunikation der fundamentalste Fortschritt war, den das Netz zu bieten hatte. «Es ist zu kurz gedacht», schrieb David

Clark, «daß Netzwerke Computer miteinander verbinden. Sie verbinden Menschen miteinander, die Computer als Medium verwenden. Der große Erfolg des Internet liegt nicht im Technischen, sondern im Menschlichen begründet. Electronic Mail ist vielleicht kein besonders großer Fortschritt in der Informatik, aber es ist ein vollkommen neuer Weg für Leute, die miteinander kommunizieren wollen. Das beständige Wachstum des Internet ist eine technische Herausforderung für uns, aber wir dürfen nie aus den Augen verlieren, woher wir kommen, an welchen Veränderungen in einer großen computerisierten Gemeinschaft wir teilgenommen haben und was für ein großes Potential uns für zukünftige Veränderungen zur Verfügung steht.»

1977 wurde die Firma Apple Computer Inc gegründet. Für unter 1500 Dollar konnte man den ersten Mikrocomputer kaufen, den Apple II. Zwei Jahre später war Apple ein Milliarden-Dollar-Unternehmen. Zur selben Zeit übertrugen zwei Studenten der Harvard Business School, **Dan Bricklin** und **Bob Frankston**, das Prinzip der Tabellenkalkulation mit Rechenbögen vom Papier auf den Computer und nannten das Ergebnis *VisiCalc*. Die Geschäftswelt stieg ein. Die PC-Revolution färbte den Himmel bitfarben.

Am 16. Februar 1978 ging in Chicago die erste private Mailbox der Welt ans (Telefon-)Netz. Randy Seuss und Ward Christensen hatten sie entworfen und programmiert, um eine Pinnwand aus Kork zu emulieren. Man

1968 präsentiert Doug Engelbart einen Computer mit Tastatur, Maus und Fenstern am Bildschirm - 15 Jahre zu früh.

1969 startet das **ARPAnet**, die Keimzelle des heutigen Internet.

1972 erfindet **Ray Tomlinson** das erste E-Mail-Programm.

Dan Bricklin und **Bob Frankston**, Harvard, schreiben die erste computerisierte Tabellenkalkulation: *VisiCalc*.

1978 geht die erste private Mailbox in Chicago ans Netz.

1983 programmiert Tom Jennings in San Francisco ein Mailbox- und E-Mail-Programm: Fido. Das FidoNet wird zum ersten alternativen Netz - *Grassroot Network* - der Welt.

sollte Nachrichten in digitaler Form anheften und lesen können. Dieser *quick hack* wurde zum Fundament für alle nachfolgenden Mailbox-Programme. Christensen hatte eine Zusammenstellung von Regeln zur Datenübertragung geschrieben, die als *Xmodem-Protokoll* bekannt wurde. Damit bestand die Möglichkeit, in Null und Eins codierte Daten fehlerfrei zwischen zwei Computern auszutauschen. Nach und nach entstanden weitere Mailboxen – im angloamerikanischen Raum heißen sie *Bulletin Board Systems* (BBS) -, die via Telefon für jeden erreichbar waren, der ebenfalls einen Computer und eine Xmodem-Kopie hatte.

1983 programmierte **Tom Jennings** in San Francisco ein Mailbox- und E-Mail-System, das nicht nur die Übertragung von Programmdaten, sondern auch von Nachrichten erlaubte. Das Programm nannte er nach dem Hund eines Freundes: *Fido*. Das Fido Bulletin System entwickelte sich zum ersten unabhängigen, alternativen Netzwerk der Welt. 1988 war FidoNet auf etwa 2800 Rechner angewachsen, und eine Strukturierung wurde unumgänglich. Nach den Prinzipien von Demokratie und Hierarchie gibt es nun innerhalb des FidoNet eine Basis, die *Node* heißt, und übergeordnete hierarchische Gruppierungen mit lustigen Namen wie *Hubs* und *Hosts*. Die auf diese Weise gebildeten Teilnetze sind zu einer *Region* zusammengefaßt. Mehrere Regionen bilden eine *Zone*, die höchste FidoNet-Hierarchie. Derzeit besteht die Welt aus einigen zehntausend Fido-Nodes und sechs Fido-Zonen.

Die Wurzeln des USENET liegen, wie die des Internet, im universitären Bereich. Die Geschichte des Usenet beginnt Ende 1979, kurz nachdem die Version 7 des Betriebssystems Unix ausgeliefert worden war und zwei Studenten der Duke University in North Carolina, Tom Truscott und Jim Ellis, die Idee hatten, Computer miteinander zu verbinden, um Informationen innerhalb der Unix-Gemeinde auszutauschen. Steve Bellovin, ein Kommilitone, schrieb zu diesem Behufe die erste Version einer *News*-Software.

Anfang der achtziger Jahre bestand das Usenet aus drei Rechnern. 1981 verfaßten Mark Horton und Matt Glickman an der Universität Berkeley eine neue Version des Programms, um mit der rasch zunehmenden Menge an News zurande zu kommen. 1984 übernahm Rick Adams vom Zentrum für seismische Studien die Koordination der Usenet-Entwicklung und fügte die Möglichkeit *moderierter Newsgroups* hinzu, in denen ein für ein bestimmtes Thema Verantwortlicher die eingehenden Beiträge filtern und redigieren konnte. 1986 wurde der Usenet-Nachrichtenaustausch an das Internet-Protokoll angepaßt. Man kann sagen, daß das Usenet wirklich populär ist. Mitte der neunziger Jahre gab es weltweit etwa 6000 Usenet-Newsgroups, die ein phänomenales Themenspektrum von Archäologie bis Zebrafischzüchtung abdecken.

1979 beginnen drei Studenten der Duke University in North Carolina mit dem USENET.

1986 wird der Usenet-Nachrichtenaustausch an das Internet-Protokoll angepaßt.

Mit den achtziger Jahren fanden Rechnernetze zu einer ersten Blüte. 1981 lief das BITNET (*Because It's Time NETwork*) an der City University in New York mit einer Verbindung zur Universität Yale vom Stapel. 1983 wurde das IBM-gesponserte European Academic and Research Network (EARN) etabliert, in dem europäische Universitäten und Forschungseinrichtungen wie CERN in Genf miteinander vernetzt waren. In Frankreich wurde damals gerade Minitel eingeführt, Vorläufer des deutschen BTX-Systems und wesentlich erfolgreicher, nicht zuletzt weil es die Minitel-Terminals umsonst gab.

1982 wählte das amerikanische *Time Magazine* zum ersten Mal eine Maschine zum Mann des Jahres – den Computer. IBM hatte gerade den ersten IBM-PC (mit 64 K Speicher) auf den Markt gebracht und die Bezeichnung PC de facto als Markenbezeichnung einkassiert.

«Keine **Folge von Programmanweisungen**, wie umfangreich auch immer, kann der unendlichen Komplexität der Welt entsprechen. Auch wenn ein Programm heute die Welt erfolgreich nachbildet, kann es bereits morgen hinfällig sein, da die Welt sich dauernd verändert. .. Allgemein gesagt, leben wir in einer unendlichen und kontinuierlichen Welt. Wir nehmen diese unendliche Welt und machen sie endlich durch einen Prozeß, den wir Abstraktion nennen, da wir bloß endliche Gedächtniskapazität haben, in der wir Information unterbringen können - dies hat zur Folge, daß wir durch die Umwandlung eine Menge an Detailinformation verlieren.»

Manny Lehmann

In der elitären, fremden Welt der Netzwerkspezialisten ereignete sich in aller Stille Fundamentales. Die European Unix Users Group (EUUG) gründete das European Unix Network (EUnet), um E-Mail und die Usenet-News in verschiedenen europäischen Ländern verteilen zu können. Dann wurden im ARPAnet Regeln für die Verbindungen zu externen Netzen (*Gateways*) aufgestellt – hallo, Nachbar! Und schließlich verständigten Techniker sich auf ein Begriffsungetüm namens Transmission Control Protocol / Internet Protocol, kurz TCP/IP, das schwer zu singen ist, aber die technische Grundlage für ein **Internet** im Sinne eines Netzes aller Netze bildete.

1984 waren erstmals mehr als 1000 Systeme ans Internet angeschlossen. An der Universität Dortmund (*unido*) wurde die erste Internet-Verbindung in Deutschland geschaltet. Zur selben Zeit hackten Mitglieder des Hamburger Chaos Computer Clubs das BTX-System der deutschen Bundespost, von dem Kritiker behaupteten, daß es genausogut zur Kommunikation geeignet sei wie Rauchsignale, die man über einem Feuer aus Banknoten abgibt.

1986 ging das amerikanische National Science Foundation Net (NSFNET) in Betrieb. Es verfügte über eine Hauptleitung (*backbone*) mit einer damals eminenten Übertragungsrate von 56 Kilobit pro Sekunde (kbps), die fünf Supercomputer-Zentren miteinander verband. Ziel war, auch Universitäten, die über keine eigenen Superrechner verfügten, Superrechenpower zugänglich machen zu können. Die Zahl der neuen Verbindungen explodierte förmlich.

1987 hingen weltweit mehr als 10.000 Rechner am Netz. Im Sommer des selben Jahres verschafften sich Mitglieder des **Chaos Computer Clubs** Zugang zu über 120 Rechnern eines, wie sie überrascht feststellten, riesigen, weltweiten Computernetzwerks. Als der Coup als *Nasa-Hack* in die Schlagzeilen kam, erfuhr auch eine staunende Öffentlichkeit erstmals von der Existenz der Netze, die seit jeher aus öffentlichen Mitteln finanziert wurden.

Am 1. November 1988 ließ der Informatikstudent Robert Morris jr. dem Internet die Luft aus den Reifen. Von einem Terminal an der

Cornell-Universität aus startete er ein von ihm verfaßtes Wurmprogramm, das an sich harmlos war, sich allerdings durch einen kleinen Fehler – ein Wurm mit einem Wurm – wesentlich zügiger ausbreitete als vorgesehen. 48 Stunden später wurde der amerikanische Nationale Sicherheitsrat einberufen. Über 6000 der zu der Zeit 60.000 über den Erdball verstreuten Rechner des Netzes waren inzwischen hauptsächlich damit beschäftigt, den Morris-Wurm in immer neuen Kopien zu verbreiten. Das zur Bekämpfung des digitalen Morris-Monsters herbeiimprovisierte Computer Emergency Response Team (CERT) wurde später institutionalisiert.

1989 stieg die Zahl der Internet-Systeme auf über 100.000, und es gab die erste Verbindung zwischen einem kommerziellen E-Mail-System – der amerikanischen Firma MCI Mail – und dem Internet. In Deutschland trat im Juni des Jahres ein neues Poststrukturgesetz in Kraft, demzufolge es fortan unter anderem legal war, Daten von einem Netz in ein anderes zu übertragen.

1990 hörte das ARPAnet offiziell auf zu existieren. Das Netz ist tot, es lebe das Netz! Im Jahr darauf verzeichnete der NSFNET-Backbone ein Datenaufkommen von einer Trillion Bytes pro Monat. 1992 überstieg die Zahl der Internet-Systeme die Million. Im März fand die erste Online-Radiosendung (*MBONE audio multicast*), im November die erste Videosendung (*MBONE video multicast*) via Internet statt. Im Jahr darauf ging **das Weiße Haus** online, danach die Vereinten Nationen, dann

1 staunende Öffentlichkeit

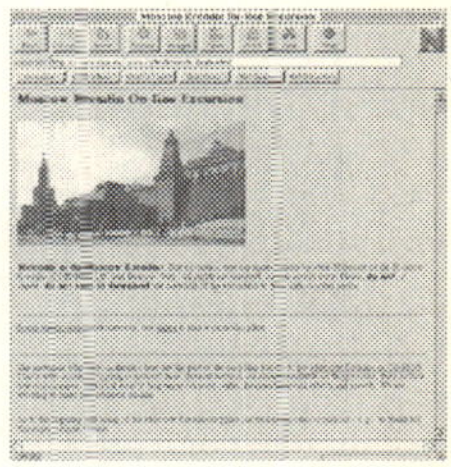

Internjet: Der Kreml online unter http://cnit2.uniyar.ac.ru/yaros/wwe01671.htm

The White House online (featuring Socks the Cat) http://www.whitehouse.gov/

stiegen die Medien ein. Der Internet-Goldrausch brach aus.

1994 feierte das Internet seinen fünfundzwanzigsten Geburtstag. Das Datenaufkommen am NSFNET-Backbone erreichte 10 Trillionen Bytes pro Monat, man konnte in den USA nun auch Pizza übers Netz bestellen und, ein paar Monate später, E-Mail an den neuen deutschen Forschungsminister Rüttgers schicken.

Mit der legendären Dezentralität des Internet ist es übrigens nicht mehr ganz so weit her. Inzwischen wird der Datentransport mehr und mehr von kommerziellen Anbietern (*Providern*) ausgeführt, die für festgelegte Leitungswege bezahlen. Somit müssen die vorgegebenen Verbindungsstrecken nicht aus technischen, sondern aus wirtschaftlichen Gründen beibehalten werden, und einer der fundamentalen Vorteile des ursprünglichen Internet-Konzepts ist perdu. Es gibt einen Befehl (*traceroute*), mit dem sich die Wege der Datenpäckchen verfolgen lassen, die man abschickt. Dabei kommt man rasch zu dem Schluß, daß die urprünglich als Kriegsfolge avisierten Ausfälle ganzer Netzteile heute quasi gewaltlos zustande kommen.

Sie werden sich vielleicht gewundert haben, weshalb ich schon so früh aufgestanden bin: weil die Leitungen im Netz am Vormittag nicht so verstopft sind. Der Aufbau der hochleistungsfähigen Leitungswege – der Datenautobahnen – hält bei weitem nicht Schritt mit dem massiven Befall des Netzes mit neuen Teilnehmern. Die Folge sind Kollapssymptome, wie wir sie aus dem Straßenverkehr kennen. Als Konterstrategie unternehmen aufgeweckte Teilnehmer den Vorstoß in benutzeruntypische Tageszeiten, ein weiterer Aspekt des großen Abenteuers, das wir auf unserer Reise in die Zukunft erleben. Gähn.

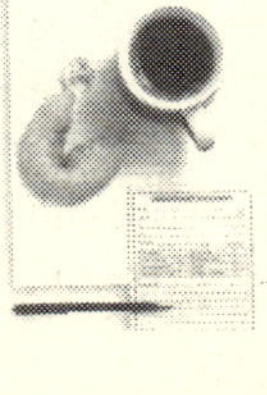

Elf Uhr. Die vierte Stunde.

Grasfaserkabel

Der Fotograf und sein Assistent arbeiteten. Ich ließ die Verbindung stehen, das Couscous blieb am Bildschirm. Ohne daß auf dem Foto später jemand einen Unterschied bemerkt hätte, hätte ich auch einen Screenshot machen und die Verbindung beenden können, aber da ich die Arbeit des Fotografen schätzte, hielt ich der Authentizität wegen die Verbindung aufrecht. Dann gingen der Produktionsleiter und ich nach nebenan, setzten uns zu meiner Frau und meiner Schwester und fühlten uns recht exiliert. Nach dem abgedunkelten Raum war die Helligkeit in dem Zimmer ungewohnt, und ich setzte eine Sonnenbrille auf. Ganz nah, wie sonst nur beim Küssen, sah ich innen auf dem Brillenglas die Spiegelung meines Wangenknochens und etwas hauchdünnen Flaum auf dem Hautbereich unterhalb der Augen, den der Rasierapparat gewöhnlich nicht befährt.

Draußen im Hof stand ein kleiner Birnbaum in vollem Grün. Nach einem Augenblick nahm ich die Sonnenbrille ab und war wie durch eine lange Schleuse aus dem anziehenden Leuchten des Bildschirms und der Dunkelheit der Fotografie endlich wieder angelangt im unverhüllten Licht des Tages. Mir fiel ein, wie ich im Frühling die schwarzen, noch kahlen Äste des Baums gesehen hatte. Das erste Grün danach war mir entgangen, da ich in die Computerwelt eingetaucht war. Dann, in einer Nacht, die ich durchgearbeitet hatte, sprangen alle Knospen

«Elektrisch zusammengezogen ist <u>die Welt</u> nur mehr ein Dorf. Die elektrische Geschwindigkeit, mit der alle sozialen und politischen Funktionen in einer plötzlichen Implosion koordiniert werden, hat die Verantwortung des Menschen in erhöhtem Maß bewußt werden lassen. ... Es ist dies das Zeitalter der Angst, weil die elektrische Implosion uns ohne Rücksicht auf <Standpunkte> zum Engagement und zur sozialen Teilnahme zwingt.»

Marshall McLuhan

«Von entscheidender Bedeutung ist, zu begreifen, daß die Basis aller Vernetzung Menschen sind.»

Rena Tangens

an dem Baum auf, und im Morgenblau leuchteten die weißen Blütenspitzen an den Ästen und Zweigen. Das hat sich geändert: Ich sehe, daß es Frühling ist, und nicht mehr, wie es Frühling wird.

Der Produktionsleiter, der immer nur Bilder sehen wollte in den Netzen, forderte meinen Ehrgeiz heraus. Ich wollte ihm einen Begriff geben von den wunderbaren elektronischen Text-Arealen, vor allem aber von dem, was es in Deutschland an schönen Netzen gibt, wo nun alle Welt unbedingt ins Globale virtuell ausschweifen zu müssen meint.

Mit Anlauf: Tatsächlich ist das Wachstum nicht mehr nationaler, sondern weltweiter Märkte für Güter und Ideen eine der aufsehenerregenden langfristigen Entwicklungen unseres Jahrhunderts. Ohne Frage wird sich vor allem die Ausbreitung transnationaler und globaler **Netzwerke** – und zwar nicht nur von Kommunikationsnetzwerken, sondern auch sozialer und organisatorischer Netzwerke, die von nichtstaatlichen Organisationen, multilateralen Körperschaften, Unternehmen und auch von Behörden hervorgebracht werden – auf den Charakter einer neuen Weltordnung auswirken.

Mit den Netzen schwinden die Grenzen zwischen dem Öffentlichen und dem Privaten, und es schwinden die Trennlinien zwischen unterschiedlichen nationalen Interessen. Staatliche Sphären spüren immer zunehmender die Konkurrenz neuer subnationaler oder suprastaatlicher Gruppen und Individuen. In den zurückliegenden Jahrzehnten ist die Entstehung multinationaler Netzwerke vor allem in der Wirtschaft vorangetrieben worden. Und während viele Politiker heute noch nicht richtig verstehen, was vor sich geht, hat die Entwicklung von Netzen in den nichtbehördlichen Bereichen der Politik viel verändert. Eine zunehmende Zahl sogenannter *Nongovernmental Organisations* (NGOs) koaliert und äußert sich in Form von Netzwerken, deren Einfluß, auch auf politische und wirtschaftliche Entscheidungen, zunimmt. Menschenrechtsgruppen, Friedensaktivisten, Umweltfreunde, Verbraucherschützer und Bürgerinitiativen demonstrieren vorbildlich die logistischen und sozialen Dimensionen der Netzwerkidee.

Der amerikanische Vizepräsident Al Gore hat den Aufbau leistungsfähiger Informationssysteme zu einer Leitvorstellung erhoben, in die nun die großen Strömungen aus Politik, Wirtschaft, Bildung und sozialen Gefügen einmünden sollen: «Eine Globale Informations-Infrastruktur wird die Erde mit Datenautobahnen umschließen, auf der alle Menschen fahren können. Diese Datenautobahnen – genauer gesagt: Netzwerke verteilter Intelligenz – werden es uns erlauben, miteinander Informationen zu teilen und als eine globale Gemeinschaft verbunden zu sein und zu kommunizieren.» Erstaunlich deutlich klingen in dem Konzept die Ideen jener jugendlichen Datenreisenden an, die zehn Jahre zuvor damit begonnen haben, den elektronischen Achten Kontinent zu erkunden und mit eigenen Netzwerken zu bepflanzen. «Wir verwirklichen soweit wie möglich das *neue* Menschenrecht auf zumindest weltweiten, freien, unbehinderten und nicht kontrollierbaren Informationsaustausch (Freiheit für die Daten) unter ausnahmslos allen Menschen und anderen intelligenten Lebewesen», hieß es 1984 in der ersten «Hackerbibel» des Chaos Computer Clubs.

In einer Rede, die er im März 1994 vor Vertretern der International Telecommunications Union hielt, erzählte Al Gore von einem holländischen Friedensaktivisten – «Wam Kat, der sein elektronisches Tagebuch aus Zagreb seit mehr als eineinhalb Jahren über das Internet verbreitet und seine Beobachtungen des kroatischen Alltags mitteilt. Nachdem sie Kats Zagreb-Tagebuch gelesen hatten, begannen

> Hello! I am part of a
> group in Boulder, Colora-
> do, currently trying to
> assist people in Mostar,
> Bosnia, to rebuild their
> library collections. We'd
> like to communicate with
> them through the Internet.
> Do you know of any
> functioning e-mail ad-
> dresses in that region?
 - Thank you.

> Diane Rabson Archivist
> National Center for
> Atmospheric Research

<u>ZaMir Transnational Network</u>: Wam Kats «Zagreb Diary» & E-Mail-Adresse ist zu finden in den Z-Netz-Bretern APC/YUGO/ANTIWAR und T-NETZ/TAGEBUCH sowie in den Internet-Newsgroups soc.culture.yugoslavia, soc.culture.croatia und soc.culture.bosna-herzegovina.

<u>Z-Netz</u> • Tel. 0521-175254, mo-fr 17-19 Uhr
http://www.zerberus.de

Menschen von überall auf der Welt Geld zu schicken, um zu helfen. Das Ergebnis: In einer Stadt, die vom Krieg zerstört worden war, wurden 25 Häuser wieder aufgebaut.»

Seit dem 3. April 1992 schreibt Wam Kat auf einem tragbaren Computer sein Tagebuch und verbreitet es über die Netze. Damit erschließt er eine neue Öffentlichkeit auf eine neue Art; vollkommen anders, als es nur mit Gedrucktem oder über herkömmliche elektronische Medien möglich gewesen wäre. Um Tagebuch zu schreiben, muß man kein Künstler sein. Ein wenig Beobachtungsgabe und Formulierungsfertigkeit reicht aus. Inhalt und Stil bleiben freigestellt, eine ästhetische Absicht ist nicht nötig. Jeder kann es, und damit ist das Tagebuchschreiben die ideale Form für eine Netzöffentlichkeit. Wahrnehmungen der Welt aus erster Hand. Persönliche Gefühle, Gedanken, alltägliche Beobachtungen; Welt-Anschauung.

Durch ihre Verbreitung über die klassischen Medien zur **Nachricht** geadelt, erzeugen Agenturmeldungen den Anschein, die «wirkliche Wirklichkeit» wiederzugeben. Sie tun so, als hielten sie das Monopol auf die ausschlaggebenden Ereignisse. Den jeweils speziellen Arten von Sprachgebrauch, die sich «Politik», «Wirtschaft» oder «Wissenschaft» nennen, wird durch Tagebuchbeiträge individuelle Realität beigesellt, und zwar selbstbewußt und gleichberechtigt. Die poetische Methode ist ebenso realitätsmächtig wie die journalistische oder die wissenschaftliche. Es gibt mir ein genauso eindringliches Bild der Welt, wenn ich lese, was jemandem an seinem Tag geschehen ist. Davon bildet sich sogar eher ein Gefühl für Wirklichkeit aus als von dem ewigen Rundlauf der gewöhnlich gut unterrichteten Kreise.

Kriege und Netze stehen in einem eigentümlichen Verhältnis zueinander, dies nicht nur, weil das Internet seine Entstehung einem Projekt des US-Verteidigungsministeriums verdankt. Viele Menschen haben das erste Mal 1991 während des Golfkriegs von der Existenz der Netze erfahren. Als damals die Medien vom amerikanischen Informationsbüro gleichgeschaltet waren – *cleared by US military* -, verbreiteten sich über die Netze Berichte von irakischen und kuwaitischen Augenzeugen, welche die Nachrichtensperre unterliefen.

Als der Krieg im ehemaligen Jugoslawien ausbrach, wurden zwischen den verschiedenen Landesteilen die Telefonverbindungen gekappt. Freie Kommunikation liegt nicht im Interesse der Machthaber. Mit Hilfe der Bielefelder //BIONIC-Mailbox, Teil des deutschen **Z-Netzes**, wurde eine alternative Struktur aufgebaut, über die nun Computerbesitzer aus Serbien, Bosnien und Kroatien Nachrichten austauschen können; mehr als 500 sind es allein in Bosnien. Wam Kat ist einer der Netizens aus Kroatien.

Das ZaMir-Netz ist im Lauf von drei Jahren zu einer zuverlässigen Infrastruktur geworden, die den Frieden schon während des Krieges vorbereitet – *za mir* heißt auf kroatisch, serbisch und bosnisch «für den Frieden». Mit dem Netz ist ein Medium geschaffen, das die Leute wieder zusammenbringen soll. In Sarajevo, wo man Papier nur unter äußersten Schwierigkeiten kaufen kann, gibt es zu ZaMir keine Alternative. «Auch die Hilfsorganisationen brauchen unsere Informationen», berichtet Wam Kat. Alle Computerbesitzer in der belagerten Stadt Sarajevo haben inzwischen mitbekommen, wie sie zum Ortstarif global mit dabeisein können – wenn sich der seltene Glücksfall ergibt, ein funktionierendes Telefon, Strom und einen Computer zur selben Zeit am selben Ort zu haben.

In Deutschland wird das Zagreb-Diary – Kat schreibt auf englisch – zuvorderst über das Z-Netz verbreitet. Neben dem internationalen FidoNet und kleinen Zusammenschlüssen wie Mausnetz, MagicNet oder SevenNet, die aus ein oder zwei Dutzend Rechnern bestehen, ist

Ein Gefängnistelefon

1851: das erste Telefonnetz geht in Betrieb.

Wegen der zu Beginn des 20. Jahrhunderts noch stark begrenzten Kapazitäten im US-Fernmeldenetz und der Tatsache, daß vorwiegend geschäftliche Telefonate über größere Strecken für die Telefongesellschaften ein lukratives Geschäft darstellten, waren private Unterhaltungen der Fernsprechteilnehmer zunächst verpönt. Diese Gespräche gingen meist über kurze Entfernungen und blockierten Vermittlungen und Leitungen.

1928 begann der drahtlose Fernsprechverkehr zwischen dem Deutschem Reich und den USA. Ein Gespräch kostete damals mindestens 300 Reichsmark.

das Z-Netz mit über tausend Systemen das bedeutendste unabhängige Netz im deutschen Sprachraum. Am Z-Netz lassen sich klassisch Entstehung und Aufbau eines «Netzes von Unten» beschreiben. Wie auch ursprünglich beim Internet lautet das Prinzip: herrschaftsfreie, sprich unkontrollierte und unzensierte Information – Alles über alles von allen an alle.

Nebenbei: FidoNet beruht auf der Idee, ein an Transportgebühren kostenloses Medium aufzubauen. In den USA kann man, anders als in Deutschland, in bestimmten Bereichen des Ortes – in etwa bezirksweise – umsonst telefonieren. Man kann dabei Gebietsüberschneidungen nutzen, um Nachrichten weiterzureichen, und hat eine kostenlose Strecke, wenn genügend Systeme dazwischen aufgebaut sind. Auch in Deutschland gab es den Gedanken, solche Strukturen zu nutzen, aber es war klar, daß hier stets Entfernungen zu überbrücken sind, für die jemand die Übertragungskosten bezahlen muß.

Freie, nichtkommerzielle Netze haben sich im Lauf der letzten zehn Jahre zu einer bemerkenswerten alternativen Öffentlichkeit entwickelt. Man übt sich in der Kunst geradezu destruktionsfreien Meinungsaustauschs, erzeugt und sammelt **Gemeinschaftswissen** und hat sein eigenes Medium. Die einzelnen Mailboxen in einem Netz wie dem Z-Netz werden von Enthusiasten betrieben. Der Nachrichtenaustausch zwischen den verschiedenen Netzwelten läuft inzwischen auch hier reibungslos.

Die Mailboxkultur in der BRD ist punktuell entstanden. Anfang der achtziger Jahre gab es eine lose Kommunikation unter den Tüftlern, die diese Technik für sich entdeckt hatten. Es gab zwei, drei Mailbox-Programme, die im Umlauf waren, und ein paar Leute, die sich sagten: Ich probier das mal. Einige von ihnen haben sich mit Fischer-Technik ein Gerät gebastelt («Katze»), das den Telefonhörer abnehmen und in die Manschetten eines Akkustikkopplers legen konnte, um die Verbindung zwischen einem anrufenden und dem eigenen Computer – der Mailbox – herzustellen.

Eines der Ur-Mailboxprogramme stammt von Hacko, einem Mitglied des Chaos Computer Clubs. Man war im Club zur Ansicht gekommen, ein Mailboxprogramm müsse her. Bei der Gestaltung der Benutzerführung hat Hacko sich maßgeblich von einer Schöpfung des deutschen Netzwerk-Pioniers Günther Leue inspirieren lassen: der Geo-Oberfläche. Leues GeoNet, ein Verbund von Rechnern in Deutschland und einigen anderen europäischen Ländern, glänzte mit Gliederungsmöglichkeiten und einfachen, deutschen Befehlen (man kann die Bediensprache im GeoNet auch auf Englisch oder Bayrisch umschalten); ähnlich wie Doug Engelbart war Leue mit seiner Konstruktion zehn Jahre zu früh.

Am Samstag, den 26.4.1986 geschah das Reaktorunglück in Tschernobyl. Während die Bundesregierung noch behauptete, es sei alles ganz harmlos und weit weg, war in verschiedenen Instituten bereits kurz darauf ganz erhebliche **Radioaktivität** gemessen worden. Die Berichterstattung in Zeitungen und Rundfunk war chaotisch. Mailboxbetreiber Peter Hänelt beschreibt die Situation in München: «Da sind so Wissenschaftler ... herumgeirrt, hilflos, mit Gewissensproblemen, weil sie Meßergebnisse der Strahlung hatten, die herauszugeben von vorgesetzter Stelle verboten war. ... Da haben wir Samstag die Daten ins GeoNet eingespielt, haben über Greenpeace Resonanz gekriegt, die dann über ihre Kanäle kräftig Gas gegeben haben. Und dann, ab Sonntag nachmittag, ging´s richtig rund in den Medien draußen.»

GeoNet war für normale Menschen nicht erreichbar – zu teuer. So entstand die Idee, ein

FAQs (Frequently Asked Questions) z.B. sind Zusammenstellungen von Fragen, die Neulinge und Interessierte immer wieder stellen, sowie die jeweils besten und aktuellen Antworten darauf. Es gibt FAQs allgemeiner Natur, etwa ein Usenet-FAQ oder die *Netiquette* (den Netz-Knigge). Darüber hinaus gibt es FAQs für die vielen speziellen Rubriken, Newsgroups und Bretter von Usenet, Z-Netz, Fido und anderen Netzen, worin sich Expertenwissen kompiliert findet, beispielsweise für Trekkies oder Archäologen. FAQs werden im Abstand von ein, zwei oder vier Wochen aktualisiert und ins Netz eingespielt. Für Beginner: Ein paar Tage warten, und es kommt das neueste FAQ vorbeigeschwommen.

Die Ernüchterung des mit dem Fortschrittsglauben verbundenen Enthusiasmus mag das Beispiel der Madame Curie illustrieren, die im Salon bei Gelegenheit zur allgemeinen Unterhaltung eine Tasse Teewasser zum Sieden brachte, indem sie ein kleines Stück **Radium** hineinlegte.

Netz zu machen, an das jeder rankann. Dazu war ein netzwerkfähiges Mailboxprogramm nötig, durch das sich die vielen einzelnen Boxen, die es inzwischen im Land verteilt gab, miteinander austauschen konnten. Die FidoNet-Software kam dafür wegen der hierarchischen Struktur – man kann zum Beispiel einzelne Systeme abschalten – nicht in Frage. Die Programmierer Felix Heine und Wolfgang Mexner schrieben auf der Grundlage von Hackos Ur-Hack die erste Version eines netzwerkfähigen Mailboxprogramms und nannten es – in Anspielung auf den Hund, der dem FidoNet seinen Namen gegeben hatte – Zerberus; so heißt der vielköpfige Höllenhund der griechischen Sage.

Durch die Funktionsweise von Zerberus kann niemand unterbinden, daß jeder Teilnehmer seine Daten irgendwo herbekommt. Die einzelnen Systeme können sich völlig regellos vernetzen und brauchen keine der konventionellen Ring- oder Sternstrukturen im Netz einzuhalten. Das erinnert ein wenig an den Aufbau des Internet, allerdings stellt sich bei Zerberus jede Mailbox ein gewisses Angebot an Nachbar-Mailboxen zusammen, von denen sie ihre Neuigkeiten bezieht, während es bei Internet-Systemen in der Regel ein einziges Nachbarsystem gibt, von dem die Daten herkommen.

Zerberus funktioniert nach dem *Store-&-Forward*-Prinzip. Store-&-Forward bedeutet: Eingehende Nachrichten bleiben erst einmal im System liegen, werden gesammelt. Man kann sie dann versenden, wenn Billigtarif anliegt, oder alle paar Stunden, oder wenn eine volle Einheit ausgenutzt wird. Man hat dann eine Einheit genutzt wie ein Eskimo eine erlegte Robbe – kein bißchen bleibt über.

Was gern **verwechselt** wird: Zerberus ist die Software, Z-Netz das Netz. Also, im Z-Netz verbreiten sich Brett-Nachrichten – die von jedermann lesbaren, öffentlichen Nachrichten –, wie wenn man Wasser auf den Boden gießt. Sie verteilen sich schnellstmöglich in alle Richtungen. Wenn eine Verbindung unterbrochen ist, kommen die Nachrichten über mehrere Stationen von irgendwo hintenrum doch noch an. Das hat auch Nachteile, so ist beispielsweise eine Nachricht, wenn sie erstmal unterwegs ist, nicht mehr rückholbar.

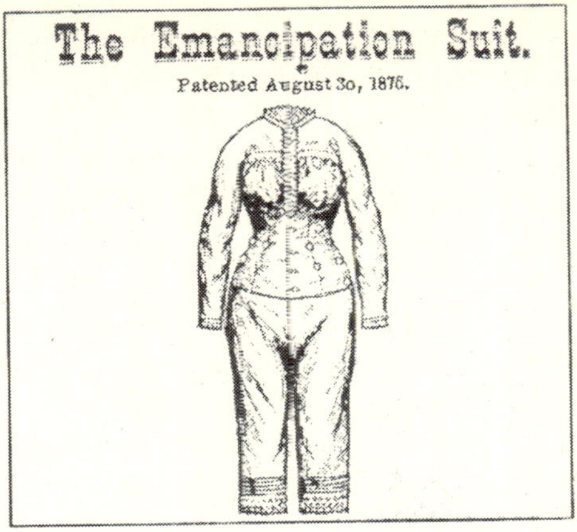

Auch Amerika hatte eine starke Reformbewegung. Hier eine Werbung für Damen-Unterwäsche von 1876.

1941 gab es in Hamburg folgende polizeiliche Dienstanweisung: «Es ist einzuschreiten, wenn Frauen in Theatern, in Kaffees, in Kinos, in Vergnügungsstätten sowie an verkehrsreichen Orten der inneren Stadt in langen Hosen angetroffen werden.»

Noch im Lauf des Jahres 1986 entstanden acht verschiedene Mailboxen, auf denen Zerberus lief. Zwei davon, eine in München und eine in Köln, hießen «LinkSys» und hatten im politisch interessierten Metier Erfolg (weil sie links waren). Das Z-Netz, aus der Idee der Meßdatenverbreitung entstanden, war ursprünglich à la Fidonet in thematisch gegliederte Bretter strukturiert, allerdings mit der Absicht, eher Nicht-Computerthemen umzuschlagen und auch Bretter zu Politik, Umweltschutz und Verbrauchertips anzubieten.

Auf dem Chaos Communication Congreß 1986 wurde Zerberus der Hackergemeinde vorgeführt. Gleichzeitig gründete ein Kreis engagierter Leute das Compost-Netzwerk; dessen Initiator Udo Schacht-Wiegand entschied sich ebenfalls dafür, die Zerberus-Software zu verwenden. Es sollte ein Umweltschutz-Netzwerk werden, und Schacht-Wiegand richtete in seiner Mailbox «Ökoline» eine eigene Com-

Zur **Unterscheidung**: Hardware ist das, was einem auf die Füße fallen kann. Software ist das, was einem auf die Nerven fallen kann.

post-Brettstruktur ein. Ein weiterer Netz-Zweig aus München, gehegt von Gabriele Hoofacker, hieß erst «Links» und, nachdem man von der Zeitschrift «Links» abgemahnt worden war, auch «LinkSys». Inhalt: politische Themen, Umweltschutz, Menschenrechte – Amnesty International etwa war von Anfang an mit dabei.

Das Netz füllte sich langsam mit verschiedenen, weitgehend in sich geschlossenen Brett- respektive Nachrichtenstrukturen. Zu der Zeit war in der Mailboxszene noch nicht klar, daß das Netz groß ist – sehr groß. Nach einer Weile fand eine Bündelung von Themen statt. Compost und LinkSys vereinigten sich zu ComLink (/CL). Es gab ein erstes Z-Netz-Treffen, auf dem eine neue, thematisch und nicht nach Gruppen gegliederte Brettstruktur vereinbart wurde. Heute ist das Z-Netz auf über 1000 Systeme in Deutschland, Österreich, der Schweiz und dem ehemaligen Jugoslawien angewachsen. Es hat sich zu einem wohlsortierten Zusammenschluß inhaltlich orientierter Teilnetze entwickelt, in denen sich Menschen aller Coleur miteinander ins Einvernehmen setzen.

Das /CL-Netz hat übrigens, durchaus im weltweiten Vergleich, eine der übersichtlichsten und vernünftigsten Nachrichtenstrukturen. Die Bereiche sind klar aufgebaut. Der entscheidende Punkt: Sie sind nach Themen sortiert, zum Beispiel Abfallproblematik – wenn eine Gruppe oder ein Individuum etwas zu dem Thema mitzuteilen hat, muß es in dieses Brett geschrieben werden. Es gibt nicht ein Greenpeace-Abfallbrett und ein Allgemeines Abfallbrett und so weiter, wodurch niemand mehr etwas finden würde. Diese Art von Netzstruktur basiert auf einem sozialen Grundgedanken, nämlich daß man die Information dorthin trägt, wo die Gemeinschaft sie nutzen kann, und nicht, wo jeder sein jeweiliges Häufchen hat.

«Interessiert mich», sagte der Produktionsleiter.

ZWÖLF UHR. DIE FÜNFTE STUNDE.

KREUZ UND QUER DURCH IMMER MEHR

Erinnerte mich an meine Hypothese, daß wir uns in einer neuen **Vorzeit** befinden.

Der Fotograf war fertig. Der Assistent hatte auch schon mal besser ausgesehen. Die Karotten auf dem Brett waren längst tot zusammengebrochen, und mein Bildschirm war ganz blau im Gesicht.

Mich erinnerte die Tatsache, daß es zwei Stunden für zwei Fotos gedauert hatte, wieder an meine Hypothese, daß wir uns in einer neuen Vorzeit befinden. So lange hatte es nicht einmal vor hundert Jahren mit einer Plattenkamera gedauert. Man muß noch weiter zurückgehen. Im Mai 1816 war dem Franzosen

Joseph Nicephore Niepce nach einem von ihm erfundenen Ätzdruckverfahren, der sogenannten Heliographie, erstmals die Wiedergabe von Bildern gelungen. Eine mit lichtempfindlichem Asphalt beschichtete Zinnplatte wurde dabei durch Sonneneinstrahlung acht Stunden lang belichtet. Daß es ausgerechnet lichtempfindlicher Asphalt war, finde ich ganz wunderbar im Bilde zu den kommenden Datenautobahnen oder Information Superhighways, auf denen sich über Glasfaserkabel die Abbildungen unseres Denkens bewegen werden. Ebenso lassen die auch auf leistungsstarken Maschinen oft noch stundenlangen Rechenzeiten für dreidimensionale Computergrafiken an die exzessiven frühen Belichtungszeiten denken; genau wie die übertriebenen Bewegungen der Schauspieler, die mit Meßfühlern beklebt Bewegungsabläufe für 3D-Animationen vorturnen müssen, an die dramatisierende Gestik und Mimik von Stummfilmdarstellern gemahnen.

«Ich will ins Internet», sagte der Produktionsleiter.

«Du willst ins Z-Netz», sagte ich.

Für Otto Normal-User ist es immer noch ein ziemlich abenteuerliches Unterfangen, echten Internet-Zugang zu bekommen. Echter Internet-Zugang heißt, einen **Account** auf einem Rechner zu haben, der in dieses weltweite Standleitungsgeflecht eingebunden ist, und sekundenschnell mit anderen Rechnern in Verbindung treten zu können. Es bedeutet aber auch, daß auf dem Rechner höchstwahrscheinlich Unix als Betriebssystem installiert ist. Unix wurde entwickelt, um zu verhindern, daß sich jeder dahergelaufene User einbildet, er könne mit einem Computer umgehen. Unix-Befehlszeilen sehen aus, als habe einer, dem man einen Internet-Zugang versprochen hat, vor Freude auf der Tastatur Kasatschok getanzt.

Es gibt auch so etwas wie mittelbaren Internet-Zugang: Es genügt, einen Account in einer beliebigen Mailbox in einem beliebigen Netz zu haben, in dem man E-Mail verschicken kann. Die meisten der Internet-Dienste können nämlich auch per E-Mail angesteuert werden. Das geht zwar nicht in Augenblicksgeschwindigkeit, sondern es dauert ein paar Stunden oder ein, zwei Tage, bis eine Anforderung beantwortet ist. Man kann auch nicht weitenwegs durchs Netz streifen, aber man hat einfachen und billigen Zugriff auf einen Großteil der Ressourcen.

Ich weiß, ich rede in den Wind, weil jedem erst dann wirklich klar ist, was «einfach» bedeutet, wenn er selber versucht hat, TCP/IP auf seinen Rechner zu installieren, Unix zu radebrechen und sich von der verstörenden Schönheit der Internet-Programmsuite blenden zu lassen, mit der die verschiedenen Funktionen und Dienste des Internet angesteuert werden.

Z-Netz, das ist ein einfacher Anfang im Cyberspace; und später ist es die Rückkehr zum einfachen Leben darin.

Zu einem **Account** gehört ein privates elektronisches Postfach - ein wenig reservierter Speicherplatz -, in dem aus dem Netz eingehende Nachrichten aufbewahrt werden, außerdem eine persönliche Zugangskennung (das Paßwort) und in manchen Systemen die Zuteilung mehr oder minder eingeschränkter Zugriffsrechte (*user level, privileges*).

Während der Fotograf und sein Assistent ihr Equipment abbauten, setzte ich mich mit dem Produktionsleiter noch mal vor den Rechner und wählte meine Leib-und-Magen-Mailbox an. Die Eingabezeile, die nach dem Login erschien, ließ ich vorerst am Bildschirm stehen und handelte erst einmal gewisse enge Anverwandtschaften von Betriebssystemen, Mailboxen und Netzen ab. So gibt es etwa überall Eingabezeilen, in die Befehle geschrieben werden müssen, und die Dateien und Archivbestände werden in Baumstrukturen – mit Wurzeln und Verzweigungen – angeordnet. Und so, wie sich über die puren Befehlszeilen auf den PC-Bildschirmen grafische Symbole wie Fenster, Mauspfeil und kleine Icons gelegt haben, legt sich nun auch über das pure Internet eine illustre, grafische Hülle – das World Wide Web.

Die Leute, die neu ins Netz kommen, sind zumeist an zwei Diensten interessiert: an E-Mail und den Usenet-News (und, drittens, neuerdings am World Wide Web). Ich zeigte dem

Produktionsleiter, daß er Mail und News ohne Umstände im Z-Netz haben konnte und daß es einen osmotischen Austausch zwischen den Netzen gibt. Ich ließ zu Demonstrationszwecken die Inhaltsübersicht eines der Usenet-Verzeichnisse als sachten Zeilenteppich über den Bildschirm laufen.

«Das ist jetzt das Internet», sagte der Produktionsleiter.

«Das ist ein Teil der Usenet-News», sagte ich, «die hast du auch hier im Z-Netz.»

Es läuft darauf hinaus, daß es in zehn oder 50 Jahren einen einheitlich bedienbaren, sehr komplexen, sehr verzweigten, sehr flexiblen und sehr tief strukturierten Cyberspace geben wird, der, so wollen wir hoffen, aus dem Besten all der Netzwelten bestehen wird, die es heute gibt. Die Zeit bis dahin werden wir uns damit vertreiben, Newbies zu erklären, welches Netz sich warum und wie vom unvermeidlichen Internet unterscheidet und wann wir jetzt endlich mal so richtig das Internet sehen können. Mehr und mehr Mitglieder der westlichen Kulturen brechen auf zu abenteuerlichen und von frenetischer Neugierde angetriebenen Pilgerfahrten in ihre Freundes- und Bekanntenkreise hinein, um endlich einmal mit dem magischen, wunderbaren Internet in Berührung zu kommen.

Ich konnte es fühlen. Er fand das Z-Netz ganz toll und so weiter, aber er würde unglücklich weggehen, wenn er zuvor nicht doch nochmal richtig ins richtige **Internet** gefaßt haben würde. Selbstverständlich war nun, nachdem ich extra in aller Herrgottsfrühe aufgestanden war und nachdem die Fotoarbeiten abgeschlossen waren, endlich die Leitung frei.

Wir loggten uns im Rechner meines Freunds Winni ein, mein Tor zum Internet. Der Produktionsleiter sah die Befehlszeile und sagte «Wieder Z-Netz».

Das ist das **Internet**.

«Das ist das Internet», sagte ich.

Er starrte den Bildschirm an, und ich starrte ihn an, wie er den Bildschirm anstarrte.

«*Touch it*», sagte ich, nahm seine Hand und legte sie auf den Bildschirm und dann auf die Tastatur: «*Feel it. Smell it. Kiss it.* Das ist das Internet.»

```
            NAVIGATING THE NET

              |    |    |
             )_)  )_)  )_)
            )___))___))___)\
           )____)____)_____)\\
         _____|____|____|____\\\__
 ---------\                   /---------
   ^^^^^ ^^^^^^^^^^^^^^^^^^^^^
     ^^^^      ^^^^     ^^^    ^^
          ^^^^      ^^^   By Steve Williams
```

Der Erfolg des Internet beruht neben seiner schieren Größe auf einer Reihe von Diensten, die auf allen Rechnern im Netz verfügbar sind. E-Mail und News hatten wir schon.

Einer der waschechten Internet-Dienste ist *Telnet*. Es ist das wichtigste Internet-Protokoll für den Aufbau interaktiver Verbindungen; ein Kommunikationsprogramm. Während man an seinem Rechner zu Hause sitzt, kann man via Telnet mit einem anderen System im Netz arbeiten, als ob man dort direkt am Terminal säße. Console mio.

Ein Hit unter den Internet-Diensten ist das *File Transfer Protocol*, kurz FTP. FTP erlaubt den Zugriff auf einen anderen Rechner wie auf eine fremde Festplatte. FTP bringt einen in die Verlegenheit, auf einmal ein paar hunderttausend Festplatten mit mehreren Millionen Dateien – Texte, Bilder, Sounddateien, Software – zur Verfügung zu haben. Auf manchen Rechnern ist nicht einmal eine eigene Kennung

ASCII-Art. Kommt von *American Standard Code of Information Interchange* und steht für den Computer-Zeichensatz minus nationale Sonderzeichen (plus Klammeraffe). Durch die nicht-proportionale Darstellung der Buchstaben entsteht ein gleichmäßiges Raster. Die unterschiedlich geformten Buchstaben werden als Pinselstriche benutzt, um kunstvolle Bilder zu schaffen.

nötig (*Anonymous FTP*), um Dateien zu ziehen; höflichkeitshalber gibt man gewöhnlich die eigene E-Mail-Adresse anstelle eines Paßworts an.

Archie ist dafür gedacht, das riesige, über die ganze Welt verstreute Angebot an FTP-Dateien übersichtlich zu machen. Das Programm wurde auf vielen Rechnern eingerichtet. Es durchsucht etwa einmal im Monat deren Dateibestände und sammelt die Dateinamen in einem Verzeichnis. Statt in Hunderten von Rechnern, kann man nun in dem Archie-Verzeichnis nach einer bestimmten Datei suchen und sich, wenn man sie gefunden hat, mit dem nächsten Rechner verbinden lassen, auf dem sie verfügbar ist.

Orientierungssysteme helfen einem dabei, im Internet zu suchen, zu finden oder herumzuflanieren. **Gopher** ist genau das richtige, wenn man die E-Mail-Adresse einer Netzbekanntschaft versust hat, die *voices from the net* lesen möchte oder irgendeine Datei oder ein Programm zu irgendeinem Thema auf irgendeinem der Archive im Netz sucht. Der Gopher – ein Ziesel – ist das Wappentier der Universität von Minnesota, und seine Spezialität ist ein unglaubliches Labyrinth an Gängen, in denen nur er sich zurechtfindet. Das gleichnamige Programm, das zwei Studenten der Universität geschrieben haben, stellt ein Verweissystem zur Verfügung. Es ermöglicht menügesteuertes Suchen. Man kann das Internet durchblättern wie einen verschachtelten Karteikasten – *Gopherspace*. Inzwischen gibt es eine Weiterentwicklung namens Veronica, die auch kombinierte Abfragen zuläßt.

Ich erzählte dem Produktionsleiter von Seymour Cray. Cray gilt als der Beethoven unter den Computerkonstrukteuren. Die Maschinen, die er entwirft, sind Supercomputer. «Die Cray», der Supercomputer schlechthin, sieht aus wie eine Mischung aus Wolkenkratzermodell und einem HighTech-Kachelofen. Die Verdrahtung im Inneren ist von Hand gezogen, um keinen Zentimeter zu verschenken, der wertvolle Nanosekunden an Datenlaufzeit kosten könnte. Das gängige Modell – die Cray X-MP/22 – kostet 12 Millionen Dollar, Farbe nach Wunsch, ausgestattet mit einem kellerfüllenden Freon-Kühlsystem und einer Leistung von einer Milliarde Instruktionen pro Sekunde. Wenn man eine Cray kauft, erhält man einen Mechaniker auf Lebenszeit beigelegt. Weltweit sind derzeit knapp 200 dieser *Number Cruncher* installiert, um so unterschiedliche Dinge wie Sternexplosionen, Auto-Crashs, Materialfließverhalten, Wettervorhersagen oder Szenarios für Film-Animationen oder Nuklearexplosionen zu berechnen.

Um jede Cray herum ist eine Art gepolsterte Ofenbank angebracht – die extrem dicht gepackten Leiterbahnen im Inneren des Bit-Boosters kommen tatsächlich förmlich ins Glühen. An der Universität von Minnesota wird mit der Abwärme einer Cray eine Garage beheizt. Das ist der eine Grund, weshalb ich von Gopher auf Cray gekommen bin. Der andere: Um sich von den Anstrengungen bei der Komposition seiner Höchstleistungs-Rechner zu entspannen, pflegt Seymour Cray in den Keller seines Hauses zu steigen und mit der Spitzhacke einen mannshohen Tunnel voranzutreiben. In dem sorgsam mit Holz ausgekleideten, inzwischen etwa 50 Meter langen Stollen, durch den er sich seit Jahren immer weiter auf einen nahen Wald zugräbt, «sprechen», sagt Cray, «die Elfen zu mir».

Manche der Internet-Dienste sind für spezielle Zwecke geeignet, wie etwa **Hytelnet**. Peter Scott vom Library Systems Department der Universität von Saskatchewan hat das Programm geschrieben, um die Abfrage von Literaturbeständen, die über den Globus verstreut sind, zu vereinfachen.

Andere Internet-Dienste versuchen als eine

1990: Peter Scott an der Universität von Saskatchewan entwickelt **Hytelnet**, ein Abfragesystem, das besonders für Literaturbestände geeignet ist.

1990: Peter Deutsch, Alan Emtage und Bill Heelan an der McGill-Universität entwickeln **Archie**, eine netzübergreifende Datenbank mit Dateiverzeichnissen.

1991: Brewster Kahle, ein Mitarbeiter der Bostoner Thinking Machines Corporation, entwickelt die Idee des Wide Area Information Servers (**WAIS**).

1991: Paul Lindner und Mark P. McCahill von der Universität von Minnesota entwickeln das Internet-Suchsystem **Gopher**.

ping gibt Auskunft darüber, ob ein bestimmtes System aktuell im Netz verfügbar ist. Manche Implementationen erlauben es auch, die Übertragungsgeschwindigkeit zu ermitteln.

finger gibt Auskünfte über einzelne Teilnehmer des Systems, in dem man gerade eingeloggt ist.

talk erlaubt es, sich mit einem anderen Teilnehmer irgendwo im Internet direkt zu unterhalten (TBT - *talking by typing*).

Komplettlösung für das komplizierte Mobile aus verschiedenen Diensten und zugehörigen Anwenderprogrammen (*Clients*) zu fungieren. **WAIS** gehört dazu, das Wide Area Information Service. WAIS wurde als Gemeinschaftsprojekt der Firmen Thinking Machines, Dow Jones/News Retrieval, Apple und KPMG Peat Marwick entwickelt, um unterschiedliche Werkzeuge zur Informationsbeschaffung einheitlich handhaben zu können. Anders als Archie ermöglicht WAIS eine umfassende Suche, da man nicht nur nach Dateinamen, sondern in Ozeanen elektronischer Volltext-Dokumente nach Schlüsselbegriffen suchen kann. Die Treffer einer Suchanfrage werden nach mutmaßlicher Themennähe auf einer Wahrscheinlichkeitsskala zwischen 0 und 1000 vorbewertet, was bei einer hohen Zahl von Treffern nützlich sein kann.

Ich erzählte dem Produktionsleiter von Daniel Hillis, dem Chef und Mastermind der Bostoner Firma Thinking Machines. Hillis hat eine bemerkenswerte Vision. In der von ihm gebauten *Connection Machine* führt die Zusammenarbeit einiger zehntausend herkömmlicher Mikroprozessoren, ein sogenanntes ultraschnelles Prozessornetzwerk, zu einer nach heutigen Maßstäben atemberaubenden Rechenleistung (Cray hat Respekt vor der Connection Machine). Es wäre bereits heute technisch machbar, sagt Hillis, eine tausendmal größere Connection Machine zu bauen. Sie wäre wuchtig wie ein Haus, aber ENIAC, der erste Röhrenrechner von 1946, hatte auch eine Grundfläche von 140 Quadratmetern. Hillis schwebt so etwas wie ein Datenkraftwerk vor.

Das eigentliche Problem dabei sind die **Probleme**. Sämtliche derzeit computergerecht formulierbaren Probleme wären angesichts der Leistungsfähigkeit einer solchen Maschine trivial. Man könnte mit Urknallsimulationen spielen und wäre immer noch beschämt über die brachliegenden Ressourcen. Natürlich kann man nicht vor eine solche Maschine treten und sie nach der Antwort auf die Frage nach dem Leben, dem Universum und allem bitten («Sie wird euch aber nicht gefallen»).

Es wird also in Zukunft ein neues Berufsbild geben müssen: den Problemdesigner. Das Problembewußtsein des Problemdesigners wird kolossal geschärft sein durch Erfahrungen, die er als junger Computer-

Ein *Bug*, englisch für Käfer. Mit Bugs werden jene Art von **Problemen** bezeichnet, die entstehen, wenn man Computer programmiert. Marshal McLuhan sagte einmal, daß der Computer uns dabei hilft, Probleme schneller zu lösen, die wir ohne Computer gar nicht hätten. Die Legende erzählt, daß es sich beim allerersten Bug um eine Motte gehandelt habe, welche von Ada Lovelace, der Mutter aller Programmiererinnen, in einem Rechenwerk gefunden wurde.

nutzer in unseren Tagen – der Computerfrühzeit – gewonnen hat. So wird ihm z.B. einmal, wie mir neulich, durch sein Faxmodem ein wichtiges Fax direkt in den Computer zugegangen sein. Eines kleinen technischen Problems wegen (Speichermangel) war es leider nicht möglich, das wichtige Fax auszudrucken. Da ich das mit den kleinen technischen Problemen schon kenne, habe ich zwei Meter neben dem einen einen zweiten Rechner und einen zweiten Drucker (Hardware-Backup). Eines weiteren kleinen technischen Problems wegen (Laufwerk dejustiert) war es nicht möglich, die Faxdatei schlicht auf Diskette zu speichern und zu dem anderen Rechner hinüberzutragen. Da aber an beide Rechner Modems angeschlossen sind, dachte ich, ich sende die Faxdatei einfach per Datenfernübertragung vom einen Rechner aus in eine Mailbox (am anderen Ende der Stadt) und lade sie anschließend auf umgekehrtem Weg in den zweiten Rechner; ein wenig

«Das Wort **Organisation**, das jetzt von den Franzosen so häufig gebraucht wird, könnte recht gut von Gelehrsamkeit gesagt werden. Man muß Hypothesen und Theorien haben, um seine Kenntnisse zu organisieren, sonst bleibt alles bloßer Schutt, und solche Gelehrten gibt es in Menge.»

Lichtenberg

wie wenn man, statt das Salz über den Tisch zu reichen, einen Kurier ruft, welcher es zu jemandem bringt, der damit wieder zurückkommt und es dem auf der anderen Tischseite gibt, nur eben wesentlich innovativer. Eines nachmaligen kleinen technischen Problems wegen (Leitungsrauschen) funktionierte das auch nicht, aber ich habe noch einen dritten Rechner, ein Powerbook (nein, es kann die Disketten aus dem dejustierten Laufwerk auch nicht lesen). Damit setzte ich mich vor den Bildschirm und tippte das Fax ab.

Der Produktionsleiter nickte, dann kam der Fotograf nochmal rein und nickte auch, und als ich dem Produktionsleiter endlich das World Wide Web zeigen wollte – «endlich Bilder!» –, mußte er gehen. Ich begleitete sie zur Tür und sah ihnen nach, und mein Blick ging die Straße hinunter auf einen kleinen, dicht mit Bäumen bestandenen Platz. Ein Windstoß kam und fuhr die Gasse lang, etwa in Höhe des ersten Stockwerks, auf einem Polster warmer Luft über dem Straßengrund. Erst rauschte das Laub auf den kleinen Bäumen am Straßenrand, und nach ein paar Augenblicken dann auch in den hohen Kastanien auf dem Platz. Die kleinen Bäume wirkten überrascht; die großen wie jemand, der stolz seine Frisur im Wind wirft.

Dann ging ich rein und räumte meinen Bildschirm auf. Erst nach zehn Minuten mühsamen Probierens bekam ich den guten alten grauen Hintergrund wieder hin. Ein etwas ekliges Violett in den Fensterrändern und Ordnersymbolen – als wären sie mit einem roten T-Shirt mitgewaschen worden – blieb vorerst erhalten.

13 UHR. DIE SECHSTE STUNDE.

KAFFEE UND SUCHEN

Zur Erholung höre ich Musik von Kraftwerk. Ihre Musik ist klar und, obwohl es Melodien wie von Kinderliedern sind, entschieden. Daß sie sich für diese einfachen Melodien, jeden dieser einfachen Töne entschieden haben, bringt die Musik auf den Punkt.

In den siebziger Jahren kamen die Synthesizer auf, elektronische Ausdrucksmittel Jahre vor den ersten PCs. Einen der ersten Synthesizer, nach seinem Erfinder Moog benannt, hatte Keith Emerson von Emerson, Lake & Palmer. Auf einer Tournee in Japan hatte Emerson einmal Probleme mit dem Synthesizer und rief Mister Moog an. Moog sagte, er könne nicht helfen, Emerson solle sich einfach mit einer Flasche Whisky und einem Schraubenzieher in das Gerät reinsetzen.

Danach kamen Yes. Ihr Keyboarder Rick Wakeman, einer der häßlichsten Menschen der Erde, umgab sich auf der Bühne mit sämtlichen Synthesizern, derer er habhaft werden konnte, und entlockte ihnen alle denkbaren Variationen des Hubschraubergeräuschs. Ähnlich wie in der Gitarrenmusik und den Entwicklungen im Jazz drückte sich damals in der elektronischen Rockmusik eine bombastische Geschwätzigkeit aus, und eine in Ornamenten zerlaufende Unentschlossenheit («Waberlalla»).

Alice: Würdest Du mir bitte sagen, welchen Weg ich von hier aus nehmen soll?

Cheshire Cat: Das hängt ziemlich davon ab, wo Du hinmöchtest.

Alice: Das ist mir eigentlich egal.

Cheshire Cat: Dann ist es auch egal, welchen Weg Du nimmst.

Alice: Na gut, solange ich irgendwo ankomme.

Cheshire Cat: Oh, ganz bestimmt, wenn Du nur lang genug gehst.

Lewis Carroll,
Alice im Wunderland

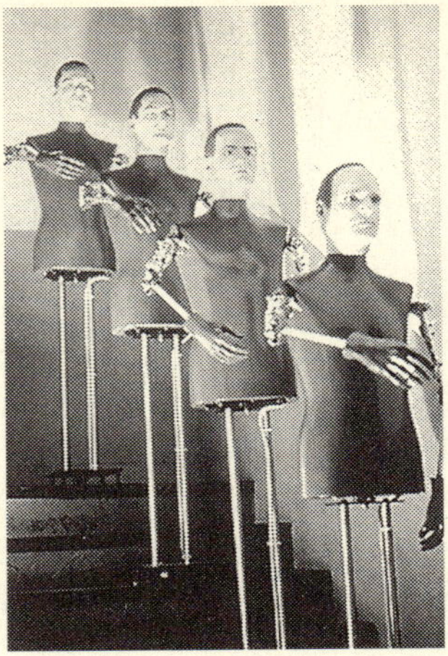

Das ist der Mensch.
Das ist das Wunderbare an
der Musik von **Kraftwerk**.

Ich kenne die Schwierigkeiten, vor die einen eine Maschine stellt, die vor Milliarden von Variationen künstlicher Klänge förmlich trieft, aus eigener Erfahrung. Das war Anfang der achtziger Jahre, damals setzte gleichzeitig mit dem ersten Bartwuchs in jedem jungen Mann der unbezähmbare Wunsch ein, einen Korg MS-20 zu besitzen, den Synthi für jedermann. Ich wohnte damals mit einem Musiker und setzte mich bei Gelegenheit an den Synthesizer. Ein Ton war interessanter als der andere. Ich war immer nur am Suchen. Nachdem ich mich wochenlang durch Klangfilter, Oszillatoren und Frequenzmodulatoren hindurchgewubbert und geblubbert hatte und nur noch auf dem Rücken schlafen konnte, weil mir die Ohren von den Kopfhörern schmerzten, trat ein nervöser Klangüberdruß ein. Ich fühlte, daß ich den idealen Klang nie finden würde. Nur suchen, suchen, ohne wirklich etwas finden zu wollen – das ist das Problem.

Kraftwerk zeigen, wie man aus dem unüberschaubar Vielen das Richtige wählt. Vor allem: daß keine Maschine dabei helfen kann, darüber zu entscheiden, welcher Klang der schönste ist. Dieser Ton ist es, dieser Akkord. Dies ist die Entscheidung. Das ist der Mensch. Das ist das Wunderbare an der Musik von Kraftwerk.

Wir befassen uns heute weniger mit Information als vielmehr mit einem Informationsproblem. Eine der Paradoxien der Informations-Evolution besteht darin, daß zwar die Menge an Daten und Informationen zunimmt und verschiedene Techniken beschleunigten Zugriff darauf ermöglichen, die menschliche Aufnahmekapazität aber nicht steigt, weder die Ökonomie von Aufmerksamkeit noch die Fähigkeit zur vernünftigen und sozialen Umsetzung von Information noch das Gedächtnis.

Ein Musterbeispiel für technische Entwicklungen, deren Vollendung eigentlich nur noch der Mensch im Wege steht, waren die Armbanduhren mit diesen winzigen Tastaturen. Die besseren davon waren mit einem kleinen Metallstift zum Tastendrücken ausgestattet. Die Zielrichtung der Entwicklung ist bei derartiger Technik klar: der Mensch muß doch irgendwie kleinzukriegen sein. Dies ist ein nicht zu unterschätzender Aspekt der massiven technischen Tendenz der Miniaturisierung, die mit der Fertigkeit der Uhrmacher begonnen hat und mit der Mikroelektronik quasi chronisch geworden ist.

Heute konzentrieren sich unsere Vorstellungen von Information auf Archive, Bibliotheken und Datenbanken. Möglich, daß das in Zukunft nicht mehr so ist. Vorausschauende Technologen hoffen auf die Talente und die Anpassungsfähigkeit von Expertensystemen, intelligenten «Agenten» und «Knowbots», die sich selbständig in uferlosen Datenmeeren bewegen sollen. Damit die neue Tech-

«Man muß eine Sache **gefunden** haben, wenn man wissen will, wo sie liegt.»

Goethe

nik erfolgreich sein kann, muß sie – Multimedia-Mimikry – das Aussehen der alten Welt annehmen. «Spiegelwelten» und Realitätsfenster sollen dem Anwender zeigen, was vor sich geht. Der Computerpionier Alan Kay geht noch einen Schritt weiter: «Die Beschaffungssysteme der Zukunft werden keine Fakten mehr beschaffen, sondern Ansichten. Die Schwäche von Datenbanken liegt darin, daß sie einen nach Fakten suchen lassen, während die eigentliche Stärke unserer Kultur seit jeher unsere Fähigkeit war, uns unterschiedliche Ansichten oder Perspektiven einer Sache zu verschaffen. Genau das ist es, was Simulationen ermöglichen. Datenbanken werden durch aktive Simulationen ersetzt werden, die nicht mehr Zahlenreihen über den Zustand eines Unternehmens zu unterschiedlichen Zeitpunkten vorhalten werden, sondern eine aktive Simulation des Unternehmens.»

Die Informationsrevolution verändert den **Zeithorizont** des Menschen. Seit Marshal McLuhan haben viele Analysten behauptet, daß die neuen Technologien es den Menschen erlauben, die Zeit zu erobern. Finanztransaktionen bespielsweise laufen heute praktisch verzögerungsfrei um die Welt. CNN überträgt in Echtzeit den Einflug der Scud-Raketen über Israel oder den Hurrican Andrew, der den CNN-Korrespondenten an der Küste von Florida umbläst. Staatliche Stellen taumeln, permanent im Scheinwerferlicht der Ereignisumwälzanlagen, von einer Krise in die nächste.

CNN überträgt in Echtzeit den Einflug der Scud-Raketen über Israel oder den Hurrican Andrew, der den CNN-Korrespondenten an der Küste von Florida umbläst.

Auf CNN läuft gerade eine neue Sendung, *Computer Connection*, dazu wird eine Netzadresse eingeblendet. Ich wähle mich nebenher ein und finde beim Stochern in den Listen mit Logo-Bildchen und Texten zwei Informationen, die ich vor kurzem noch vergeblich andernorts gesucht hatte. Die eine betrifft ein **Supercomputer-Center**, über das ich einen Bericht gesehen hatte, wobei ich vergessen hatte, in welcher Stadt sich das Center befindet. Man hat dort, auf einem Cray-Supercomputer, ein Labormodell eines virtuellen Einkaufszentrums eingerichtet, das man in Echtzeit durchwandern kann. Neben einer Hand, die den Konsumenten repräsentiert, schwebt eine virtuelle Einkaufstüte, in die man seine Einkäufe legen kann. Mit dem CNN-Tip – das Supercomputer-Center ist in San Diego – ist es ein leichtes, durch das Netz bis an die Quelle zu finden.

Den Entwurf für das virtuelle **Einkaufszentrum**, das vor den Augen des Benutzers auf der Spezialbrille entsteht, lieferte der Architekt Marc Fredrickson von der Universität von Kalifornien in San Diego. Nach diesen Plänen haben Dema Zlotin und Michael Kelley vom Supercomputer-Zentrum in San Diego dann das Einkaufsparadies «gebaut». Der Kunde kann einen Laden «betreten» und wie gewohnt auswählen. Hat er eine Ware gewählt, legt er sie mit dem Datenhandschuh in den Einkaufskorb - geliefert und bezahlt wird später. *In the Bag* ("Im Korb") ist auch der Name des Programms.

Das Fernsehprogramm ist im übrigen ein gutes Beispiel für die Schwierigkeiten, die das Navigieren in großen Informationsmengen bereithält. Ich bin der Auffassung, daß das Fernsehen ein sehr nützliches Medium sein kann und eine Menge interessanter Beiträge ausgestrahlt werden, es einem jedoch unglaublich schwer gemacht wird, dahin vorzustoßen. Da das Fernsehen das bedeutendste Massenmedium des 20. Jahrhunderts ist, muß man sich darüber wundern. Mit den drei Programmen der Fernsehfrühzeit ging das noch; inzwischen, bereits mit 20 per Kabel oder Satellit beziehbaren Programmen, wird zielgerichtetes Fernsehen zur echten Anstrengung.

Es sind nicht die Trivialisierung oder die Gewaltdarstellungen, sondern die unstrukturierbare Masse an Sendungen, die das Fernsehen gefährlich machen, da es uns dazu zwingt, unsinnige Strategien zu entwickeln. Der Unwille der Unterhaltungselektronik-Hersteller, die Programmauswahl technisch komfortabler zu machen, läßt sich nur mit der Hoffnung erklären, die nun alle in Multimedia setzen: die Neuerfindung des Fernsehens verbunden mit der einmaligen Gelegenheit, fortan Geld für etwas zu verlangen, das es bisher umsonst, respektive um den Preis einigermaßen penetranter Werbeeinblendungen gab.

Sowohl herkömmliche als auch neukonzipierte TV-Programmzeitschriften stoßen an ihre Grenzen. Die Informationsmenge überschreitet das Bewältigbare, jedenfalls wenn man sie vollständig nutzen möchte. Zeitleisten, Tagesübersichten usw. bieten bereits vorgefertigte Schnitte durch die Informationsmenge, trotzdem ist einiges von dem, wofür ich mich interessiere, nicht dabei. So sehe ich beispielsweise gern Werbung und hätte gern die Uhrzeiten der Werbeblocks.

Haben Sie schon mal versucht, eine Fernsehzeitschrift wirklich durchzulesen? Das kostet bei einer zweiwöchigen Programmvorschau einen ganzen Nachmittag. Ich hab das mal ein paar Wochen lang versucht. Mit Leuchtmarker die Sendungen angestrichen, die mich interessieren, und mich geärgert über verheißungsvolle Titel, zu denen dann wieder nichts weiter zu lesen war, bloß weil das nicht im Hauptabendprogramm lief. Gelegentlich sind Sendungen im Videotext ausführlicher beschrieben, aber nicht alle Sender (und nicht alle Zuschauer) haben Videotext. Nach dem Markieren der Sendungen wurde es stressig: Ich durfte nicht vergessen, wann eine der Sendungen anfing, die ich markiert hatte und die ich nicht aufzeichnen, sondern nur sehen wollte. Armbanduhrpieps stellen, Fernsehzeitschrift in Griffweite liegen lassen, Kassette – leer oder mit passendem Bandrest – in den Videorekorder legen, falls doch etwas aufgezeichnet werden sollte.

Kurz gesagt: Tageszeitungen werte ich nach wie vor aus, das Fernsehprogramm nicht mehr. Ich habe noch etwa 80 Stunden nicht geguckte Video-Aufzeichnungen – alles Zeug, an dem mir liegt -, aber ich komme nicht dazu, denn es flimmert auch dauernd Neues nach.

Schon mal versucht, eine **Fernsehzeitschrift** wirklich durchzulesen?

Ein interessantes Phänomen, das ich am Rand erwähnen möchte, ist, daß eine Menge PC-Benutzer ihren Videorekorder nicht gern oder überhaupt nicht programmieren. Sie kennen das, wenn man in ein Wohnzimmer kommt, und am Videorekorder blinken **die Doppelnullen**, weil keiner die Uhrzeit einstellt.

Diese technisch versierten und interessierten PC-Benutzer würden den Videorekorder, gäbe es ihn als Computerprogramm, viel lieber programmieren als das reale Gerät. Woran liegt das? Nicht unbedingt daran, daß der Computer alle Technik in sich aufsaugt. Ich kann auf meinem Computer auch Musik-CDs abspielen und spiele sie trotzdem lieber in der Musikanlage. Der Videorekorder ist ein Musterbeispiel für den entscheidenden Unterschied zwischen «komplex» und «kompliziert». **Komplexität** ist, würde ich mal sagen, das Ziel der Welt. Kompliziertheit ist der negative Aspekt von Komplexität. Der Computer ist komplex, der Videorekorder ist kompliziert.

«I'm terrified by computers», sagt William Shatner alias Captain Kirk, Kommandant des Raumschiffs *Enterprise*. Er schreibt am liebsten auf einem großen, gelben **Notizblock**.

Phänomene des *Information Overload* ähnlich dem TV-Problem kennen alle Leute, die online sind. Ein Freund von mir, der eine Mailbox betreibt, die ans Netz geschlossen ist, ist ein klassisches Beispiel dafür. Er ist seit

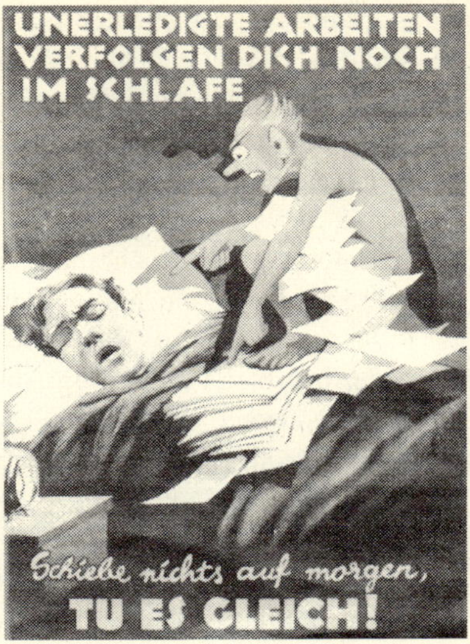

«Es ist gewiß besser, eine Sache gar nicht studiert zu haben als oberflächlich. Denn der bloße gesunde **Menschenverstand**, wenn er eine Sache beurteilen will, schießt nicht so sehr fehl als die halbe Gelehrsamkeit.»

Lichtenberg

Anfang an dabei – seit es Modems gibt – und hat sich nach und nach mit immer dickeren Rechnern, schnelleren Modems und größeren Festplatten ausgestattet. Eine Weile versuchte er, die ankommenden Kilo- und Megabyte-Mengen frontal anzunehmen. Inzwischen hat er aufgehört, noch irgend etwas zu lesen. Er ist zufrieden, wenn das System läuft, und genießt es, wie vor einem offenen Kamin zu sitzen und zu hören, wie alles rauscht und schnurrt, und zu wissen: Es **pollt**. Es schiebt Nachrichten durchs Netz.

Wie das Fernsehen uns beliefert mit der Pracht und Fracht der Bilder, beliefert uns die Onlinewelt bevorzugt mit Text. Viele Neulinge lassen erst einmal wochenlang ihre Festplatte vollaufen mit Material, das sie dann doch nie lesen. Irgendwann kommt der ernüchternde Moment, in dem der ganze Kram gelöscht wird. Das funktioniert am Computer übrigens wesentlich umstandsloser als mit Stapeln von Papier; fast möchte man sagen, die elektronische Verbreitung entwertet das Geschriebene.

Um nochmal auf die Eroberung der Zeit zurückzukommen: Für viele Menschen erweitert sich der Zeithorizont nicht, er verzerrt sich. Sie fühlen sich überflutet von Nachrichten, ihr Blickwinkel verengt sich, sie fühlen sich unter Druck gesetzt, irgendwas zu tun. Zu vieles scheint unausgesetzt und gleichzeitig zu geschehen. Eine Menge Menschen scheinen in dieser intensivierten Wahrnehmung der unmittelbaren Gegenwart und ihrer Krisen gefangen zu sein. Sie verlieren den Sinn für Geschichte und Tradition und wenden sich der Zukunft in einer Art von Fluchtbewegung zu. Während die Wirtschaft davon profitiert, daß die Welt zu einer einzigen, fließenden Zeitzone geworden ist, ist für viele Menschen nichts von einer Eroberung der Zeit zu merken, nicht einmal von einer Eroberung des Augenblicks. Während manche meinen, Zeit zu sparen, fühlen andere sich ihrer beraubt. Gutteils der neuen Technik wegen fließt Information (und erst recht Desinformation) schneller, als viele Leute sie aufnehmen, zuordnen und dazu Entscheidungen treffen können oder sich noch zusätzliche Informationen besorgen können, um einen Sachverhalt zu überprüfen oder zu vertiefen.

Beim **Polling** fragt ein Computer im Netz den anderen periodisch ab, ob er etwas senden will oder empfangen kann.

Wohl über das Eigentliche am Wissen schrieb Lichtenberg einmal, «daß einige der größten Geister, die je gelebt haben, nicht halb soviel gelesen hatten und bei weitem nicht soviel wußten als manche unserer mittelmäßigen Gelehrten. Und mancher unserer sehr mittelmäßigen Gelehrten hätte ein größerer Mann werden können, wenn er nicht so viel gelesen hätte.»

Otmar kommt kurz vorbei. Otmar kommt immer nur kurz vorbei. Er wirkt so, als stünde stets ein Engel mit einer abgesägten Schrotflinte hinter ihm und triebe ihn an, unbedingt etwas zu tun, von dem weder er noch der Engel wissen, was es sein soll. Otmar ist fasziniert vom Internet und will da unbedingt ran, also werfe ich das entsprechende Programm an und starte einen Standardkurzvortrag, «Hier zur Linken sehen Sie...», – aber Otmar will ohne Umschweife in die British Library und sehen, ob das Netz das kann.

Mir fällt Curt Bois ein, der in den dreißiger Jahren so schöne Schlager gesungen hat («Ich mach alles mit den Beinen, ob lachen oder weinen, mit den Beinen, mit den Beinen») und der mir einmal erzählt hat, daß es zu dieser Zeit sogenannte Schnelldichter gab, denen aus dem Publikum drei Worte zugerufen wurden, und sie ließen eine kleine Melodie übers Klavier laufen und sangen dazu ein improvisiertes Lied, in dem sich die zugerufenen Worte auf irgendwas reimten.

Ich versuche Otmar eine taugliche Vorstellung von den Suchmöglichkeiten und Instrumenten in der Datendimension Internet zu geben, aber Otmar will jetzt sofort die British Library sehen, und als ich nicht gleich vorankomme, muß er wieder gehen.

Der Umweg ist der rechte Weg, will ich ihm noch sagen, aber da ist er schon weg. Ich habe nämlich eine Zeitschrift auf meinem Schreibtisch aufgeschlagen, eine aus Papier, und einen Bericht über *The Mechanical Moles of Austria* (Die mechanischen Maulwürfe Österreichs) darin gefunden. Die Zeitschrift – *Wired* – ist den weiten Weg von San Francisco zu mir nach Hamburg gekommen. Ein Unternehmen für Umwelttechnik und eine Softwarefirma in meiner österreichischen Heimat haben einen kamerabewehrten Roboter entwickelt, der ein Fiberglaskabel hinter sich herzieht und in Röhren kriechen kann. Der menschliche Beobachter kann es sich solange in einem trockenen, warmen Auto vor dem Monitor bequem machen.

Zu dem Artikel ist ein Screenshot mit dem Ergebnis einer Untersuchung abgebildet – «22.12.94, Ort: Hirschegg», steht winzig in einer Fensterumrahmung. Hirschegg – dort in den Bergen habe ich 1969 im Dorfgasthaus die erste Mondlandung gesehen. Geschehenes wird zu Geschriebenem, und das Geschriebene geht auf eine lange Reise.

14 Uhr. Die siebte Stunde.

Neubeginn der Geschichte

Alle kunstsinnigen Gemüter können sich freuen: Cyberspace ist ein literarisches Konzept. Die Vorsilbe cyber- stammt aus dem Griechischen, bedeutet «steuern» und wurde in den vierziger Jahren in unseren Sprachgebrauch eingeführt von dem Philosophen Norbert Wiener, der in seinen Arbeiten das Gebiet der «Kybernetik» umriß (der Begriff bezieht sich auf das französische Wort *cybernetique*, das die Kunst des Regierens bezeichnet).

William Gibson, der von Computern so gut wie nichts versteht, lebt mit seiner Frau und zwei Kindern in Vancouver. Inzwischen schreibt er wieder auf seiner mechanischen Schreibmaschine.

Die Entstehung der Computersubkultur inspirierte Anfang der achtziger Jahre transatlantische SF-Autoren zu neuen Entwürfen einer Welt von Morgen. Sie nannten sich Cyberpunks. 1984 veröffentlichte der Kanadier **William Gibson**, der sich mit Short Stories für das SF-Magazin *Omni* einen Namen gemacht hatte, seinen ersten Roman. Der *Neuromancer* legte den begrifflichen Grundstein für das bemerkenswerteste Kontinuum der westlichen Welt: Gibson erfand den Begriff Cyberspace.

Die Erzählungen der Cyberpunks handeln nicht mehr von imperialistischen Walzenraumschiffen oder vollbusigen Feen im Lederdreß. Sie entwerfen die Vision einer illusionslos unsere Gegenwart verstärkenden, dreckigen Zukunft, beherrscht von gewaltigen Firmen, unkontrollierbar komplexen Computernetzen und einer ruppigen, großstädtischen Atmosphäre. Ihre zentralen Figuren sind leicht ramponiert, aber tough, professionell, drogenerfahren und sentimental. Die Frauen in den Geschichten sind versiert und kämpferisch, nichts an ihnen erinnert mehr an die aus den Spielberg-Filmen bekannte heroische Hausfrau, die bösen Aliens mit Mixer und Bratpfanne zu Leibe rückt.

Allen Cyberpunk-Geschichten gemeinsam ist das *Netz*, die *Matrix*. Etwas, das den technisch erzeugten Symbolraum einer erdumspannenden elektronischen Schattenwelt in einen Begriff zu fassen versucht, «eine gemeinschaftliche Halluzination, die täglich von Milliarden legitimer Benutzer erfahren wird. Eine grafische Darstellung der Daten aus den Speichern sämtlicher Computer im menschlichen System. Eine unvorstellbare Vielfalt.» (Gibson)

Das Lebensgefühl, aus dem sich Cyberpunk literarisiert, bezieht seinen Schwung aus einer vor böser Ironie funkelnden, geradezu hemmungslosen Technophilie, die brave Bürger in Angst und Schrecken versetzen soll. Der Spaß an der Sache besteht darin, die Hightech-Entwicklungen möglichst affirmativ und radikal nach vorn zu denken und Naturharmoniker, deren Zukunftsvorstellungen sich auf die Umwandlung der Erde in ein planetares Radieschenbeet beschränken, zu schockieren. Wie sich heute abzeichnet, hat die Phantasie der frühen Cyberpunk-Autoren in manchem nicht einmal besonders weit gereicht.

Auf den ersten Blick ist das Netz der **Traum** aller Bücherfreunde – eine Welt, in der man gar nicht anders kann, als zu schreiben oder zu lesen. Was größtenteils durch's Netz transportiert wird, ist – noch – Geschriebenes. Der Offene Brief stellt den Regelfall einer Nachricht im Netz dar. Er übertrifft alle herkömmlichen Entsprechungen wie Leserbrief, Kleinanzeige oder Zettel am Schwarzen Brett so weit, daß man von einem eigenen Genre sprechen muß.

Eine lektorierende oder redigierende Instanz zwischen Schreiber und Leser gibt es im Netz nicht mehr (bzw. noch nicht wieder), höchstens manchmal eine moderierende. Die Vielen sprechen zu den Vielen. Die Aura an dem Begriff der Autorschaft, das Erlesene, ist erstmal perdu. Der Haken an der Sache ist die schiere Menge an ungesichteten

Beiträgen. Bald fängt man wieder an, sich nach einem Redakteur zu sehnen, der kundig und verantwortungsbewußt vorsortiert hat. Zur Meinungsüberflutung kommen noch all die vielen Texte, deren Urheber sich einen Dreck um stilistische Empfehlungen kümmern.

Niemand liest freiwillig längere Texte am Bildschirm. Der maßgebliche Grund dafür, daß die Netze eine Welt der Worte sind, liegt ganz prosaisch darin, daß Buchstaben kaum Speicherplatz und Übertragungskapazität kosten. Während bereits eine kleine Schwarzweißgrafik in digitalisierter Form rasch hunderttausend Bytes umfaßt, wollen die derselben Menge in Buchstaben entsprechenden 50 Seiten Text erst einmal gelesen sein. Die Mobilität der elektronischen Texte steht in einem seltsamen Gegensatz zur Wuchtigkeit der Bildschirme, auf denen sie in kargen Standard-Schriften dargestellt werden. (Daß technisch bedingte Reduktion kein Mangel sein muß, belegt, neben dem Bauhaus-Stil, die Firma Interfood in Lausanne, die heute Jacobs Suchard heißt und 1972 die Milka-Kuh in die Welt setzte: Die meisten Leute hatten damals Schwarzweißfernseher, also wurde eigens ein TV-Preisrätsel entwickelt – «Welche Farbe hat die Kuh?»)

Der Computervorrat an alphanumerischen Zeichen ist normiert und heißt ASCII – American Standard Code for Information Interchange. Wie es sich für einen Standard gehört, hält sich niemand daran. Ein Freund von mir hat ein Mailboxprogramm geschrieben, das einen auf-

«Die universelle Verfügbarkeit elektronischer Bibliotheken mit ihren mächtigen Möglichkeiten der Organisation und Auswahl von Informationen bedeutet, daß Individuen mit Organisationen konkurrieren können, und **Organisationen** mit dem Staat konkurrieren können auf der Basis gleicher Mittel.»

James Ducker

Müh!

```
Seitenansicht einer "Kuh"   Rueckansicht

           (___)              (---)
           (o o)              (   )
   /--------\_/               /-----\
  / |        |                |     |
 /  | |    | |                |  |  |
*   |-|----|-|                |  |  |
    | |    | |                |  *  |
    ~ ~    ~ ~               ~~     ~~
```

fordert, zur Identifikation des eigenen Computers ein «ß» einzugeben, da dieses Zeichen von garantiert jedem PC-Hersteller (IBM, Apple, Atari, Commodore) anders codiert wird. «American» deutet das Problemchen mit den nationalen Sonderzeichen an.

Im November 1991 wollte der Dramatiker Franz-Xaver Kroetz seine Lebensgefährtin Marie-Theres Relin heiraten. Alle Papiere waren zusammengetragen, auch die Abstammungsurkunde von Kroetz, auf der sein Name allerdings «Krötz» geschrieben war. Der Standesbeamte wollte nicht akzeptieren, daß Kroetz sich, wie in seiner Geburtsurkunde und in seinem Paß, «Kroetz» schreiben wollte. Grund des **Buchstabenwirrwarrs**: Seit die Entnazifizierungspapiere des Vaters auf einer US-Schreibmaschine – die kein «ö» hat – geschrieben wurden, nannte sich die Familie «Kroetz». Das Beinahe-Ehepaar mußte einen Anwalt einschalten.

Eine der ersten Nachrichten von Reinhard aus Hongkong an mich lautete: «Schonen guten Tag zusammen! Nach Deinen letzten Messages habe ich mich endlich entschlossen, die neueste Version der Software mit dem Internationalen Schriftsatz LATIN-1 zu installieren (20 Minuten download..), aber ohne Ues und Oes ist die deutsche Sprache doch ein bischen komisch.»

Die kleinen, unschuldigen Umlaute geben ein gutes Beispiel für die Folgen technischer Camouflage. Ende der siebziger Jahre behaupteten viele junge Leute, für die damals Computer etwas Kompromittierendes waren, sie würden niemals einen verwenden. Auch wenn sie nichts hatten als ein paar Matratzen in einem WG-Zimmer und ein paar Obstkisten als Bücherregale, ein Hifi-Rack hatten sie alle. Wenn man die Verkleidung davon abschraubte, kamen die ersten Chip-Käferchen mit den goldenen Beinen zum Vorschein, die auf Leiterplatten zunehmend herkömmliche Bauteile ersetzten. Sie verwendeten längst Computer, ohne daß sie es wußten.

Heute verhält es sich ähnlich mit den Leuten, die sagen, daß sie nicht online gehen, weil ihnen das zu kompliziert ist, die aber ein Fax haben. Ein Fax ist ein Modem, das verheimlicht, daß es ein Modem ist. Das ist das Geheimnis seiner Erfolgs. Lassen Sie sich von einem Computerenthusiasten erklären, wie man das Kommunikationsprogramm zum

Betrieb eines Modems am Computer einstellt. Lassen Sie sich dann zum Vergleich von einem Technikhasser erklären, wie sein Fax funktioniert.

Das ist eines der Phänomene der expliziten Computertechnik: je mehr Möglichkeiten und Einstellungsvarianten man hat, desto unübersichtlicher wird die Bedienung. Paradox ist beispielsweise, daß man meist bei der Installation, zu einem Zeitpunkt also, zu dem man noch nichts über die Software weiß, alles wissen sollte. In einem Kommunikationsprogramm kann man alles mögliche einstellen. Meist gibt es viele verschiedene Bildschirmseiten voll mit urigen Begriffen wie *Parity*, *lokales Echo* oder *CRC Type*. Wenn man nach ein paar Wochen alles beherrscht, kann man auch das Handbuch lesen.

«Nach der Volkszählung, die 1880 in den USA stattfand, arbeiteten 500 Männer und Frauen sieben Jahre daran, 36 verschiedene **Antworten** von 50 Millionen Amerikanern auszuwerten.»

In dieser Phase tritt dann eine neue Art von Fehler auf: Man übersieht Dinge aus Gewohnheit. Ich hatte mal ein amerikanisches Kommunikationsprogramm, mit dem man bis zum Mond fliegen kann, wenn man weiß, wie man alles richtig einstellt.

Es gab Probleme mit den deutschen Umlauten. Ein Freund zeigte mir, wie man von Hand in Zeichensatztabellen herumfummeln muß, um das hinzukriegen. Das Programm war nicht mein Eigentum, sondern eine **dislozierte Sicherheitskopie**, die der Besitzer, wie von Sicherheitsfachleuten empfohlen, aushäusig, also bei mir, gelagert hatte.

Fitneßtreibende mit doppeltem **Backup**.

Einige Zeit später kaufte ich mir die neueste Version des Programms selbst, unter anderem, weil in der Werbung verkündet worden war, das Problem mit den deutschen Umlauten wäre beseitigt. Von da an verschwanden die Umlaute komplett von meinem Bildschirm. Ich probierte alle Einstellmöglichkeiten in allen Kombinationen aus, änderte die Zeichensatztabellen – keine Umlaute. Ich nervte die Koordinatoren meiner Stamm-Mailbox so lange, bis ein Spezialist für mich testhalber einen eigenen Zeichensatz im System anlegte. Man konnte nun bei den individuellen Einstellungen in der Mailbox wählen zwischen IBM, MACINTOSH, ATARI, DIN, ISO und GLASER.

Immer noch keine Umlaute.

Nach zwei Wochen stolperte ich über den Fehler. In einem der vielen Fenster mit den vielen Parametern, die ich schon Hunderte Male durchgesehen hatte, war ein unscheinbares, kleines Kästchen angekreuzt: «strip 8th bit.» Tatsache ist, ich hatte das Parameterfeld schon so oft aufgerufen, daß ich das kleine Kästchen einfach nicht mehr sah. Ich schaltete das achte Bit wieder an, und die Umlaute waren wieder da. Ein falsches Bit ist auch der Grund dafür gewesen, daß der NASA eine ihrer Mariner-Sonden davongeflogen ist.

Ich schrieb dem Zeichensatzkonstrukteur und allen, die mir bei der Jagd nach den Umlauten beigestanden hatten, eine kleine Nachricht mit dem Betreff «Umlautproblem gelöst». Ich verschickte die Nachricht allerdings nicht mit dem Kommunikationsprogramm, das nun sein achtes Bit wiederhatte, sondern mit einem komfortablen Mail-Programm für´s Internet. Eine Kopie der Nachricht legte ich im Archiv des Programms ab.

In der Betreffzeile stand «Umlautproblem gel=F6st».

Eine der großen Verheißungen der Vernetzung ist die vom Wissen der Menschheit, das uns nunmehr zu Füßen liege. Das ist **ein Märchen**. Erst einmal handelt es sich bei den Inhalten der meisten Archive und Datenbanken nicht um Wissen, sondern um dessen ungekochte Form, Information. Außerdem steht uns das Wissen der Menschheit schon lange zur Verfügung. Seit Generationen quellen die Bibliotheken über von Büchern, riesige Zeitschriftenarchive stehen bereit, und ein Fotokopierer kostet heute gerade einmal soviel wie ein guter Videorekorder. Wer aber bisher kein Bedürfnis danach hatte, eine Bibliothek oder eine Buchhandlung zu frequentieren, der wird auch durch den Computer nicht zum Bibliophilen und Infofreak werden.

Archive müssen, um nützlich zu sein, gefüttert und gepflegt werden. Bücher, die auf Papier vorliegen, müssen in elektronische Form überführt werden, um netzweit zum Zugriff bereitzustehen. Das ist sehr aufwendig. 1991 wurde an der Benedictine University in Illinois ein Projekt mit der Absicht ins Leben gerufen, soviel Literatur wie möglich in elektronische Form zu bringen und so weit wie möglich zu verbreiten: das *Project Gutenberg Etext* (kurz für Electronic Text). Project Gutenberg ist ein erster groß angelegter Versuch, Wissen über die Netze frei, kostenlos und für jedermann verfügbar zu machen. Nach knapp vier Jahren kann man inzwischen etwa 150 größtenteils englischsprachige Titel abrufen. Hier möchte bitte jeder einen Augenblick verweilen, der davon träumt, Bibilotheksbestände aus Hunderttausenden von Druckwerken demnächst zu digitalisieren.

Wer sagt, es gäbe doch heutzutage Schrifterkennungsprogramme, die das automatisch machen, hat noch nie mit einem gearbeitet. Abgesehen von den Bearbeitungszeiten pro Seite sind Trefferquoten von 99 Prozent, mit denen manchmal für die automatische Leseleistung geworben wird, Augenwischerei. Umgerechnet bedeutet das einen Fehler pro 100 Zeichen, das heißt, etwa in jeder zweiten Zeile ein falsch erkannter Buchstabe. Derart der Nachbearbeitung bedürftige Texte tippt man am

«Die Kongreßbibliothek in Washington, die größte der Welt, hat ausgerechnet, daß alle ihre Bestände - Hunderte Regalkilometer - in digitaler Form mühelos in einen Raum passen würden. ... 875.000 Bücher kamen laut Unesco allein 1987 in den Handel. 96 Prozent der **Weltinformation** ist auf Papier abgelegt, vier Prozent auf Mikrofilm und Mikrofiche und nur ein Prozent digital.»

Die Zeit, 11.12.1992

«Fachzeitschriften haben seit längerer Zeit Probleme, das Volumen wissenschaftlicher Artikel zu bewältigen. Modelle, in denen Wissenschaftler die für sie relevanten Artikel aus dem Internet abrufen können, werden erprobt. Verlage, die sich auf dieses Geschäft einlassen, verändern ihr **Selbstbild** radikal von einem *Gatekeeper* zu einem *Information Provider*, der keine inhaltliche Kontrolle mehr über das Publizierte ausübt.»

Klemens Polatschek

besten gleich ganz ab – so, wie es mit einem Gutteil der im Project Gutenberg verfügbaren Bücher bisher auch geschehen ist.

Die Digitalisierung der Bibliotheken ist aber nicht nur ein Wunschtraum von Wissensraffern, sondern auch ein Gebot der Not. Nur noch in Ausnahmefällen stellt das Goethe- und Schiller-Archiv in Weimar, das älteste deutsche Literaturarchiv, seinen Benutzern originale Handschriften zur Verfügung. Sie sind durch Gebrauch, Alterung, Tintenfraß, schlechtes Papier und andere Schäden gefährdet – nach Schätzungen etwa zehn Prozent der Bestände, 600.000 Blatt –, darunter die 1650 überlieferten Briefe Goethes an Charlotte von Stein und der Briefwechsel mit Schiller. Zu DDR-Zeiten wurden in sieben Jahren 3000 Blatt restauriert.

In der Frankfurter Zentralbibliothek ist jedes zehnte Buch bedroht. Mitte des vergangenen Jahrhunderts wurde Alaun zur Papierleimung benutzt, ein Stoff, der in einem längeren Prozeß zerfällt, bei dem Schwefelsäure als Abfallprodukt entsteht und die Bücher angreift. Die Entsäuerung der Bücher würde knapp vierhundert Jahre dauern.

Das Problem ist global. Übrigens sollte niemand glauben, daß digitale Datenspeicher verfallsicher sind. Hersteller wie IBM oder BASF behaupten, daß magnetische Datenträger praktisch ewig halten – wenn man sie nur richtig behandelt. Keine Hitze, kein Staub, keine Feuchtigkeit, keine Magnetfelder. Nicht gerade die typische Arbeitsumgebung. Zehn bis fünfzehn Jahre Lebensdauer geben Experten unklimatisiert aufbewahrten Magnetbändern; das Dreifache bei sachgerechter Lagerung. Auch nicht die Welt.

Das Ziel des Project Gutenberg ist es, zehntausend der meistgelesensten englischsprachigen Bücher bis zum Jahre **Zweitausendeins** in elektronische Form zu übertragen. «Jede Stunde, die wir arbeiten, produzieren wir etwa einen Wert von einer Million Dollar», rechnet einer der Mitarbeiter vor. «100 Stunden brauchen wir, vorsichtig geschätzt, um einen Text auszuwählen, einzugeben, ihn Korrektur zu lesen, die Copyrights zu überprüfen usw. Die von uns angepeilte Leserschaft umfaßt 100 Millionen Leser. Wenn wir einen Wert von einem Dollar pro Text setzen, produzieren wir eine Million Dollar pro

Stunde. Ab dem nächsten Jahr möchten wir vier Bücher pro Monat schaffen und unsere Produktivität damit auf zwei Millionen Dollar pro Stunde steigern.»

Angepeilt ist, bis zum Dezember Zweitausendeins zehntausend Titel an jeweils 100 Millionen Leser zu verteilen, das heißt, eine Trillion Textdateien (10.000 mal 100.000.000) unter die Leute zu bringen.

Das Hauptziel des Project Gutenberg und einiger ähnlicher Initiativen besteht darin, der Öffentlichkeit freien Zugriff auf Bücher zu ermöglichen, deren Copyright abgelaufen ist. In den USA gilt das Copyright – seit 1978 – für 75 Jahre (zuvor waren es 28 Jahre, die aber um neuerliche 28 Jahre verlängert werden konnten). In Europa gehen die Urheberrechte eines Autors oder Übersetzers 50 Jahre nach seinem Tod an die Allgemeinheit über. Zu den Vorhaben, die dem Gutenberg-Projekt verwandt sind, gehören die *Online Book Initiative* (OBI), *Internet Wiretap*, das *Project Runeberg*, das sich mit Werken in skandinavischen Sprachen befaßt, sowie das *Project Libellus* mit lateinischen Texten und Kommentaren.

Das Herausgeben einer Literaturzeitschrift ist im Netz ebenso vereinfacht wie das Briefeschreiben. Satz, Druck und Versandkosten entfallen. Zeitschriften, im Netzjargon *Zines* oder *eZines* genannt (verkürzt, wie man will, aus *Magazine* oder der bereits aus dem Begriff *Fan Magazine* verkürzten Verkürzung *Fanzine*), sind aus diesem Grund ebenfalls bereits zu einer ansehnlichen Liste versammelt.

In wenigen Jahren werden die Datenleitun-

Ende 1992 kündigte William Gibson an, er werde ein Buch in streng begrenzter Auflage auf den Markt bringen, das sich bei der ersten Lektüre selbst vernichtet. Die Gemeinde spannte einmal kurz die Muskeln an: Irgend jemand sandte eine Botschaft mit den Kreditkartendaten von Gibsons New Yorker Verleger Kevin Begos ins Netz. Es dauerte nur Minuten, da waren auf Begos' Konto bereits wirre Warenbestellungen über mehr als tausend Dollar gebucht; die Wachmechanismen der Abrechnungscomputer schlugen Alarm, sperrten routinemäßig die Kreditkartennummer und registrierten allein in der folgenden Minute 37 weitere Mißbrauchsversuche, abgesandt unter anderem aus Sydney und Bombay. «Sie wußten, daß ich den Schaden nicht würde zahlen müssen», sagte Begos, der selbst keinen Computer besitzt, «sie wollten nur zeigen, wie viele sie sind und wie schnell sie meine Nummer an jeden Punkt der Erde schicken konnten.»

Klemens Polatschek

gen breitbandig genug sein, um wieder massenhaft bewegte Bilder à la TV in die Netze strömen zu lassen. Dann wird der Niedergang dieser wundervollen Welt aus schierem Text beginnen. Literatur wird wieder ein ähnliches Dasein führen, wie sie es heute im Fernsehen tut – von jenem Anhauch von Hilfe umweht, der einer alten Dame eben geleistet werden muß, und der verzweifelten Bemühung, wenigstens ein bißchen unterhaltsam zu sein zur höheren Ehre der Literatur. Die Netze, so neu sie scheinen, sind als ein Entfaltungsraum der Sprache schon jetzt, in ihren Anfängen, wieder bedrohtes Gebiet.

Der Wert von Wissensquellen wird sich zukünftig vor allem daran bemessen, wie komfortabel man an sie rankommt. Bequeme Information (im Doppelsinn) wird billig respektive gut verkäuflich sein. (Die bequemste Methode heißt Unterhaltung und besteht darin, gar keine Informationen zu beziehen.) Information, die unbequem zu beschaffen ist, wird sich extrem verteuern, da zu erwarten ist, daß mehr und mehr Menschen die angenehmere Methode vorziehen werden. Information also, zu deren Beschaffung man Aufwand betreiben muß, recherchierend herumlaufen, in Bibliotheken gehen, Bibliothekare bemühen muß, wird unerschwinglich werden.

Entscheidend ist die Frage, welche der vorliegenden Informationen vom analogen auf den digitalen Träger, vom Buch zum ASCII-Text und zur digitalen Grafik, gewandelt und übertragen werden. Mit der Entscheidung, was übertragen wird und was nicht, findet ein gigantischer Akt der Zensur oder Auswahl statt, wie man will. Schon mit der Verbreitung des bequemen Zugriffs beginnt eine neue Ära der Geschichtsschreibung. In vielen Zeitschriftenarchiven, Wirtschafts- und weiteren Datenbanken beginnt die **Zeitrechnung** mit der Einführung des Electronic Publishing, in vielen Fällen Mitte der achtziger Jahre, in manchen nun mit den neunziger Jahren. Was davor geschrieben wurde, ist zwar auch da und auszuheben, aber nicht so einfach wie im Fall der elektronischen Archive. Die Recherchen werden sich in vielen Fällen auf die elektronisch verfügbare Information beschränken. In aller Stille wird eine neue Zeitenwende markiert.

15 Uhr. Die achte Stunde.

Das gläserne Blatt

Ich arbeite noch ein wenig. Schreiben; dieses Buch. Wie spaltbares Material hinter der Sicherheitsscheibe liegt der elektronische Text im Kathodenvakuum an der Bildröhre, dem gläsernen Blatt. Der Autor, seit jeher hart am Rand des Stofflichen tätig, rückt mit dem Schreiben am Computer seiner Bestimmung näher. Meine Tinte ist das Licht.

Geschrieben habe ich seit jeher lieber «mit der Maschine» als mit der Hand (wobei man ja auch an der Maschine mit der Hand schreibt). Das Regelmaß der Typographie und die geradlinige Zeichensetzung kommt einem gedanklichen Ordnungsvorgang entgegen, der das Schreiben auch ist. Ich habe meine Handschrift nie geübt, um jene Zufriedenheit zu empfinden, die das kalligraphische Schreiben vermittelt.

Ein Manuskript ändert sich immer noch nach der ersten Niederschrift. An der Schreibmaschine habe ich das Manuskriptblatt, wenn es einen bestimmten Grad an Vollgeschmiertheit erreicht hatte, frisch abgetippt. Mit jeder weiteren Reinschrift verdichtete es sich, wie es sich für Literatur gehört. Das Reinschreiben wirkte sich nur manchmal nachteilig aus, indem ich den Faden verlor. Eine fast schon in eine Formulierung gefaßte bildlose Idee verwehte,

«Die ganz **neue Kultur** dieser Zeit des Dampfes und der Elektricität zerstört eben bei allen hochgebildeten Völkern mit unerbittlicher Gewalt die Ueberbleibsel der Vorzeit...»

Die Gartenlaube, 1891

während ich das bereits Geäußerte neu in Form brachte.

Ein Text am Computerbildschirm ist vom ersten Augenblick an im Zustand der Reinschrift. Man kann sich deswegen über seine Fertigkeit, die eigene und die des Textes, täuschen. Auch verschwindet das ameisenhaft Rege am Denken, das sich an den Bearbeitungsspuren herkömmlich abgefaßter Manuskripte ersichtlich macht. Man kann, auch wenn man es möchte, auf dem elektronischen Papier nicht mehr herumschmieren, diese individuellen Krakelkartierungen von Inspirationsverläufen erstellen.

Architekten klagen über die Hinterglas-Reinheit des gläsernen Blatts, die oft dazu führt, daß an falscher Stelle in einen Plan gezeichnete, also im unerwünschten Sinn computergestützte Teile nur noch schwer zu entdecken sind. Die Planpausen sehen aus wie von Meisterhand gefertigt; die Illusion blendet den kritischen Blick. Autoren, bei denen die unsinnigen Teile sozusagen zur Pflicht gehören, haben mit untergründigeren Unzulänglichkeiten des elektronischen Equipments zu kämpfen.

Gefahr droht unter anderem von der falschen Wichtigkeit, die der Computer in der Lage ist zu erzeugen. Wo Sprache elektrisch oder elektronisch gespeichert und transportiert wird, scheint eine Zunahme an Wert stattzufinden, indem sich ein magischer Schatten der technischen Umgebung auf den Inhalt wirft. Wer in einer Schlange vor einem Schalter steht, kann sich jederzeit davon überzeugen, daß der Beamte dahinter, sofern es klingelt, sofort das Telefon abnehmen wird, wie lange auch immer die Schlange sein mag. Wenn ich mich vordrängeln und ihm den Gegenwert für ein Ortsgespräch hinlegen würde, um gleich dranzukommen, würde er mir was husten. Die auf technischem Weg herangeschaffte Anfrage ist durch den kategorischen Konjunktiv ausgezeichnet – «könnte wichtig sein». Findet der Sprachumsatz auf digitaler Basis statt – Computer kommen ins Spiel -, wird alles Geschriebene in einem zauberischen Akt zu «Kommunikation», eine Bezeichnung, die noch dem einfallslosesten Gewäsch eine Aura von Sinnfälligkeit verleiht. Der Mythos «Kommunikation» kann jedem, der sich ausdrückt, gefährlich werden.

Der Computer als Schreibgerät stellt hohe Anforderungen an den

Formwillen, gerade weil er das Schreiben vermeintlich erleichtert. In seiner Funktionsvielheit hält er straußweise Ablenkungen bereit. Ich kenne jemanden, der sich vor ein paar Jahren beim Abfassen eines Manuskripts an einer Unzulänglichkeit seines Textverarbeitungsprogramms störte, sich, um sie zu beheben, das Programmieren beibrachte, heute als Programmierer lebt und sich neulich in einer Unterhaltung daran zu erinnern versuchte, worüber er damals eigentlich schreiben wollte (er konnte sich nicht mehr erinnern).

Für mich untrennbar mit Literatur verbunden ist eine Form der Langsamkeit, die **Bedacht** heißt. Es geht mit Bedacht nicht nur um die Worte und ihre Gewißheit, die zur Deckung gebracht werden, sondern auch um den Klang des einzelnen Satzes, der wie eine Saite zwischen dem vorangegangenen Satz und der sich immer mehr verdeutlichenden Gestalt der nachfolgenden Bedeutungen aufgespannt ist; schließlich um den Ton eines Abschnitts und die Komposition einer ganzen Schrift.

Diese literarische Langsamkeit ist Versenkung. Diese Langsamkeit hat bei mir dazu geführt – und vielleicht geht es ja vielen, noch aus ganz anderen Gründen, so -, daß ich einen der funktionalen Vorteile der Schreibmaschine und des Computers gar nicht in Anspruch nehme: die Möglichkeit, schneller schreiben zu können als mit Stift oder Feder. Am liebsten halte ich an und sehe die leeren Stelle, an die im nächsten Moment ein Wort treten soll, das noch nicht ganz klar war.

«Wenn sich alles, was wir berühren, mit Sinn anfüllt, und wenn all diese Sinngehalte - vorläufige, ungleiche, widersprüchliche - auf der Stelle ihren Sinn verlieren: Was bleibt uns dann? Uns bleibt, von neuem zu beginnen. Zwischen Sinn und Nicht-Sinn, zwischen Sagen und Schweigen, liegt **ein Funkeln**: ein Wissen, ohne zu wissen, ein Begreifen, ohne zu verstehen, ein Sprechen, während man schweigt. Uns bleibt, in dem, was wir sagen, zu hören, was wir verschweigen. Uns bleibt die Kontemplation.»

Octavio Paz

«Und nun bricht mit der Entdeckung des Hypertextes die Katastrophe der Buchförmigkeit über uns herein - Linearität erweist sich als ein zu schwaches **Ordnungsprinzip**, um der neuen Weltform des verzweigten und verknäuelten Wissens gewachsen zu sein.»

Peter Sloterdijk

Der Umsatz von Text läßt sich mit Computerhilfe erheblich beschleunigen, allerdings bringt die Beschleunigung mit sich, daß nur der geringste Teil des Geäußerten über Notiz oder Nachricht hinausreicht. Die Bidirektionalität und Interaktivität, neue Eigenschaften des gläsernen Blatts, führen zu Textfluten, die oft nicht mehr gelesen, sondern nur noch gewogen werden in Kilo- und Megamengen.

Ein Aspekt der Beschleunigung ist die Geschwindigkeit des Blicks und daß es ein außerordentlich visuelles Zeitalter ist, in dem wir leben. Aus den Augen saust die Aufmerksamkeit voraus. Der Blick ist immer schon dort, wo der Körper noch nicht ist. Vom Auge zum Anblick, von hier nach dort: dazwischen spannt sich Entfernung oder Sehnsucht, wie man will. Es scheint fast, als schwinge in jeder Entfernung ein ironischer Unterton des Weiten Raums mit, der sich über den kleinen, ortsgebundenen Menschenleib amüsiert. Diesem zarten Spott des Raums, der sich seit Einstein manchmal auch vor Vergnügen krümmt, versucht der Mensch zu entgehen, indem er mit technischen Mitteln die Entfernungen entfernt.

Die Erfahrung, mittels eines Dreirads rasant voranzukommen, war für mich wie für viele ein frühkindliches Schlüsselerlebnis. Über Tretroller, Fahrrad, Moped, Motorrad und Auto nimmt das Tempo dann zu, mit dem Verkehrsflugzeug ist schließlich die Alltagsobergrenze an öffentlicher Geschwindigkeit erreicht, weitere Beschleunigung des Körpers ist nur noch mit einem Kampfjäger oder einer Raumfähre möglich. Fast alle Computer-Aficionados, die ich kenne, lieben Geschwindigkeit und schnelle Schnitte im Film. Zwecke verunreinigen die Freude am Eilen: Die Bilder im Kino sind bloße Reizbrücken, denn das eigentliche Vergnügen liegt in dem Moment, in dem sie wechseln; gleichermaßen sind bei einer Autofahrt Abfahrt und Ankunft banal. Der wahre Genuß ist die pure Geschwindigkeit: «Ich weiß zwar nicht, wo ich hinwill, aber dafür bin ich schneller dort» (Helmut Qualtinger, «Der Wilde mit seiner Maschin'»).

Hier trumpft der Computer mit einer seiner Großen Verheißungen auf: alles beiseite zu fegen, was bremst. Beschleunigung zu verabsolutieren als «Echtzeit».

Der Computer ist eine Art Maggiwürfel aus kristallinem Tempo. All die Verzögerungen durch schlechten Straßenzustand, durch Bilderreihen, die erst wieder im Vierundzwanzigstelsekundentakt vorbeigeführt werden müssen, oder durch physiologische **Einschränkungen** wie den Blutsturz des Piloten von den Fliehkräften, die ein Überschalljäger in einer Kurve entwickelt, verschwinden in dem Moment, in dem der Computer sämtliche Entfernungen auf einen Schlag auslöscht. Dies ist ein Teil des Rauschs, der einen befällt während der Reise in die elektronische Welt jenseits der Dinge: Endlich pulsen die Ereignisse weit schneller als alle menschlichen Wahrnehmungsreflexe in molekularen Zeitschüben von

Literatur und Leben. Neulich in Neuseeland. Ich hatte meiner Tante Hilde brieflich versprochen, trotz der Zeitverschiebung an ihrem Geburtstag anzurufen, wenn die ganze Verwandtschaft am Kaffeetisch sitzt. Nun befand ich mich gerade mitten in der Pampa, hatte aber richtig eine Telefonzelle ausfindig gemacht - nachts um vier - und steckte die Karte ein. Nichts passierte. Kaputt. Ich in die Tankstelle nebenan, wo man mir mitteilte, no problem, die nächste Telefonzelle sei nur 50 km entfernt. Ich könne aber auch den Operator (eine Art Hiwi der Telefongesellschaft) anrufen, das ginge ohne Telefonkarte; vielleicht wüßte der eine Alternative. Gesagt, getan. Und was sagt der Operator? <Don't worry, wir werden das Kind schon schaukeln, geben Sie mal die Nummer Ihrer Kreditkarte durch.> Keine zwei Minuten später hatte er mich verbunden. Ich muß schon sagen, Tante Hilde hat einen ganz schönen Schreck gekriegt, als sie mich über 28.000 km hinweg schluchzen hörte.

Fanny Müller

Nanosekunden. Wenn der Computer rechnet, läuft endlich der Film ohne Bilder, der nur noch aus Schnitten besteht, die endlose Neuigkeit, die permanente Entdeckung.

Nach einer Zeit befällt einen dann ein Gefühl von Verlorenheit. Die neue Welt ist ein Raum ohne Raum, der Körper hängt wie ein Rucksack an dem unermüdlichen Interesse, das man der seltsamen Tiefe dieser Maschine entgegenbringt. Ich aber bin unersättlich, mir ist weiter nach Beschleunigung. So bin ich längst über die elektronische Geschwindigkeit hinausgeraten ins Zeitreisen – in die Beschäftigung mit der Menschheitsgeschichte.

Die altägyptische Hieroglyphenschrift kannte noch keine einheitliche Schreibrichtung. Mal lief die Schrift von rechts nach links, mal umgekehrt, mal abwärts. Die Schreibrichtung läßt sich daran erkennen, in welche Richtung die Tier-Hieroglyphen schauen. Man fühlt etwas wie eine massive Anstrengung, dieser damals noch ungewohnten linearen Einschränkung immer wieder zurück ins leibhaftige, organische Viele zu entkommen (aber es war zu spät: die Geschichte hatte begonnen). In welche **Richtung** man auch auszuweichen versuchte, immer folgte ein Zeichen, dann kam das nächste. Mit dem phönizischen Alphabet begann die endgültige lineare Festlegung der Schrift, das Fortschreiben der Zeichen an einem bedeutungstragenden Zeilenfaden entlang.

Welches energiereiche Unbehagen Linearität verursacht, sehen wir in unserer Zeit im Zusammenbruch der staatlichen Strukturen des ehemaligen Ostblocks, wo die Menschen nicht länger Schlange stehen, in Zeilen aus Körpern das Warten versinnbildlichen, sondern – was auch immer es ist – das wirkliche Leben wollten, das Viele, Plurale.

Seit etwa zehn Jahren entstehen neben dem klassischen Textfaden nun auch nichtlineare Gewebe, sogenannte Hypertexte. Populäres Beispiel für Hypertext sind die Abenteuerspiele (*Adventures*), eines der frühen Computerspiel-Genres. Sie bieten literarische Plots, Detektiv- oder Fantasy-Geschichten, wobei der vormals Leser als Protagonist bzw. Mitspieler in den Handlungsfortlauf aufgenommen wird. Er hat die Möglichkeit, sich auf verschiedene Weisen durch ein vernetztes System von Situationen zu bewegen, die die Story repräsentieren, zu agieren und in **Mitleidenschaft** gezogen zu werden. Wie bei einer auf Papier geschriebenen Kriminalgeschichte ist beispielsweise beim Detektiv-Adventure das Ziel die Lösung eines Falls, allerdings liegt ein zusätzlicher Reiz in der Möglichkeit, sich auf verschiedenen Routen durch das Szenario zu bewegen, es zu erkunden.

Neben neuen Bewegungsfreiheiten, die es erlauben, eine Text- oder Informationsmenge auf unterschiedliche Art zu durchdringen, werden auch zugehörige, neue Verwirrungen erfahrbar. Die neuartigen Bedeutungsgewebe kennen die fundamentalsten Eigenschaften linearer Texte nicht mehr: Anfang und Ende. Man kann sie an beliebiger Stelle betreten oder verlassen. Die Zeit der Enden geht zu Ende.

Die technische Entwicklung der Aufschreibesysteme hat Auswirkungen auf das Schreiben, man darf sie aber nicht überschätzen. Sicher hat beispielsweise die Individualisierung des Bleisatzes in Form der Schreibmaschine zu Experimenten wie der visuellen oder der konkreten Poesie der fünfziger und sechziger Jahre eingeladen. Möglicherweise hat auch das durch die Schreibmaschine fertigbare, geometrische Textparkett die Annäherung von Mathematik und Sprache angekündigt, die heute mit der gleichförmig binären Codierung von Buchstaben und Zahlen im Computer vollzogen ist.

Das Viele.

«Im **Hypertext** wird der Autor zum Navigator, der seitliche Suchbewegungen mit der Arbeit an der fortlaufenden These zum Ausgleich zu bringen versucht, - und was früher die Fußnote war, wird jetzt zum selbständig nutzbaren Fahrzeug in einer Nebenwelt aus mitwißbaren Parallelinformationen.»

Peter Sloterdijk

Die lineare Falle.

Der Bildschirm als das gläserne Blatt weist eine ganz spezielle Eigenschaft auf: eine ungemeine Blätterbarkeit. Das gläserne Blatt repräsentiert sämtliche jemals verfügbaren Seiten und ermöglicht es, Sprachstrukturen in der Art von begehbaren Fiktionen bereitzustellen. Das ist das Neue, das ein gedrucktes Buch nicht leisten kann.

Wer behauptet, die neuen Möglichkeiten des Computers würden die Buchkultur in den Untergang treiben, singt nur eine neue Strophe des alten Lieds, das schon in den fünfziger Jahren mit dem Aufkommen des Fernsehens angestimmt wurde. (Fernsehen macht dumm; Computern macht Doom.) Oder er begeht denselben Denkfehler wie Erich von Däniken. Der behauptet, die Große Pyramide von Gizeh könne unmöglich innerhalb von 20 Jahren mit bloßer Menschenkraft errichtet worden sein, wie die Ägyptologen behaupten, und zieht statt dem Außerirdische als Bauherren heran. Zum Beweis führt er Berechnungen an, die so tun, als könne man immer nur einen Steinblock zu einer Zeit bearbeiten, in linearer Folge also, und nicht etwa in Arbeitsgruppen an vielen Blöcken zugleich, während weitere Teile der Logistik – Steinabbau, Transport, Versorgung – ebenfalls parallel liefen.

Der Computer und seine vernetzten Strukturen sind ein neuer Beitrag zum Reservoir der Medien, kein Absolutum. Ein vermeintliches Showdown «Buch oder Computer» wird es nicht geben. Die elektronischen Medien treten nicht gegen die Buchkultur an, sie geben der Sprache neuen, zusätzlichen Raum.

Der papiergetragene Text ist als Informationstransporter an Ökonomie, an Wirksamkeit und an funktionaler Schönheit nicht so schnell zu überbieten. Druck, Satz und Typographie haben 500 Jahre gebraucht, um sich auf den heutigen Stand zu entwickeln; die Papierherstellung hat jahrtausendealte Tradition. Unsere herkömmliche Auffassung von Literatur, die mit Papier und Druck zu tun hat, wird erst dann ernsthaft mit dem elektronischen Medium in Berührung kommen, wenn Geräte mit der realen Handlichkeit, Robustheit und Wirtschaftlichkeit von Büchern – von Taschenbüchern – es möglich machen werden, Geschriebenes zu verbreiten, ohne daß dafür ganze Wälder abgeholzt werden müssen und die bei der Papierherstellung anfallenden erheblichen Schadstoffe weiter die Umwelt belasten.

Die Möglichkeit, sich interaktiv durch einen Text oder eine visuelle Entsprechung bewegen zu können, sollten wir als eine weitere **Herausforderung** an die menschliche Fähigkeit ansehen, mit Strukturen und Komplexitäten umzugehen. Kein Lebewesen ist von der Natur dazu besser ausgestattet als wir.

An der Schreibmaschine und mit den Notizen von Hand hatte ich im Lauf der Zeit eine einwandfrei lineare Arbeitsweise ausgebildet. Immer eins auf´s andere. Durch das Schreiben am Computer hat sich die Arbeit nun ins Skulpturale verändert. Ähnlich wie ein Bildhauer, der immer wieder um seinen anmodellierten Steinblock herumgeht und mal hier, mal dort ein Stück ausarbeitet, habe ich nun begonnen, mich immer auf und ab durch das Konvolut eines aus Ideenkristallisationen heranwachsenden, fragmentarischen Textes zu scrollen und die Fertigung an jeweils verschiedenen Stellen fortzusetzen. Dadurch bekommt Text übrigens diese Anmutung einer lichthaften Papyrusrolle, die da so an dem Bildschirmfenster vorbeigedreht wird. Diese Art des Schreibens ist von Inkonsistenzen gefährdet, da man immer nur einen Ausschnitt des Textes am Bildschirm vor sich hat; oder man geht in Papier unter wie nie zuvor, sofern man öfters einen Ausdruck der aktuellen Textfassung vor sich zu sehen wünscht.

Ich bin froh, daß ich das Schreiben in der alten, linearen Strenge gelernt habe und nur dem Bedürfnis nachgehen kann, diese Strenge zu überschreiten. Auf eine viel beunruhigendere Weise veranlaßt einen diese neuere Art des Schreibens nämlich dazu, an mehr und mehr Stellen eines Textes die Neigung zu verspüren, Alternativen, Varianten und Verzweigungen aus dem Thema auszuprobieren. Erst einmal müssen die Aufgabelungen dann doch wieder reduziert werden auf den einen Strang, den der lineare Text auf Papier nun einmal gestattet. Der Unwille dagegen nimmt allerdings zu.

Dieser Unwille ist der Kern der ganzen neueren technischen Entwicklungen. Er ist das Hyper-Gefühl. Alles will hinaus aus dem Einen ins Viele. Viele Menschen fühlen, was kommen muß als eine neue Möglichkeit der Sprache, nämlich die vernetzten, in sich parallelen Texte, die offen sind zu ihren Nachbartexten ebenso wie zu der gesamten Textmasse aller Kulturen.

Natürlich wird die lineare Tradition ihre Fortführung finden. Die neuen Möglichkeiten aber, in denen Geschriebenes sich ausweitet zu einem vieldimensionalen Gewebe, werden uns das nötige Ausdrucksmittel an die Hand geben, einen neuen Teil unserer Zivilisation aus Geflechten und Verbindungsformen angemessen beschreiben und benutzen zu können.

Ziel der Entwicklung ist etwas, das man universelle Kommunikation nennen könnte. Es wird dann vieles sein wie früher, als man sich ohne technische Hilfsmittel miteinander ins Einvernehmen gesetzt hat. Die Technik wird in den Hintergrund treten und smart und nützlich sein. Vielleicht wird statt des Schreibens das Erzählen wieder aufleben.

Nichts wäre wünschenswerter als die Entstehung eines im Wortsinn phantastischen und flexiblen Hyper-Ausdrucksmittels, das uns erlaubt, Gedanken, Vorstellungen, Phantasien, Assoziationen und Komplexitäten ungeahnten Grades mit derselben Leichtigkeit und Eleganz darzustellen, in Symbole und Zeichen umzusetzen, mit der Künstler heute malen, komponieren, formen und schreiben; Gebilde zu formen mit der Anmut von Statuen, aber leicht und scheinhaft und dennoch überzeugend, näher am Geist als Stein oder Stahl; ihre Elemente ineinanderlaufen zu lassen in Arten des Ausdrucks, von denen wir heute noch kaum etwas wissen können.

Eine Vorstellung von dem, was werden kann, gibt das World Wide Web.

16 Uhr. Die neunte Stunde.

Information Superheimweh

Küche, Kaffeetrinken. Ich will mir aus einer Zeitschrift einen **URL** notieren. Dazu muß ich erst meinen Kugelschreiber holen. Zwar stehen in dem Marmeladeglas auf meinem Schreibtisch, das ich als Stiftköcher verwende, ein gespitzter Bleistift und zwei Füllfedern, aber es gibt Tage, an denen muß ich mit einem Kuli schreiben, sonst werde ich unglücklich. Ich kann damit umgehen, es ist nicht wirklich ein Problem. Es gibt auch Tage, an denen man ein bestimmtes Hemd oder eine bestimmte Hose anziehen muß, sonst fühlt man sich nicht gut.

Der Kugelschreiber ist mir vor zwei Tagen nachts beim Auskleiden aus der Brusttasche des Hemds gefallen und ein Stück unters Bett gerollt. Da stört er niemanden. Nun gehe ich ins Schlafzimmer, taste mit dem nackten Fuß unters Bett und finde ihn sofort wieder. Ich kann mit den Zehen greifen und hole ihn mir. Eine intelligente Maschine würde nie so vorgehen. Alle Vorstellungen von Maschinenwesen sind vom Geist militärischer Effizienz durchdrungen; davon abgesehen würde einem **Roboter** mit Sicherheit das Hemd fehlen, aus dem ihm ein Kugelschreiber fallen könnte. Daher werden der Maschine auch stets die entspannten, kleinen, gedankenlosen Wege fehlen, durch die die Inspiration flutet.

Auf dem Weg ins Schlafzimmer war mir ein-

Der **URL**, Abkürzung für *Uniform Resource Locator*, ist eine eindeutige Angabe, wo im Internet bzw. im WWW eine Information zu finden ist.

«Ich bin überzeugt, daß, wenn Gott einmal einen solchen Menschen schaffen würde, wie ihn sich die Magistri und Professoren der Philosophie vorstellen, er müßte den ersten Tag ins **Tollhaus** gebracht werden.»

Lichtenberg

gefallen, daß ein jedes Elementarteilchen im Universum individuell sein könnte, was außerhalb des wissenschaftlich Feststellbaren liegt, nicht aber außerhalb des Vorstellbaren, und ich empfand ein wahnsinniges Zartgefühl der Welt gegenüber, und ein Schwindel erfaßte mich vor der wahren Tiefe aller Vielfalt.

Küche, Zettel.

Der URL lautet http://ucmp1.berkeley.edu/

Schreibtisch, Zettel.

Klick.

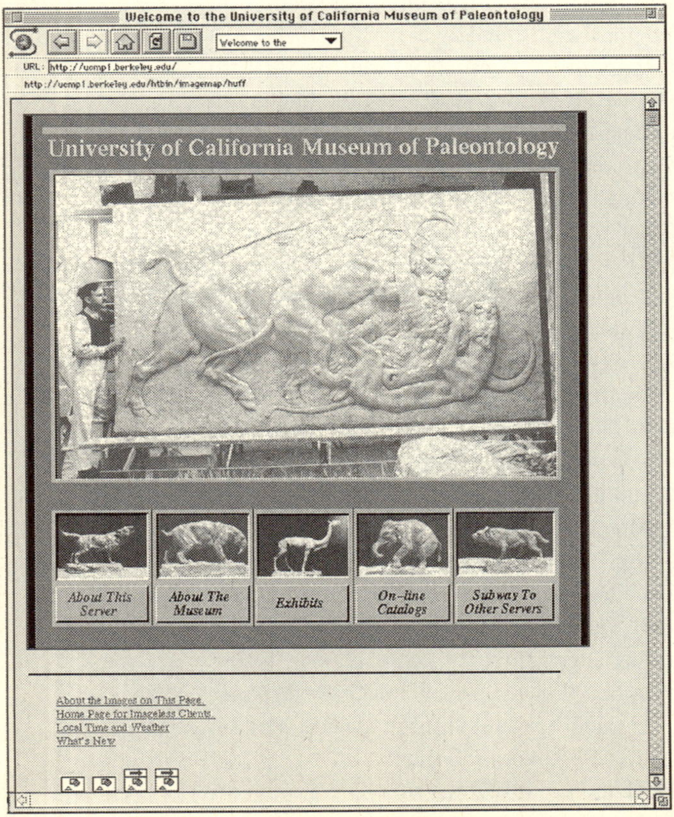

Berkeley, University of California Museum of Paleontology. Auf der ersten Seite, die am Bildschirm erscheint (der *Homepage*) steht ein Mann neben einer riesigen Tafel mit einem Relief, ich würde sagen: griechisch. Ein Löwenpaar versucht, einen gewaltigen Stier zu töten.

«**Das Netz** ist eines der wenigen phantastischen Dinge, das wir haben und das unsere Eltern nicht hatten, und, vor allem: das unsere Yuppie-Onkels und -Tanten, die ALLES hatten, nicht hatten.»

J. C. Herz

Das Foto mit dem Mann und der Tafel hat einen Gelbstich. Daß es am Computer eingefärbt worden sein könnte, fällt mir erst ein, nachdem ich bereits eine Weile versucht habe, den Mann anhand seiner Frisur und seiner Kleider zeitlich zuzuordnen. Ich betreibe Photo- und Modepaläontologie. Die Frisur ist leider zeitlos; einzig, daß der Mann zur Arbeit Hemd, dunklen Pullunder und, soweit man erkennen kann, auch eine Krawatte trägt, weist möglicherweise auf die frühen Jahrzehnte des 20. Jahrhunderts hin.

Daß der Gelbstich digital retuschiert sein könnte, erscheint mir dann doch wieder unwahrscheinlich, da es sich bei dem Museum um einen virtuellen Ort reputierlicher Geisteswissenschaft handelt. Ein Zweifel bleibt, vor allem, da mir der erste Fall einer spektakulären Computerkorrektur wieder einfällt. In einer Ausgabe zu Anfang der achtziger Jahre zierte das Cover der renommierten amerikanischen Zeitschrift *National Geographics* ein Foto der Pyramiden von Gizeh. Um alle drei Pyramiden ganz aufs Cover zu kriegen, hatte man eine der Pyramiden, die in den Rand hinaus verlorenzugehen drohte, kurzerhand mit Computerhilfe näher rangerückt.

Klick. Es gibt auch eine «Geologische Zeitmaschine» in dem Museum. Man kann in einer Liste ein Zeitalter anklicken und wird zu weiteren Informationen darüber geführt. Die Zeitmaschine ist noch ziemlich neu. Derzeit sind erst älteste (von vor 4,5 Milliarden Jahren bis vor 500 Milliarden Jahren) und die jüngeren Zeiträume implementiert. Geradezu sträflich, daß *Jurassic*, das mittlere der drei Zeitalter des Mesozoikums – Trias, Jura, Kreidezeit – noch nicht anwählbar ist.

Klick. Ganz woanders hin.

Paul hat eine Sammlung von «Nutzlosen Musiksammlungen» angelegt. «Ich hab´ ein paar CDs, die ich gern höre. Möchten Sie was drüber wissen? Ich würde mal sagen, nein. Auch wenn Sie sich aus irgendeinem Grund für mein Leben interessieren sollten, ist mein **Musikgeschmack** wohl das Fernliegendste von den Dingen, die Sie im Kopf haben, wenn Sie durchs Web surfen. Zu veröffentlichten CD-Listen und Verzeichnissen von Tonbandkassetten fallen mir Bilder von einsamen, pathetischen Männern ein, die unablässig über ihre Katze reden. Gut, CD ist eine relativ neue Technologie. Aber was soll das, Sammlungen von BÄNDERN zu veröffentlichten? Das Web repräsentiert einen Höhepunkt aus Dutzenden von verschiedenen Technologien, erarbeitet in Millionen Mannstunden Forschungsarbeit an Computern, Netzwerken und Fragen der Informationsbeschaffung, um ein revolutionäres, einheitliches Interface für über die ganze Welt verstreute Informationen zu entwickeln. Und diese Leute benutzen es, um Listen von TONBÄNDERN zu veröffentlichen. Hallo???» – Es folgen die CD-, Platten-, Kassetten-, Videobänder- und 8-Spur-Tonbänder-Listen von Adam, Andy, Brian («NUR Tori Amos-Alben! AAAAGHH!») undundund, bis Z.

WWW, das **World Wide Web**, ist immer undundund. Die Nutzung des Internet auf dem herkömmlichen Weg ähnelt dem Versuch, aus einem Hydranten Wasser zu trinken. Man kann es kaum kontrollieren. Das World Wide Web ist ein einfaches Mittel zur Navigation durch die unüberschaubaren Mengen an Informationsangeboten. Durch das Web ist das Internet wirklich populär geworden, und für jedermann so einfach zu bedienen wie eine Spielkonsole (nur die

Installation der WWW-Software ist kompliziert).

Man kann es jemandem, der es noch nie selbst ausprobiert hat, nicht nachvollziehbar beschreiben, das heißt: Es ist wirklich neu. Es ist so ähnlich, wie wenn man jemandem, der noch nie eines gesehen hat, ein Hologramm zu beschreiben versucht.

WWW ist *Hypermedia* – ein Medium, das Verweise auf ein anderes Medium enthält. Das Medium kann Text sein, aber auch Audio-Dateien, Grafiken, Animationen usw. In absehbarer Zeit werden es TV-, Kino- und Videobilder und dreidimensionale, künstliche Welten sein. Ebenso kann ein langes oder aus mehreren Kapiteln bestehendes Dokument vielfach in sich selbst verflochten sein und auf Abschnitte, Listen oder Indices in sich selbst verweisen.

Das Hyper- steht dafür, daß ein Medium seine angestammten Grenzen übertritt. Text fließt über die begrenzte Seite, über das begrenzte Buch hinaus. In einem Buch stehen weiterführende Verweise in Fußnoten oder Endnoten. Wer die entsprechenden Dokumente lesen will, muß sich in eine Bibliothek oder eine Buchhandlung bemühen. In einem Hypertext klickt man die Stelle mit dem Verweis an und erhält das Dokument, auf das verwiesen wird.

Das WWW-Programm (*Browser*) gräbt sich im Hintergrund und ohne komplizierte Eingaben durchs Internet und an die richtige Stelle, und ob die nun auf einem Rechner um die Ecke oder in Alabama oder in Sydney zu finden ist, muß den Anwender nicht weiter bekümmern

Blumengießen im Netz: Der **Tele-Garden**: http://www.usc.edu/dept/garden/

«Um ein vollständiges Objekt auf einer Fläche darzustellen, bedient sich der schriftkundige Mensch der Perspektive. Er zeigt die sichtbare Oberfläche lediglich von einem einzigen Standpunkt aus, wie sie in einem einzigen Augenblick erscheint. Im Gegensatz dazu stellen die eingeborenen Künstler in Britisch Kolumbien einen Bären aus diversen Blickwinkeln dar – zum Beispiel direkt von vorne, im Profil, von hinten, von oben, von unten, von innen, von außen, und das alles gleichzeitig. Mit Hilfe einer außergewöhnlichen Mischung konventioneller und realistischer Darstellungsmittel enthäuteten und entbeinten diese Schlächter-Künstler das Tier, um auf einer Fläche ein **neues Wesen** zu konstruieren, das jedes signifikante Element des ganzen Geschöpfs zum Vorschein brachte.»

Edmund Carpenter, 1972

Die Idee von Hypertext hatte schon Vannevar Bush im Konzept seiner Memex-Maschine skizziert – ein Computer mit Hypertext- und Abfragekapazität für Dokumente, der Forschern aus den Schwierigkeiten helfen sollte, die sie bei der Informationsbeschaffung haben.

1965 erfand Ted Nelson das Wort **Hypertext**. Drei Jahre später entwickelte Andries Van Dam von der Brown University ein erstes gebrauchsfähiges Hypertext-System. 1982 entstand *Guide*, das erste kommerzielle Hypertext-Autorensystem; Mitte der achtziger Jahre wurde es für den Apple Macintosh vermarktet.

Im Sommer 1987 – in dem Jahr, in dem sich die Gehäusefarbe des Macintosh von Beige in eine hellere Schattierung namens *Platinum* änderte –, begann auf der Bostoner Macworld Expo das Zeitalter von Hypermedia für jedermann: Bill Atkinson präsentierte sein Programm *HyperCard*. Es wurde ein Hit. Gewöhnliche Menschen wußten plötzlich, was ein Stack ist, und hatten auch noch Spaß damit.

Im Jahr darauf begann Tim Berner-Lee am CERN in Genf mit der Entwicklung eines Hypermedia-Systems, das mehreren hundert über die ganze Welt verstreuten Physikern die gemeinsame Arbeit an verschiedenen Projekten vereinfachen sollte – das World Wide Web.

Das Web ist konzipiert als ein netzweit verteiltes Hypermedia-System. Der Vorteil von Hypertext liegt darin, daß in jedem Hypertext-Dokument Worte, Textstellen, Symbole oder Illustrationen einfach angeklickt werden können, und man bekommt weitere Details zu den jeweiligen Sachverhalten, ohne sich um technischen Kram wie Verbindungsaufbau, Lokalisation usw. kümmern zu müssen.

Ein Hypertext-Dokument kann mit weiteren Hypertext-Dokumenten verbunden werden, die von verschiedenen Autoren stammen und an verschiedenen Orten auf verschiedenen Kontinenten gespeichert sein können. Das World Wide Web macht aus einem Projekt ein Kunstwerk aus Verbindungen.

WWW entwickelte sich zum revolutionären Internet-Werkzeug. Unter einer einfach zu bedienenden Oberfläche vereinigen sich die meisten Internet-Dienste – E-Mail, FTP, News oder Gopher -, ohne daß der Benutzer über spezielles Vorwissen verfügen muß.

Im November 1990 lief der erste WWW-Prototyp auf einer NeXT-Machine am CERN, und die Entwicklung eines ersten Browsers begann. Am 17. Mai 1991 wurde WWW auf den Computern der CERN-Rechenzentren freigegeben; im August wurde die Netzgemeinde offiziell über das Usenet informiert. Anfang 1993 gab es etwa 50 WWW-Rechner im Netz. Im März 1993 betrug der WWW-Datenverkehr 0,1 Prozent des Volumens, das der NSF-Backbone insgesamt zu bewältigen hatte; im Herbst war es bereits 1 Prozent, und die Zahl der WWW-Server war auf 500 gestiegen.

«Von Tokio ging meine Stimme nach Indien, Indien verband mich mit Griechenland, Griechenland mit Pretoria. Südafrika verband mich mit Südamerika, von Südamerika rief ich nach London, und ein Londoner Telefonoperator stellte mich nach Kalifornien durch. Das zweite Telefon auf meinem Tisch schrillte, und das Echo kam von ganz weit her, es war zeitverzögert und es war einfach **phantastisch**.»

John Draper
alias Captn Crunch

Im Dezember 1993 schrieb John Markoff, einer der angesehensten amerikanischen Computerjournalisten, eineinhalb Seiten über WWW und den Browser *Mosaic* im Wirtschaftsteil der New York Times. Die nachfolgende erste internationale WWW-Konferenz im Frühjahr 1994 in Genf war absolut überbucht. Im Juni gab es bereits mehr als 1500 Server. Seither explodiert die Entwicklung förmlich; es gibt bereits etliche zehntausend WWW-Server.

1 Meta-Ressource.
WWW-Verbindungen bis zum Abwinken:
http://www.yahoo.com

WWW bringt das Internet in die Haushalte, und es bringt die Wirtschaft ins Netz.

Während es in Netz-Arealen wie Usenet, Fido oder Z-Netz nur so brummt vor Debatten und direkter Anteilnahme, und mit dem Dialogdienst des Internet – dem *Internet Relay Chat* (IRC) – das weltgrößte virtuelle Kaffeehaus rund um die Uhr geöffnet hat, ähnelt das WWW einer endlosen Flucht von Vitrinen und Kiosken, die man entlangsausen kann – **Netsurfen**. Das WWW ist der Traum jedes Zappers, denn mit jedem Klick läuft ein anderes Programm, und es muß auch nicht fortwährenden Zumutungen ausgewichen werden wie beim Fernsehen.

Fast jeder, der ins Web eintaucht, geht erst einmal ein paar Wochen lang lustvoll darin verloren, versucht sich zu orientieren, Erkundungen anzustellen und den schieren Surf zu genießen. Bevorzugte Nutzungsart ist nicht das Suchen, sondern das Flanieren, das Streunen, das Umherstreifen. Das macht das Internet sympathisch.

Das WWW macht aus Informationen aller Art einen globalen, dynamischen Comic Strip: ein paar Bildchen, ein bißchen Text – und weiter geht´s. Da die ganze Struktur noch sehr jung ist, herrscht als kollektive Verhaltensweise das Anticken von Information vor. Man sammelt URLs, bevorzugt von Meta-Ressourcen, die einem beim nächsten Mal bereits zielgerichteteres Suchen erlauben, und man geht seinen Interessen oder schlicht und mit einer gewissen Kinderfreude seiner Neugierde nach, was denn nun noch alles im Netz zu finden sein könnte.

Dem Moment des Informationsüberflusses im Netz steht mit dem WWW ein Instrument komfortabler Auswahl entgegen. Das Web ermöglicht Informationsangebote, aus Kultur und Bildungswesen, Produktionformationen und Werbung, Datenbanken, Bestellwesen, Zeitvertreib – anything goes.

Bisweilen befällt einen Heimweh nach der Wirklichkeit. Zwar findet auch der Hypermedia-Benutzer Wege durch die vielfältig durchquerbaren Informationsgewebe, ganz wie man herkömmlich sein Netz aus Wegen, Straßen und bevorzugten Orten aufspannt, wenn man beispielsweise in eine fremde Stadt kommt. Aber ein Gefühl der Verlorenheit stellt sich dann doch gelegentlich ein beim Durchfahren der scheinbar unbegrenzten Wissens-Gebiete des Internet, an denen nichts ist von der Größe und Erhabenheit einer Landschaft, nur die Illusion, daß sich Freiheit wieder einstellt, wenn man die Zäune nicht mehr sehen kann.

S*till connected*, sagt mein Rechner. Ich habe ein kleines Zusatzprogramm eingerichtet, das mich alle 30 Minuten daran erinnert, daß ich noch online bin. Man vergißt es leicht. Der eigentliche Fortschritt an der Telekommunikation ist ihre Zwanglosigkeit. Das Telefon, ältestes Zweiwege-Kommunikationsmittel, hat lange gebraucht, bis es sich so selbstverständlich und entspannt benutzen ließ wie heute. Bis in die siebziger Jahre waren Telefone meist verbannt in kalte, ungemütliche Vorzimmer, oder sie hingen an der Wand von Gaststätten oder Zellen, und man mußte davor geradezu strafweise stehen. Nun haben sie sich endlich vorgearbeitet in unsere unmittelbare Lebensnähe und dürfen wie Katzen mit ins Zimmer, aufs Sofa, ins Bett.

Allerdings ist man beim Telefonieren noch in den Dialog gefangen. Niemand würde auf die Idee kommen, seinen Gesprächpartner zu bitten, er möge dranbleiben, man wolle sich zwischendurch ein Ei braten. Online zu sein bedeutet das Gegenteil dessen, was der Begriff verheißt, nämlich nicht angebunden zu sein. Ich kann mich frei bewegen, während die Verbindung aufrecht bleibt, mich wieder äußern oder weiterschreiben oder weiterklicken, wenn ich an den Platz vor dem Bildschirm zurückgekehrt bin. Es ist die **<u>Leichtigkeit</u>** des Scheins.

Sie zeigt sich auch in der Leichtigkeit, mit der man eigene Beiträge ins Netz gibt. Wenn die herkömmlichen Medien an einen herantreten, findet das Gegenteil von Zwanglosigkeit statt. Mit den Jahrzehnten, die nun bereits Kameras und Mikrofone auf uns gerichtet werden, haben wir uns daran gewöhnt (aber nicht mehr) und ein eigenes Verhalten ausgebildet, indem wir uns also nicht mehr Menschen, sondern Maschinen gegenüber verhalten. Die Massenmedien erzeugen einen Gestus ge-

«Autoren werden sich nützlich machen als **<u>Lotsen</u>** im Ozean der wißbaren und zusammenstellbaren Dinge, als scouts in der informatisierten Welt, als Navigationsberater für Menschen, die Erfahrungen suchen als Infonauten und Dokunauten und als Trainer für Verkehrsfähigkeit in einer Welt, mit deren Größe und Abenteuerlichkeit noch immer kaum jemand ernsthaft rechnet ...»

[alle: Peter Sloterdijk, Über die versuchende Klasse]

<u>Online</u> zu sein bedeutet das Gegenteil dessen, was der Begriff verheißt, nämlich nicht angebunden zu sein.

schauspielerter Geläufigkeit den massiv belästigenden Apparaturen des Broadcasting gegenüber.

Mit dem Bildtelefon wird sich diese Tradition fortsetzen, die zu Verlogenheit erzieht – vom moralisch einwandfreien Gesicht, das manche in einer Talkshow abliefern, bis zur vollendeten Darstellung von Magenbeschwerden, wenn man in Zukunft mal blau machen möchte und seinem Chef nunmehr per Bildtelefon vorjammern muß, daß einem schlecht ist. Ich hatte vor ein paar Jahren ein Bildtelefon und habe es bald wieder zurückgegeben. Während ich mich bei der Onlinekommunikation endlich frei bewegen – und frei ausdrücken – kann, ist das Bildtelefon ein Exzeß an Statik. Um das Gerät, das ich hatte, zu bedienen, brauchte man vier Hände: zwei, um das Bildtelefon festzuhalten, damit es nicht davonrutscht, eine, um die Bildübertragung auszulösen, und eine, um etwas, das man zeigen möchte, ins Bild zu halten. Einzig sinnvolle Funktion war, daß ich das Gerät dann noch eine Weile als Rasierspiegel benutzt habe, da mein analoger einen ausgeleierten Standfuß hatte und immer umfiel. Um eine Bartspur wiederzugeben, reichte die kleine Schwarzweiß-Videokamera in dem Bildtelefon allemal; um sich zur Zukunftstechnik zu mausern, braucht es mehr.

Klick. Ich zeige meiner Schwester das Web. Da ich weiß, daß sich in unserer Heimatstadt **Graz** ein paar bemerkenswerte Netzknoten befinden, logge ich an der Technischen Universität ein. Dort wird an einer neuen, wesentlich verbesserten WWW-Struktur gearbeitet (*Hyper-G*). Um deren Möglichkeiten zu demonstrieren, haben die Entwickler unter anderem ein Stadtinformationssystem eingerichtet.

Wir sehen zum Spaß in dem Straßenverzeichnis nach und sind baß erstaunt, Auskünfte über einen Freiherrn von Glesinger zu erhalten, nach dem die Straße benannt worden ist, in der wir beide aufgewachsen sind. Mehr als 1000 Kilometer entfernt von zu Hause zu sein und eine so detaillierte, noch dazu für uns neue Information zu bekommen – die Faszination ist wieder da.

17 Uhr. Die zehnte Stunde.

Faszination und Ferne

Wir gehen in die Fußgängerzone, kaufen für´s Abendessen ein. Das Einkaufszentrum dort ist eine gelungene Parodie auf die neuesten offiziellen Vorstellungen von Cyberspace. Beides modernst und öffentlich gemeinter Raum, komplett als ein künstliches Inneres angelegt. Zwar hat der Alltag dem Glänzenden an den Geschäften im Einkaufszentrum längst – kleine Beseelungsversuche – gewisse Schäbigkeiten zugefügt. Exklusiv sind auch nur noch die Männer, die vor den Glastüren zur Passage stehen und Dosenbier trinken und Jogginganzüge aus Ballonseide tragen, dieses gespenstische, zeitgenössische Gegenteil von Gefängniskluft; Anzug derer, die draußen sind. Und wo an dem Einkaufszentrum eigentlich die Vorderseite sein sollte, sind staubige, verhängte Fenster. Dadurch gewinnt man den Eindruck eines Gebäudes, das anstelle von Außenseiten rundum Rückwände hat und für eine äußere Welt nichts mehr übrig als Verachtung.

An einer Stelle führt ein Kabel aus dem Einkaufszentrum. Es endet in einem jener Geräte, in denen man ein Kind für eine Mark hydraulisch hin und her bewegen lassen kann: Die Jugend von morgen in der Erlebnisapparatur, verbunden mit dem verlockenden Inneren der künstlichen Wirklichkeit. Online.

«Während Parks und Plätze verdrecken und verkommen, verlagert sich der öffentliche Raum in gutbewachte Shopping-Malls, deren Wärter jeden verscheuchen, der aussieht, als sei er nicht zum Einkaufen gekommen. Wenn mehr als drei Leute zusammenstehen, erregen sie Verdacht - und bald werden sich die Angelenos, die sich das leisten können, nur noch im Cyberspace verabreden.»

Claudius Seidl

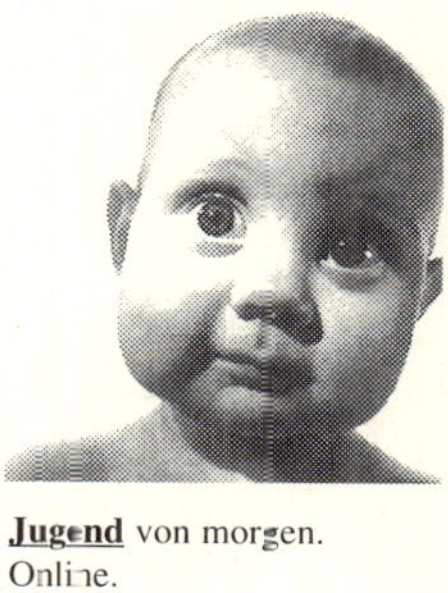

Jugend von morgen. Online.

Wir verwenden das Vokabular der Vergangenheit, um von der Gegenwart zu sprechen. Es gibt keine Schallplatten mehr, aber immer noch Plattenläden, in denen man nun eben CDs kauft. Nun wollen wir nochmal ganz weit zurück, bis an die Wurzeln der Faszination, die den Computer, die Netze und all die technische Beförderung von Sinnesreiz für uns zu einer im Schaurigen wie im Schönen so strahlenden Verheißung machen.

Online zu sein ist Gefühlssache. Es muß sich einem hierzu offenbaren, daß es sich bei Datenreisen und Netsurfs und aller Cyberspacerei um eine im tieferen Sinn phantastische Angelegenheit handelt. Ohne Phantasie bleibt das Fenster in die elektronische Welt ein leeres Bild.

Vielleicht haben Sie sich als Kind auch mal das Vergnügen gemacht, verkehrt rum durch einen Feldstecher oder ein Opernglas auf einen Teppichrand zu schauen. Alles ist ganz klein und weit weg, und es sieht aus, als hätte man zwanzig Meter hohe Beine. Man muß versuchen, geradeaus den Teppichrand entlangzugehen, und es ist wie Seiltanzen; man taumelt und fällt nach einem Meter hin. Ohne das umgedrehte Fernglas könnte man kilometerlang Teppichränder langlaufen, aber das wäre nichts weiter als die obligate, altbekannte Tour. Es ist nicht innovativ.

Vier Milliarden Menschen sollen nun umgedrehte Ferngläser wollen, durch sie hindurchsehen in die Untiefen der virtuellen Realität und lernen, trotzdem auf dem Teppich zu bleiben. Das ist der aktuelle Plan für die kulturelle Entwicklung der Menschheit.

Es gibt eine Menge Dinge, die durch die neuen Techniken auf uns zukommen und die sehr aufregend und funkelnd sind. Ich habe bloß keine Lust mehr auf dieses Spiel, das wir vor fünfzehn Jahren gespielt haben, als alles anfing. Es gab damals die ersten Computerspiele, aber das **Spiel**, das ich meine, war kein Computerspiel. Es ist DAS Computerspiel.

Die Programmierer hatten sich alle erdenkliche Mühe gegeben, tolle Intros für ihre Spiele zu machen – Vorspänne mit Wow-Effekt, 3D-Animationen mit allen Schikanen. In den meisten Fällen war das eigentliche Spiel, das nachfolgte, lau. Trotzdem zeigten wir unseren

Freunden die Intros und schwärmten ihnen vor, das sei es nun also, was man mit dem Computer machen könne, und unsere Freunde liefen los und kauften sich auch Computer. Wir wußten genau, daß man den Computer in Maschinensprache programmieren mußte, um diese Effekte zu erzielen, was ein bißchen so ist, wie die Inventurlisten eines Schraubenlagers auf assyrisch zu schreiben. Wir wußten auch, daß die Intros zu nichts anderem taugen als zum Blenden. Es war Betrug. Unsere Freunde, die nun mit ihren neuen Computern dasaßen und von uns Stapel mit lauen Spielen mit tollen Intros kopiert hatten, rächten sich ihrerseits an allen Ahnungslosen in Greifweite.

So bringt man eine Industrie in Schwung und eine Kulturtechnik auf den Weg ins Millenium.

«Das System entwickelt sich von selbst. Alles, was man ein wenig albern Technik nennt, ist weit mehr als nur **Technik**. Die Technik ist ein Beziehungssystem, in dem wir gefangen sind. Und wir arbeiten alle, jeder an seinem Platz, wissentlich oder unwissentlich, an dieser Entwicklung. Vor diesem Hintergrund ist die Frage nach der Zweckbestimmung kindisch geworden.»

Jean-Francois Lyotard

Vielerlei ist neu, aber nur weniges fasziniert uns. Im Fall der neuen Technologien wird das Faszinierende von verschiedenen, extrem gegensätzlichen Antrieben geschärft.

Einer ist der Enthusiasmus der Techniker und Computerfreaks. Ich erinnere mich an die Allmachtphantasien, die sich an meinem ersten Computer entzündeten, genährt von den sonderbaren Vorstellungen, die in Filmen der Nachkriegszeit entwickelt worden waren – eine Welt, in der alles per Knopfdruck funktioniert. Die Netze ermöglichen dem einzelnen rauschhafte Gefühle von Omnipotenz, in denen er sich aufblähen kann zu erdumspannender Größe. Die Machtphantasien von Kindern. Im Netz ist jedermann Spiderman.

«Wo ein **Begeisterter** steht, ist der Gipfel der Welt.»

Joseph von Eichendorff

Auf interessante Weise erinnert das Verbreitungsmuster des Allmachtgefühls an die Demokratisierung der Unsterblichkeit im alten Ägypten. Im Alten Reich, dem frühesten dynastischen Abschnitt, war das Geheimnis des ewigen Lebens einzig dem Pharao vorbehalten. Nur er und seine Priesterschaft kannten die magischen Sprüche und Riten, und nur der Pharao hatte das Recht, in einer gewaltigen Pyramide den Weg in die Unermeßlichkeit anzutreten. Etwa dreihundert Jahre und achtzig Pyramiden später verzeichnen die Ägyptologen, um Belege verlegen, eine sogenannte Zwischenzeit («Wirren»). Im nachfolgenden Mittleren Reich wurden keine Pyramiden mehr gebaut, und das Anlegen der sogenannten magischen Rüstung aus Amuletten und Beschwörungsformeln, die einen mumifizierten Leichnam «ins helle Licht des Tages» treten lassen sollten, war Gemeingut geworden.

Eine bemerkenswerte Begleiterscheinung von Faszination ist der Tunnelblick. Das Faszinosum wird überbedeutend, alles andere schrumpft weg zu einem bedauernswerten Rest an Unneuem. Faszination ist, wenn ein Detail der Welt den Anschein des Absoluten annimmt. Es ist, wie wenn man verliebt ist in eine Idee statt in einen Menschen. Eine glühende, poetische Tiefe tut sich auf, Vieldeutigkeit, Vielfalt, und immer neue Reize und Aspekte.

Die neue Technik gibt uns eine mächtige Metapher, die Universalität verheißt. Der Computer scheint, wenn man einmal begonnen hat, es auszuprobieren, für immer mehr und sämtliche Weltzusammenhänge ein taugliches, insgesamtes Modell abzugeben. Man kann sein ganzes Arsenal an Begriffen und Auffassungen durch die faszinierende Vorstellung vom Computer laufen lassen. Danach färbt sich die Welt computern.

Alles ordnet und klärt sich, so wie sich früher alles geordnet und geklärt hat anhand der mechanischen Metapher (Das Universum als Uhrwerk) oder der spirituellen Metapher (Das Universum als Verwaltungsbezirk des Vatikan). Wie bei jeder totalitären religiösen, politischen oder eben wissenschaftlichen Weltanschauung richtet sich das Bewußtsein entlang der eminenten **Kraftströme** der Computer-Metapher zu einer vermeintlichen Universalstruktur aus.

Fortan ist das Gehirn keine mechanische Maschine mehr, sondern eine digitale: «Umfangreiche Forschungen der letzten Jahre haben ... gezeigt, daß die einlaufenden Signale schon in den Dendriten selbst vorverrechnet werden», heißt es nun zu Wahrnehmungs- und Denkvorgängen, und die zugehörigen Nervenzellen sind natürlich «nachgeschaltet».

Wenn aus der Lendengegend des Säuglings elektronische Töne erklingen, wird es Zeit zum Windelwechsel. So lautet die Gebrauchsanweisung einer neuentwickelten Pampers aus den Niederlanden. Spezialfäden verbinden einen elektronischen Chip mit dem Windelgewebe und übermitteln bei Nässe das Signal zum Starten der **Melodie**.

Längst bestimmt nicht mehr nur der Computer die Metapher der neuen Technik. Er steht für ihren lokalen Aspekt, während die Netze für die Überschreitung nationaler, sozialer und kontinentaler Begrenzungen stehen. Die Technik öffnet die alte Menschenwelt, die alten Grenzen, die abgeschottete Privatheit, die in sich geschlossenen Bücher in eine Vorstellung von offener, in die Unendlichkeit des Geistes hinauswachsender Vernetzung, und sie verschließt die Aufmerksamkeit vor den alten, ungelösten Problemen mit der Macht.

Nicht das Netz ist die Wirklichkeit, sondern die Löcher im Netz, lehrt uns die Erkenntnismaschine.

Gemeinsam ist den Telekommunikations-, Computer- und Massenmedien, daß sie einen Symbolraum erzeugen, der körperlich nicht mehr betretbar ist. Der besondere Reiz an dem Prinzip der adam- und evakuierten Räume liegt in der magischen Anmutung, den alles Fernwirken hat.

«Das Atom, die Galaxie und die erotische Verflechtung sind trügerische Spiegel: sie geben die **Körper**, Bewegungen und Umarmungen der Sprache wieder, nicht ihren Sinn. Sie rauben der Sprache ihren Schatten, jenen Widerschein, den die Zeichen auf das menschliche Bewußtsein werfen.»

Octavio Paz

Gegenüber dem Fernsehen wirft der Computer nun als Basisbegeisterung ab, eingreifen zu können in den Bildschirmraum, der jahrzehntelang den übergroßen, programmproduzieren-

Marshall McLuhan
1911 - 1980

den «Anstalten» vorbehalten war. Nun kann jeder steuernd eindringen in das vormalige Macht-Vakuum der Bildröhren.

Die körperfreien Spielräume eignen sich aber ebensogut als böses Bild einer gespenstischen Anstrengung des Kulturmenschen: sich aus ganzen Weltbereichen auszuschließen. In den Clean Rooms der Chipfertigung stört der Mensch nur noch, ist Verunreinigungsfaktor. Musterhaft auch die Exklusion in den Bereichen der Nuklearindustrie, wo menschlicher Aufenthalt zum Teil für Zeiträume von Tausenden von Generationen ausgeschlossen wird.

Die Geschichte der Technik ist seit jeher untrennbar mit der Militärgeschichte verbunden. Darin liegt begründet, weshalb vor allem die Distanzsinne, das Hören, das Sehen und das Schmeißen, technische Entwicklung erfahren haben. Aus der Distanz einen Handlungs- oder Reaktionsvorsprung zu gewinnen, ohne selbst in einen Gefährungsradius zu geraten, gehört zu den unveränderlichen Aufgaben der Kriegskunst.

Übrigens ist nicht die Technik, die Dunkelheiten durchdringt oder Distanzen überwindet, das eigentlich Bedeutende, sondern die Distanz selbst. Sie ist künstlich erschaffener Raum, geboren aus der Reichweite der verschiedensten Waffensysteme. Technische Distanzüberbrückung ist nichts als zu luftigster **Zartheit** ausgeweitete Panzerung. Der militärische Raum ist erfüllt vom Versprechen der Unverletzlichkeit, auch dies ein Teil der Faszination des Cyberspace. Es ist wahrhaft ein Zauberkunststück, Raum in verschiedenen Qualitäten zu erzeugen, ihn in Gläser (Bildschirme) zu füllen und zu verteilen oder zu verkaufen. Physikalisch hat der Raum weder Energie noch Masse. Man kann ihn sich weder mit noch ohne Grenzen vorstellen. Raum ist das schlechthin Unfaßbare. Raum einfach herzustellen, ist eine phantastische Erfindung.

Positiv formuliert verheißt das Schwinden der Entfernung ein Zusammenrücken, eine **globale Dörflichkeit**. Allerdings ist der Begriff der Entfernung sonderbar mehrdeutig. Einerseits meint er räumliche Distanz, linearen Abstand; ein Kontinuum, angefüllt mit Fortgang, mit Vorankommen. Entfernung erleben wir ja immer als die Vorahnung einer Mühe, nicht als leere, statische Strecke. Andererseits heißt entfernen dann aber auch fortschaffen, beseitigen, liquidieren.

Niemand, den ich kenne, verwechselt die Wirklichkeit mit dem neuen virtuellen Spielraum, den wir im Begriff sind, auf elektronischem Weg aufzuspannen. Und ich spreche absichtlich nicht von «wirklicher Wirklichkeit», in welcher Bezeichnung sich ein wenig der Wunsch ausdrückt, einer neuen Realität – Realitäten sind die Unterabteilungen der Wirklichkeit – größte Bedeutung zu verleihen, indem man sie mit dem vergleicht, das sie gern wäre, nämlich eine waschechte Wirklichkeit.

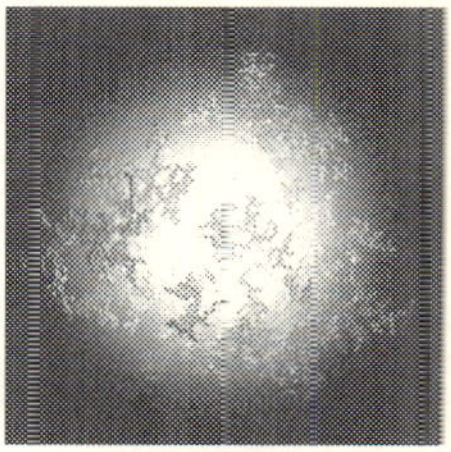

Oh, diese sich verästelnde **Glut**.

Der Versuch, uns alle in Verlegenheit zu bringen, indem man also meint, plötzlich von wirklicher Wirklichkeit sprechen zu müssen, erinnert an die geniale Realitätserweiterung der

Tabakindustrie, die den Menschentyp des Rauchers eingeführt hat. Jeder, der das Rauchen aufgibt, kommt in die dumme Situation, sich als etwas Negatives darzustellen – als Nichtraucher. Niemand, der eine Diät macht, sagt, daß er Nichtesser ist. Kein Fußgänger bezeichnet sich als Nichtfahrer oder Nichtsteher. Das Einatmen von Luft aber ist eine solche Selbstverständlichkeit, daß niemand auf die Idee kommen würde, sich als Luftatmer zu bezeichnen, obwohl es das Selbstgefühl heben und den negativen Beigeschmack beseitigen würde, den die Übergangsidentität als Nichtraucher hat.

Computern ist alles andere als harmlos, es ist dramatischer Kult. An videospielenden Jugendlichen und frisch bekehrten Usern ist die intensivste Form jener Inbrunst zu beobachten, die vor noch nicht allzulanger Zeit der Generierung von Marienerscheinungen vorbehalten war. Nur aus den Tiefen des Spirituellen kann eine solche fanatische Motivation, eine derart obsessive und konvulsivische Steigerung kommen. Nirgendwo sonst ist eine so unbedingte Bereitschaft, eine so schmerzliche **Verzückung** zu beobachten. Hausaltarhaft stehen die Geräte auf unseren Schreibtischen.

Längst erfüllen die westlichen Kirchen ihre Pflicht, das Kultische lebendig zu halten, nicht mehr; vermögen nicht mehr zu fassen, wie sich dieses tiefe Bedürfen in die heutigen Zeiten einformt. Unfähig und starr haben die Kirchen die geradezu phantastische Andachtsbereitschaft der Computernutzer verschenkt. Auch daß neben den proletarischen Mario Brothers, in denen die Arbeiterklasse zum Gegenstand der Verehrung wird, ausgerechnet das im Hort des Atheismus von dem Sowjetrussen Alexei Pazhitnov programmierte *Tetris* zum globalen Götzen geworden ist, wirft ein bezeichnendes Licht auf unsere Zeit und die kraftlosen Großkirchen.

Im Ritual reduziert sich das Erzählen aufs Zählen. Die Wiederholung sinnloser Floskeln und Bewegungen führen zur Ekstatisierung. Gameboygambling hat das Rosenkranzherbeten abgelöst. Ziel ist eine Zahl. Arbeit und Spiel am Computer sind Opfer. Wir opfern das Wertvollste, was wir haben: Zeit.

Auf dem Rückweg aus der Fußgängerzone unterhalten wir uns über dieses Phänomen, wenn man ein angefangenes Buch nach einem Tag oder einem Jahr wieder nimmt und, ohne ein Lesezeichen, die Stelle sucht, an der man aufgehört hat zu lesen. Wie ungemein leistungsfähig das Gedächtnis ist. Ein flüchtiger Blick auf eine beliebige Seite genügt, um zu wissen, ob man sie schon gelesen hat oder nicht. Rasch verdichtet sich dann das Zielgefühl, während man sich an die entscheidende Stelle heranblättert, und mit einer kaum spürbaren Veränderung ist alles wieder präsent, die Geschichte, das Buch in seiner vollständigen Tiefe und im Licht seiner vielen Details, die Tage, an denen man das Bisherige gelesen hatte, und vielleicht, manchmal, erscheint sogar wieder die Kontur der Gedanken, die man an jenen Tagen dazu hatte. Es ist dies nicht das Abrufen von etwas Gespeichertem. Es ist das Gedächtnis. Es ist der Mensch.

«Wir sind heute so bereit, die Konsequenzen der Wissenschaft für die Erfindung zu akzeptieren, daß wir beinahe verlernt haben, uns durch gesunden Menschenverstand oder spöttisches **Lachen** vor Monstrositäten und Torheiten zu schützen, die keinem menschlichen Bedürfnis entsprechen, aber gerade wegen ihrer Kompliziertheit eine technische Attraktion darstellen.»

Lewis Mumford

Zu Hause suche ich, um uns durch einen kleinen Beleg für die wunderbare Leistungsfähigkeit von Gedrucktem in ein weiteres Einvernehmen zu setzen, ein Büchlein über die Stadt Graz, in dem ich mich an weitere Einzelheiten über die Vorstadt zu erinnern meine, in der meine Schwester und ich aufgewachsen sind, kann es aber nicht finden, obwohl ich sicher bin, daß nur zwei oder drei Stellen in unseren vielen Bücherregalen in Frage kommen. Ich suche die Regalreihen dreimal nacheinander ab und bin erfüllt von der Gewißheit, es in der nächsten Sekunde gefunden zu haben;

eine Täuschung. Dann beschreibe ich das Büchlein meiner Frau, und sie findet es sofort an einer Stelle, an der ich schon dreimal nachgesehen hatte.

18 Uhr. Die elfte Stunde.

Hallo Welt

Nach dem Abendessen – Spinatpfannkuchen, kein Couscous – setze ich mich wieder an den Rechner und nehme Anlauf. Es wird eine lange Fahrt, von den äußeren Planeten unseres Sonnensystems zurück hinunter auf die Erde, bis vor das winzige Bild eines Sonnenuntergangs auf dem Bildschirm eines Angestellten in England und hinein in die Badewanne eines Programmierers in Amerika.

Vor zwei Jahren wäre das noch eine «Hacker im Pentagon»-Schlagzeile gewesen. Heute kann ich von einem Rechner im militärischen Teil des Netzes aus eine Raumfahrt per Mausklick starten: **Views Of The Solar System** gibt Aussicht auf die liebesrote Venus, den rostrosa Saturn, auf die Staubloben von Kometen, auf den Blauen Planeten und einen Blick, wie ihn sonst nur Astronauten genießen können: die Sonne und ihre glühenden Kontinente vor einem schwarzen Himmel. Der Mars leuchtet auf meinem Bildschirm und löst einen Reflex aus auf all den Aufwand an Technologie, mit dem ich mir dieses Bild heranholen kann, nur um wieder einmal zu empfinden, wie klein wir sind unter den Sternen.

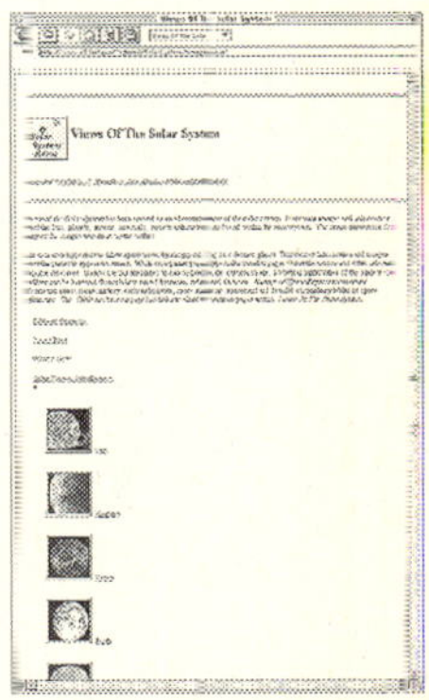

Views of the **Solar System**: http://bang.lanl.gov/solarsys/

Einmal, vor langer Zeit, wird ein Mensch am nächtlichen Firmament keine bergende Grenze mehr gesehen haben, sondern offenen Himmel – den ersten Einblick in die Unendlichkeit. Das kommt, sagt Aristoteles, weil «im Denken kein

Aufhören ist». Und eine Angst kommt ebenso daher, wo diese Freiheit in alle Weiten weist: der Horror Vacui, die schreckliche Leere. «Das ewige Schweigen dieser unendlichen Räume macht mich schaudern», sagte der Mathematiker Pascal.

Vor langer Zeit ist aus dem Feuer der Mut zu denken gekommen. Auch heute noch sehen wir fasziniert die Zungen der Flammen, wenn wir vor einem Feuer sitzen, und wie sie in Gestalten und Bildern zu uns sprechen und Raum bilden. Raum – jenes unerschöpfliche Fassungsvermögen an Struktur, deren jede wir eine Realität nennen, wenn sie es auch bloß in der Vorstellung ist. Nur noch selten halten wir uns vor Feuer auf; im kalten Licht der Bildschirme aber, auf denen wir inzwischen Kontrolle über jedes einzelne Glutfünkchen («Pixel») haben, sprechen wie eh und je die alten, vielstimmigen Flammen zu uns durch all die Bilder und Filme hindurch, die im ersten Jahrhundert der Medien Gestalt angenommen haben.

Ein Blick auf die Erde. Ich lasse mich zum Deutschen Klimarechenzentrum Hamburg (DKRZ) verbinden. Zu Fuß ist es von meinem Rechner zu den DKRZ-Rechnern eine Viertelstunde. Ich zieh´ mir ein aktuelles Satellitenbild, Blick aus dem Orbit auf Europa. Das Bild kommt aus einem von drei NOAA-Satelliten, benannt nach ihrem Betreiber, der US National Oceanic and Atmospheric Administration, die in etwa 800 Kilometer Höhe kreisen. Im Forschungszentrum Geesthacht ist der Downlink, dort werden ständig aktuelle NOAA-Bilder empfangen. Das DKRZ transferiert sie täglich auf seine Rechner und stellt sie allen Webwanderern und Wetterfreaks zur Verfügung.

Leider kann ich die Karte nicht lesen. Die Wolken bilden klasse Strukturen, aber nicht eine einzige Küstenlinie ist zu erkennen. Wo bin ich? Ich versuche einen anderen Satelliten – Meteosat. Meteosat 5 schickt die Daten, aus denen diese Bilder gemacht werden, in eine zwei Meter große Antennenschüssel auf dem Dach der Universität Edinburgh. Von dort laufen sie über eine Leitung ins Electronics Department der Universität Dundee, wo sie aufbereitet werden und übers Internet abgerufen werden können. Die Meteosat-Bilder sind auch frischer, werden alle 30 Minuten aktualisiert – und in den Bildern sind freundlicherweise die Ländergrenzen eingezeichnet. Nun kann ich die Wolkenflanke über Hamburg zugleich von unten und von oben sehen. Abgefahren.

Mit der Möglichkeit zu fliegen müssen reine Äußerlichkeiten oft in den Hintergrund treten.

Markus Rasp

Die Vorstellung, durch das Netz um die Erde und über der Erde zu schweben, ist eines der Bilder des zweiten, neuen Traums vom Fliegen. Er verheißt eine aus vielen Höhen überschaubare Erde. Daß es möglich ist, sich auf Satelliten aufzuschalten und jeden Winkel der Erde sehen zu können. Sich hinunter- und hineinvergrößern zu können in das Geofraktal, in die Details der Landschaft, in ein Gebiet, einen Ort, eine Stadt.

Schon gibt es im **WWW Karten** der Weltgegenden, in die man sich per Klick hineinvergrößern kann in die nächste Auflösungsstufe, bis hinein in einzelne Rechner an einem angezielten Ort. Und wie in den realen Landschaften stelle ich mir blickverbotene Zonen auch im Netz vor, die Unternehmen oder dem Militär vorbehalten sind und die gegebenenfalls substituiert werden durch echtzeitsimulierte synthetische Landschaften (Erde versus VRde).

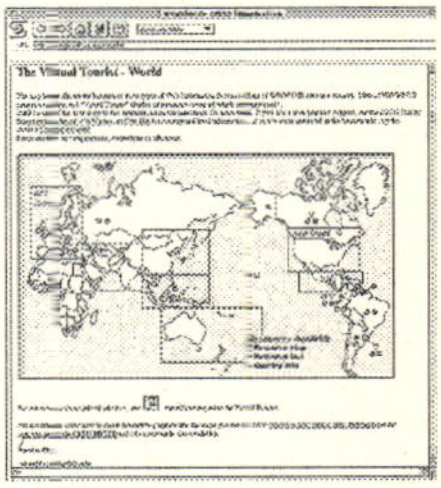

The Virtual Tourist.
Klick Dir einen aus der WWWeltkarte:
http://www.vtourist.com/

Ich träume davon, derart durch die Welt zu streunen, mir ein Bild der Welt zu machen auf die Netsurfer-Art, selbst nach dem Rechten zu sehen. Ich stelle mir vor, daß nicht mehr die Nachrichten zu den Menschen kommen, sondern die Menschen zu den Nachrichten. Etwas ereignet sich, wird gemeldet, kristallisiert im Netz, schon werden alle im Netz verfügbaren Gerätschaften im Umkreis um das Ereignis angezeigt, man kann sich zuschalten, sehen, kommentieren, sein Wissen umsetzen, helfen. Die Menschen tragen ihr Wissen, ihre Erfahrungen, ihre Verbindungen in die Informationsmasse am virtuellen Ort des Ereignisses zusammen. Eine solche Ereigniskristallisation im Netz hat eine völlig andere Qualität wie eine herkömmliche Nachrichtenmeldung, die verkündet wird und im Archiv verschwindet, denn das Ereignis im Netz führt zu einer Neukonfiguration von Wissen.

Ein Blick auf die Erde als **Gefühl**. Anfang der achtziger Jahre kulminierte zugleich mit der Verbreitung von Mikrocomputern und Videospielen ein medial vermitteltes, quasi erdumspannendes jugendliches Wir-Gefühl. Weltweite Live-Übertragungen wie 1984 die Eröffnung der Olympischen Spiele in Los Angeles oder im Jahr darauf das Band Aid Concert in London und Philadelphia vermittelten einen Vorgeschmack von Weltbürgertum im Kommunikationszeitalter, dessen einfache Worte «Hallo Welt» lauten.

Neben der Erzeugung von Lärm und depressiver Lyrik gehört seit jeher die Neugierde zu den Pflichten der Jugend, und zwar in einer Form, die sowohl im Spielerischen wie im Obsessiven jeden erwachsenen Wissensdrang übertrifft. Gern erinnere ich mich selbst an einen Nachmittag anno '85, an dem ich gemeinsam mit ein paar Punkfreunden auf einem kleinen, grünen Apple II zum ersten Mal ein Tabellenkalkulationsprogramm in Augenschein nahm. Niemand von uns wußte, was das ist. Da Kästchen am Bildschirm zu sehen waren, hielten wir es für ein Spiel. Wir spielten bis gegen Abend und hatten mächtig Spaß; ich glaube, einer von uns hat sogar gewonnen. Das waren die frühen Jahre.

Damals wuchs, mit Computern, denen heute bereits die Anmutung digitaler Trichtergrammophone anhaftet, die erste deutsche User-Generation auf. Ich hatte mein Schlüsselerlebnis in dem Augenblick, in dem ich, nach Jahrzehnten stupidem ein – aus, laut – leise, hell – dunkel am Fernseher, zum ersten Mal mit einem Tastendruck etwas auf einem Bildschirm erscheinen lassen konnte. Ich erlebte den Computer als die Maschine, die es möglich macht, in das den großen Sendern vorbehaltene Vakuum der Bildröhre einzugreifen und höchstpersönlich die Kontrolle zu übernehmen. Phantastisch, das.

Was hat sich seither verändert? Vor zehn Jahren durften die Kids bei Karstadt ihre mitgebrachten Disketten auf den Vorführgeräten kopieren unter der Bedingung, daß sie jeweils eine Kopie für den Verkäufer mitzogen. Heute bringen sie ihren großen Bruder mit, der ihnen sowohl Erwachsene als auch Altersgenossen vom Hals hält, während sie neue Software der virtuellen Variante zerstörender Werkstoffprüfung unterziehen. Im übrigen kommt inzwischen die jüngere Generation so selbstverständlich mit dem Computer und den Netzen aus wie die Jugend der sechziger Jahre mit dem Fernsehen. Allerdings hat die Möglichkeit, Computer via Telefon miteinander zu verbinden, eine neue Qualität ins Spiel gebracht.

Mit dem Geist der Netze – ihrer scheinbaren Tendenz, eine transnationale Region jenseits der **Nationalstaaten** auszubilden – verbinden viele Menschen den Glauben, daß mit einer allmählichen Vereinigung der vielen Staatswesen der Welt zu einem Weltstaat die Nöte des Planeten zu beheben wären.

Im September 1941 veröffentlichte der österreichische Philosoph Leopold Kohr in der amerikanischen Zeitschrift *The Commonweal* einen bemerkenswerten Aufsatz: «Einigung durch Teilung. Gegen nationalen Wahn, für ein Europa der Kantone.» Darin kommt er zu dem Schluß, daß Demokratie sich nur in kleinen Einheiten entfalten kann – «Das ist natürlich eine lächerliche Idee, orientiert allein an dem

«Im Netzwerken steckt so viel Macht, daß es jedermann möglich wird, an einem weltweiten Markt teilzunehmen - werden wir sicherstellen können, daß jeder gleichermaßen Zugang dazu hat? Netzwerken macht es für die Mitarbeiter von Organisationen ungemein einfach, Information frei und fortwährend miteinander zu teilen - wird es uns gelingen, uns aus den <Kommandoketten> organisatorischer Strukturen zu befreien, um die neuen Möglichkeiten wahrzunehmen? Netzwerken wird den Menschen Zugriff auf immense Ansammlungen historischer und aktueller geschriebener, visueller und gesprochener Information geben - werden wir Instrumente entwickeln können, die es den Menschen erlauben, ihre eigene Art des Lernens und Entdeckens innerhalb dieser Informationsmengen auszuüben? Im Netzwerken steckt das **Potential**, die ganze Welt zu einer globalen Zivilisation zu verbinden - wird es uns gelingen, eine Vielfalt an Kulturen zu erhalten?"

Johnson, Jr.

«Der Deutsche soll alle Sprachen lernen, damit ihm zu Hause kein **Fremder** unbequem, er aber in der Fremde überall zu Hause sei.»

Goethe

Menschen als einem lebendigen, geistigen Individuum. Welteinigungspläne dagegen sind todernste Vorhaben und auf einen Menschen zugeschnitten, den man sich nur als kollektives Wesen vorstellt.»

Schon das Beispiel der USA, das gern als Modell für einen künftigen Weltstaat angeführt wird, belegt, daß man es für sinnvoller gehalten hat, das große Nationalgebilde in 48 Staaten zu unterteilen. «Differenzierung wurde künstlich hergestellt», sagt Kohr, «weil es sich als einfacher erwies, dadurch eine Union zu schaffen, als durch zentralistische Vereinheitlichung.» Auch die Größe der Schweizer Staatsidee liegt für ihn in der Kleinheit ihrer kantonalen Zellen.

Das gesellschaftlich Erstrebenswerte sieht man heute in immer größer werdenden Einheiten, während kleine Gemeinschaften als Brutstätte von Zwietracht, Separatismus und kulturellem Eigensinn dargestellt werden. Das gesellschaftlich Vollkommene, das Universalistische aber liegt tatsächlich im Kleinen, im Individuum. Es ist das Urgebilde allen sozialen Lebens.

«Die politischen Theoretiker unserer Zeit, die nur das Große im Auge haben und die sich an Sammelbegriffen wie *Menschheit* begeistern (niemand weiß, was das eigentlich ist und warum man für sie Leben opfern soll), halten den bloßen Gedanken, mehr anstatt weniger Staaten zu schaffen, für einen Rückschritt ins Mittelalter. Sie alle sind für Einigung und Gigantismus, obwohl Einigung über gewisse Grenzen hinaus nichts darstellt als totalitäre Gleichschaltung, sogar wenn man in ihr eine Garantie des Friedens sieht. Was sie tatsächlich darstellt, ist eine Übertragung in die internationale Arena des undemokratischen Einparteiensystems – das natürlich auch einen gewissen Frieden garantiert. Aber was für einen!»

Langsam lasse ich mich aus der Umlaufbahn wieder auf die Erdoberfläche sinken. Wenn man abends in einem Flugzeug sitzt, ist nichts mehr da von Höhe, Weite, Wolkenschluchten, nur an der Kabinendecke glimmen noch ein paar Leselämpchen. Dann, wunderbar, bricht die raumlose Finsternis auf wie ein schwarzer Fels, in dessen Innerem ein mächtiger Kristall illuminiert, und im Landeanflug taucht das Lichtermeer einer Stadt unter dem Flugzeug auf.

19 UHR. DIE ZWÖLFTE STUNDE.

ZOOM: MULTIMEDIA-MEGALOPOLIS

Schon vor 100.000 Jahren konnten die Menschen sehen, was sich uns heute durch einen Blick aus dem Flugzeugfenster zeigt. In der Glut, in der zu winzigen Avenues, Straßenschluchten und Blöcken aufgeplatzten Baumrinde verglühenden Feuerholzes und den verwehenden Lichtflügen darin, sah der Mensch der Vorzeit bereits das Erscheinungsbild der großen, nachtleuchtenden Städte des zwanzigsten Jahrhunderts.

Die Lichter der Großstadt leuchten der öffentlichen Sicherheit und der Public Relations wegen. Daß sie schön sind, ist unbeabsichtigt. Zeitloses Vergnügen: Die **Boulevards** entlang zu flanieren, umworben vom unschuldigen Gekauftwerdenwollen all der Waren in den Schaufenstern, mit den Augen die Lichter von den Fassaden zu trinken und scharf, dramatisch oder gelassen Ausschau zu halten nach dem Herz der Nacht, das sich aus seiner körperlosen Flüchtigkeit begeben wird.

Feuer, Licht und Bildschirmleuchten sind nah verwandt. Die Technologie des Feuers trat aus dem Dunkel der Zeiten. Licht ist reine Information. Nicht was beleuchtet und damit erst wahrnehmbar wird, ist eigentlich interessant, sondern das Licht selbst.

«Wer an den Dingen der **Stadt** keinen Anteil nimmt, ist kein stiller, sondern ein schlechter Bürger.»

Perikles (500 - 429 v. Chr.)

«Der Ort sieht nicht aus wie eine Stadt, sondern wie ein Krempelmarkt von abgetragenen Häusern.»

Lichtenberg

Die **Botschaft des Lichts** ist Erkenntnis.

Die Botschaft des Lichts ist Erkenntnis.

Vor dem Gluthauch des gezähmten Feuers, erstmals für ein paar Augenblicke jenseits des unaufhörlich instinktgelenkten Verhaltens, besänftigte sich das beunruhigende, seelische Flackern im Inneren des Frühmenschen. Im Schutz des Feuers konnte der Augenblick des Erwachens aus dem animalischen Handlungsfortlauf von Jagd, Schlaf und Erhaltung geschehen, der Bewußtsein bedeutet. Im Fortgang der Zivilisation wurde die offene, magische Feuerstelle umschlossen und weiterentwickelt zu Herd, Ofen und Lampe, um schließlich als Grill und offener Kamin bei den Freizeit- und Luxusangeboten zu enden. Das Feuer unseres Jahrhunderts ist die Elektrizität, das Netz in seiner militärischen Abkunft die Struktur der «Feuerleitung», und seine Feuerstelle der Bildschirm. Was schließlich ist ein Monitor anderes als die bis dato höchstentwickeltste Form des Ofenlochs?

Gleichzeitig mit der Veräußerung automatisierbarer, niederer Nerventätigkeiten und sensorischer Fähigkeiten in die elektronischen Maschinen und Netze hinein wird der Menschenkörper weiter freigemacht. In ihm ruht nun zunehmend das von Arbeit im herkömmlichen Sinn befreite Nervensystem, wie der Körper des Vorzeitmenschen im sicheren Leuchtkreis des Feuers ruhte. Freigemacht – wofür? Wenn wir wollen, stehen wir an der Schwelle eines neuen Bewußtseinsraums; wenn wir wollen.

Die Lichter der realen Metropolen und das Licht und die Strukturen der virtuellen Stadt, deren Bauwerke und Bezirke in den Computern der Welt errichtet werden, decken sich mehr und mehr. Das Globale Dorf, von Marshal McLuhan 1964 als visionäre Metapher eingeführt, erwächst tatsächlich. Wir betreten die Baustellen der virtuellen Stadt.

1989 richteten Angestellte der Gemeinde Santa Monica in Kalifornien das erste öffentlich finanzierte, elektronische Bürgernetzwerk ein – PEN, das Public Electronic Network. Es wird heute von mehr als 85.000 Einwohnern frequentiert, einschließlich 200 Obdachloser, die von öffentlichen Terminals aus teilnehmen. PEN bietet seinen Bürgern eine virtuelle Stadthalle, ein Gemeindezentrum, Stadtkonferenzen und einen Veranstaltungskalender.

Ebenfalls aus Amerika kommt die Idee der Freenets – elektronischer Kommunen. Sie werden, auf ehrenamtlicher Basis und durch Spenden finanziert, von einer Gemeinde betrieben und bieten freien Netzzugang, Archive, Spiele und lokale Informationen. Alle US-Freenets führen den «Freedom Shrine», in dem bedeutende Texte der amerikanischen Geschichte abrufbar sind.

Das erste **Freenet** entstand 1986 aus einer Mailbox in Cleveland. Bis 1989 hatte es sich zum Cleveland SuperSystem ausgewachsen. 1989 wurde das National Public Telecomputing Network (NPTN) gegründet, um die Software und die Freenet-Methode weitestmöglich zu verbreiten. Das NPTN verfolgt ähnliche Absichten wie die öffentlichen TV- und Radiostationen in den USA. Es gibt beispielsweise auch Hilfe beim Aufbau eigener Freenets. Heute versorgt das Cleveland Freenet über 64 Modemleitungen den Nordosten von Ohio mit elektronischen Informationen.

Das Herz des Freenet ist ein Menü, das ins Internet führt. Zu den häufigsten Nutzern der Freenets gehören Schulen, die so lebendigen Informatik-Unterricht gestalten. Lokale Behörden, Kleinhandel und Landgemeinden profitieren ebenfalls davon. Und Freenets stärken das Gemeinschaftsgefühl. «Wir können uns kein 21. Jahrhundert vorstellen, das nicht freie, öffentliche Computersysteme bietet, so wie wir die öffentlichen Büchereien haben», sagt Thomas M. Grundner, Gründer des Cleveland Freenet und Präsident des NPTN.

«Auf der Cebit 94 gab es Gelegenheit für einen virtuellen Bummel durch die als Computersimulation wiederaufgebaute Dresdner Frauenkirche. Die wenigen **Glücklichen**, die nach langem Schlangestehen einen Platz ergattert hatten, konnten dann sogar als Engel durch das Kirchenschiff schweben.»

Donata Riedel

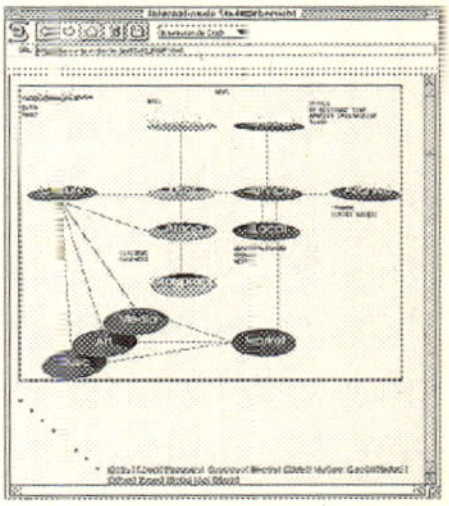

Die **internationale Stadt** Berlin im Netz: http://www.is.in-berlin.de/

Durchschnittlich 20 Tage pro Jahr verbringen die Menschen in Italien in Warteschlangen vor Amtsstuben. Dies habe zum Aufblühen eines neuen Dienstleistungszweiges geführt. Spezielle Agenturen holen Steuernummern ab, schreiben Studenten an der Universität ein oder bezahlen Gasrechnungen.

TAZ 19.11.1993

Das Schwierigste am Internet ist, es sich vorzustellen. William Gibson, der Erfinder des Cyberspace, gebrauchte im «Neuromancer» den Begriff *sprawl*, eine MegaCity, in der mehrere Großstädte miteinander kollidieren. Die **Megalopolis** kommt einer Vorstellung vom Internet noch am nächsten – das Bild einer über den ganzen Globus ausgebreiteten Planetopole mit ihren komplexen Strukturen, in denen sich Leben, Arbeit, Verkehr, Versorgung, Liebe, Irrwitz und Langeweile abspielen, und niemand vermag diese Strukturen in ihrer Ganzheit zu überblicken oder zu kontrollieren. Das Stadt-Symbol besetzt nun die Oberflächen der Computernetze und bringt eine mentale Ordnung in das scheinbare Wirrwarr. Die neue, die planetare Welt, erscheint als Stadt mit verschiedenen Stadtteilen und Abteilungen.

Bisher produzierte die Evans & Sutherland Corporation als weltgrößter Hersteller von Flugzeug- und Gefechtssimulatoren vor allem für die NATO und das US-Verteidigungsministerium. Anläßlich einer Virtual-Reality-Messe in New York stellte das Unternehmen eine mit 300.000 Dollar eher billige virtuelle Stadt (*Freeway*) vor, die man in einer Art Flugdrachen liegend überfliegen kann. Tageszeit, Wetterlage und Verkehrsfluß lassen sich in Echtzeit verändern. Firmensprecher Jeff Edwards zeigte sich «sehr überrascht» von der massiven Resonanz auf das System.

Das amerikanische Online-System *Paradigm* benutzt die Kartografie einer Stadt als innere Geografie: Clubs, Cafés, Geschäfte, Discos repräsentieren die einzelnen Benutzungen. Auch Apple geht mit seinem neuen Online-Service *eWorld* den Weg der Verstädterung des Digitalen. Auf dem Bildschirm wird ein urbanes Bild gezeigt: Community Center, Computer-Center, Schule, Zeitschriften-Kiosk, Freizeitsporthalle, und so weiter.

Auch eine der wenigen neuen Spiele-Ideen der letzten Jahre, Will Wrights *SimCity*, ist eine simulierte Stadt. Häuser, Straßen, Industrien, Kraftwerke, Naturkatastrophen – Ziel ist es, eine Stadt nach eigenen Vorstellungen zu bauen. Und die Stadt lebt. Verkehr fließt, Güter werden produziert, Energie verbraucht. Das Stadt-Spiel soll uns helfen, «die Grammatik eines solchen komplexen Systems zu verstehen», sagt Wright.

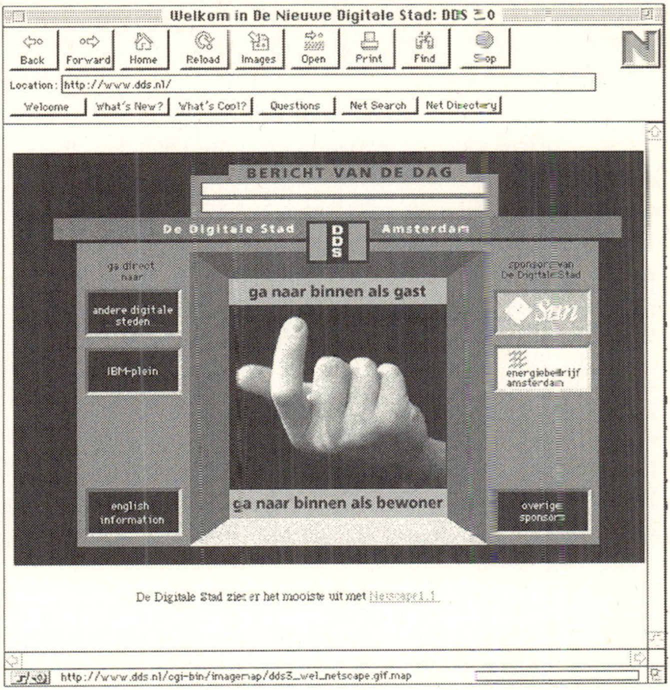

Ich geb´ mir die **Digitale Stadt**; sie deckt sich mit dem realen Amsterdam. Zunächst war da eine Idee gewesen: Rop Gonggrijp und Felipe Rodriquez, Enthusiasten aus dem Umfeld von *Hack-Tic*, der *Tijdschrift voor Techno-Anarchisten*, wollten die Menschen der holländischen Hauptstadt vernetzen. Ende 1993 begann zusammen mit Mitarbeitern des Kulturzentrums *Balie* und der xs4all-(*access for all*)-Stiftung das Experiment einer digitalen Stadt. Balie-Projektleiterin Marlene Stikker ist «Bürgermeisterin» der digitalen Stadt.

«Meine Vorstellung von Community war geprägt durch Pindeale, das Nest, in dem ich aufgewachsen bin. Diese Art von Kleinstadt verschwindet jetzt. Was bleibt, sind Suburbs, in denen sich niemand mehr zu Hause fühlt und es keinerlei Gemeinschaftssinn gibt. Im Cyberspace habe ich eine neue Art von **Community** gefunden, und ich beschloß, alles in meiner Macht stehende zu tun, um diese noch junge Gemeinschaft vor Gefahr zu schützen.»

John Perry Barlow

Offiziell eröffnet wurde *De Digitale Stadt* (DDS) am 15. Januar 1994. «Es ist ein Computersystem, das die Metapher einer Stadt verwendet», schreibt mir Felipe, «um das System freundlich und verständlich zu machen für Menschen, für die die Datenkommunikation etwas Neues ist.» Die Bedienung ist einfach («Postamt», «Café», «Bibliothek» usw.). Es gibt in der DDS ein Archiv der Anne-Frank-Stiftung und das komplette Verzeichnis der Amsterdamer Stadtratsbeschlüsse abrufbereit. Es gibt auch Seitenstraßen und Gäßchen; etwas abseits vom Hauptmenü findet man einen englischsprachigen Drogenhändler, der einen in die internationalen Diskussionsforen über den Sinn und Unsinn von psychoaktiven Substanzen führt. Wer selbst was tun möchte, findet ein leerstehendes Haus im System («Wenn Du einen lustigen Zweck für dieses Haus hast, darfst Du es besetzen»).

Ein Projekt, das von einem Benutzer realisiert wurde, ist die Metro. Wie in einem **Abenteuerspiel** kann ich mich hier durch U-Bahn-Schächte bewegen, an Stationen ein- und aussteigen und mit anderen Menschen vor dem Computer reden.

«Das Leben läuft hier in einer ganz normalen Stadt», sagt Marlen.

Das niederländische Wirtschaftsministerium und die Stadt Amsterdam förderten das Projekt. In der digitalen Stadthalle können die Bürger Informationen zu aktuellen politischen Vorgängen bekommen, auf dem virtuellen Hauptplatz – der nebenbei vollen Zugriff auf alle Internet-Dienste gibt – kann man ein elektronisches Café besuchen, einen digitalen Kiosk durchstöbern, ein virtuelles Kulturhaus besuchen oder in einen stofflosen Sexshop sehen (einschließlich eines digitalen Darkrooms im hinteren Teil).

«All die Ideen über die neue Informationsgesellschaft, von denen man so oft aus Amerika gehört hat, Teledemokratie, elektronisches Stadtleben, sind in der DDS auf einmal Realität geworden», erzählt Marlen. Niemand hatte einen so durchschlagenden Erfolg erwartet. Innerhalb einer Woche nach Eröffnung der digitalen Stadt war in Amsterdam weder für Geld noch für gute Worte mehr ein Modem zu kriegen. Die anfangs 20 Leitungen in die DDS waren zu jeder Tages- und Nachtzeit überlastet. Inzwischen hat sich die Frequenz auf etwa 4000 Anrufer täglich eingependelt. Etwa eine Million «Seiten» werden pro Monat abgerufen

Die einfachen Menüs wurden inzwischen durch WWW-Seiten mit übersichtlich gegliederten Text- und Grafikinformationen ersetzt. «Anfangs hatten wir Befürchtungen, daß nur eine bestimmte kleine Gruppe von Computerfreaks und Mailboxusern auf das Angebot einsteigen würden – was man so <early adapters> nennt, vorwiegend Kids».

Die Befürchtungen bewahrheiteteten sich nicht. Auch ganz normale Leute besorgten sich ein Modem und gingen online. Marlen ist realistisch: «Es wird noch lange dauern, ehe die digitale Bevölkerung der realen entspricht.» Immer noch sind nur wenige Frauen, ältere Menschen und Angehörige von Minderheiten online.

Die erwünschte digitale Demokratisierung vollzieht sich bemerkenswerterweise größtenteils ohne die Politiker. Die Bürger der digitalen Stadt debattieren eine Menge Fragen, die Recht und Ordnung betreffen. Daß kaum Politiker online sind, hält Marlen nicht für einen Mangel an gutem Willen, sie seien «ein wenig scheu dem neuen Medium gegenüber». Daß den Bürgern mit dem digitalen Medium direktere Wege politischer Teilnahme zur Verfügung gestellt werden – Datenbanken, Archive Informationsmaterial –, ist nur ein erster Schritt auf dem Weg zu einer elektronisch flankierten Demokratie. Letztlich soll sie dazu führen, daß jeder einzelne mehr Macht und Einfluß hat. Das könnte beispielsweise bedeuten, daß elektronische Referenden durchgeführt werden, wofür allerdings eine wesentlich größere

Diese Verwendung von **Städtebildern** als Metapher habe Tradition. Überhaupt sollte die Informationstechnik mehr als bisher von den Architekten lernen. Volkmann zeigte Bilder von Harmonielehren, die sich in Darstellungen von Gebäuden manifestieren, wie etwa bei Atanasius Kircher. Auf der Gegenseite dieser Vollkommenheit stehe «die Hure Babylon» mit ihrem Turmbau, der bekanntlich im Chaos ende. Diese Gefahr, so Helmut Volkmann, drohe möglicherweise auch beim Bau von neuen Kommunikationstechniken.

Frank Möller

«Willkommen in der digitalen Stadt Eindhoven (DSE). Die DSE ist eine Initiative von Eindhovener Bürgern mit der Absicht, freien Zugriff auf verschiedene öffentliche Informationsressourcen zu geben. Die Metapher der digitalen Stadt geht aus von einer Stadt, die an der Datenautobahn liegt. In der digitalen Stadt gibt es Städter, Firmen, Behörden, Freizeiteinrichtungen usw. Wenn Sie mehr wissen möchten, schicken Sie eine E-Mail an comments@dse.iaehv.nl»

URL http://www.IAEhv.nl/

Bereitschaft der Behörden gegeben sein müßte, sich, um es mal so zu sagen, der Öffentlichkeit zu öffnen, als das heute der Fall ist.

Weitere digitale Städte und Gemeinden haben bereits ihre Pforten geöffnet – Groningen, Den Haag, Utrecht, Eindhoven. «Jeder hat nun die Möglichkeit, vom Informationskonsumenten zum aktiven Informations-Provider zu werden», sagt Marlen. Was die Leute am meisten mögen, ist endloser Tritschtratsch miteinander. Auch dafür ist die Digitale Stadt bestens ausgestattet.

Auf MTV läuft Captain Hollywood, *Find Annother Way*. Keine besonders gute Musik; um ehrlich zu sein, ich habe den Ton abgedreht. Ich höre MTV am liebsten ohne Ton. Zu sehen ist ein Flug durch die dunklen Wolkenkratzerfluchten einer computererzeugten Megametropole. Aus den Fensterstreifen glüht Licht in die schwarzrote, künstliche Nacht. Aus antennenhaften Röhren wird Gas abgefackelt und erinnert an den Bladerunner.

Ich kenne die Stadt.

Ich setze mich an das Fenster zum Hinterhof und betrachte die Schleier warmer Luft, die aus dem Zimmerlicht flüchten, und horche auf den Regen in den Obstbäumen, ein feines Sieden, und auf den Regen im Gras, ein sehr leises, weiches Geräusch. Später horche ich von einem Fenster an der Straßenseite aus auf den Regen am Asphalt, der sachte zischt, wie zwischen zusammengebissenen Zähnen hervor.

Ich kenne die Geräusche der Stadt – die Autos, die morgens vor dem Fenster gestartet werden, erst ab fünf, sechs Uhr früh gepreßte, gequälte Motorengeräusche, später nach acht die weichen Startgeräusche der teureren Motoren. Ich kenne auch die betonierten, verfallenen Ecken der Stadt, und sie gefallen mir. Ich mag die leeren Fußgängerunterführungen und die lange Wand an dem Gebrauchtwagenstellplatz, die zu einer Graffitigalerie geworden ist. Was ich nicht mag, ist der von Dieselruß schwarze Lessing-Tunnel, an dessen Pfeilern in dicken Schichten Plakatfetzen kleben und der einer der häßlichsten Orte des Universums ist, und eine ungeheuerliche Verhöhnung des großen Dichters, dessen Namen er trägt.

20 Uhr. Die dreizehnte Stunde.

Zoom: Die Internet-Badewanne

Es dämmert. Der bedeckte Himmel über der Stadt sieht aus wie verbeultes, rotglühendes Blech, das nun langsam auskühlt und die tiefblauen Anlauffarben von Stahl zeigt. Als ich aus der Küche zurückkomme, geht gerade irgendwo hinter meinem Rechner die Sonne unter.

Einen Tag lang müßte man Netzknoten aufsuchen, die immer gerade auf der Dämmerungsgrenze liegen, denke ich. Dem Abendrot um die Erde folgen, ohne es zu sehen, und es sich von den Leuten dort online beschreiben lassen, das wär' doch was.

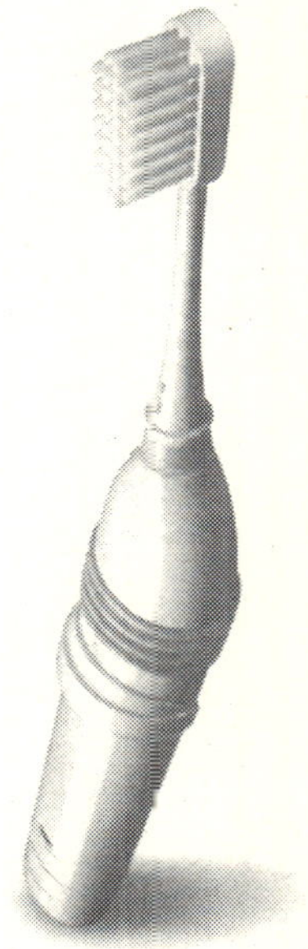

Skalierung. Einen Schritt näher – aus einer ganzen Stadt in einen überschaubaren Bereich einer Stadt. Klick. Ein Campus in England – die **Universität von Cambridge**. Durch eine Videokamera vom Dach eines Forschungslabors aus kann ich über das Universitätsgelände sehen. Obwohl die Briten den größten Wert auf ihre Unabhängigkeit legen, geht auch bei ihnen grade die Sonne unter. Ich sehe einen Hinweis, daß man sich auch ein gespeichertes Bild von zu Mittag ansehen kann, falls es zu dunkel sein sollte. Hinter einem großen, alten Baum ist das Computerla-

«Unsere spezialisierte und atomisierte **Zivilisation** vom Zentrum-Peripherie-Typus erlebt nun plötzlich, wie alle ihre Maschinenteilchen auf der Stelle zu einem neuen organischen Ganzen zusammengesetzt werden. Das ist die neue Welt des globalen Dorfes.»

Marshall McLuhan

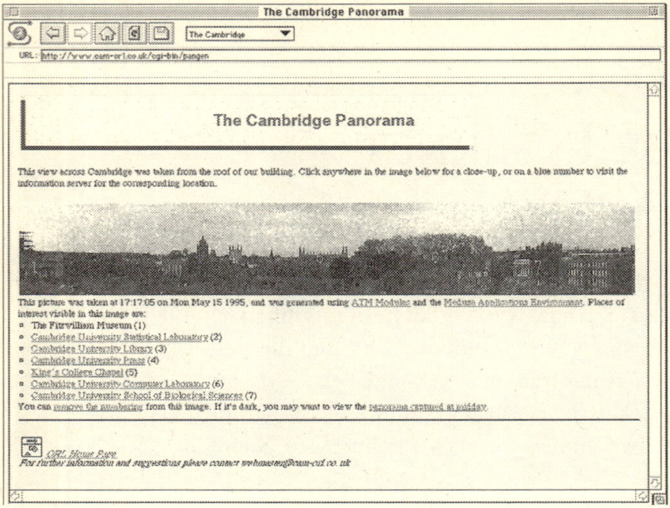

AH's home

AH´s Arbeitsplatz, durch das **Internet-Videoauge** gesehen.

- Third Floor
- Second Floor
- First Floor
- Ground Floor

Gebäude mit klickbaren **Stockwerken** und der Kamera auf dem Dach.

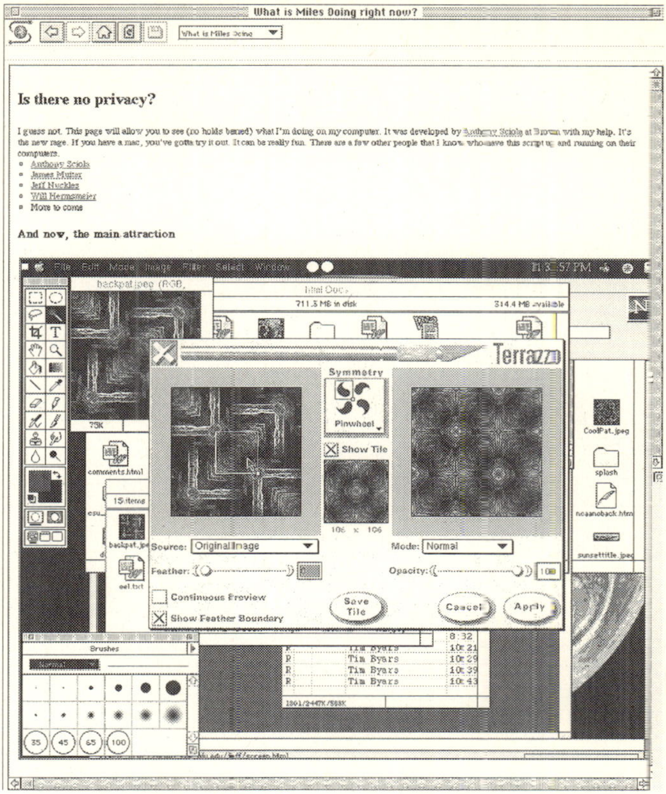

Ein paar Leute im Netz lassen sich sogar auf den Bildschirm schauen. Sie benutzen ein kleines Hintergrundprogramm, das einmal pro Minute einen Screenshot von ihrem Rechner **abrufbereit** hält.

bor der Universität zu sehen, darüber ragt wie ein riesiger, transparenter Schacht platinhelles Licht durch das regnerische Grau des Abends und durch ein Loch in den Wolken hoch hinaus.

Einzelne Gebäude des *Cambridge Panorama* sind mit Nummern bezeichnet, die man anklicken kann, um eine Repräsentation der jeweiligen Einrichtung zu betreten. Ich be-

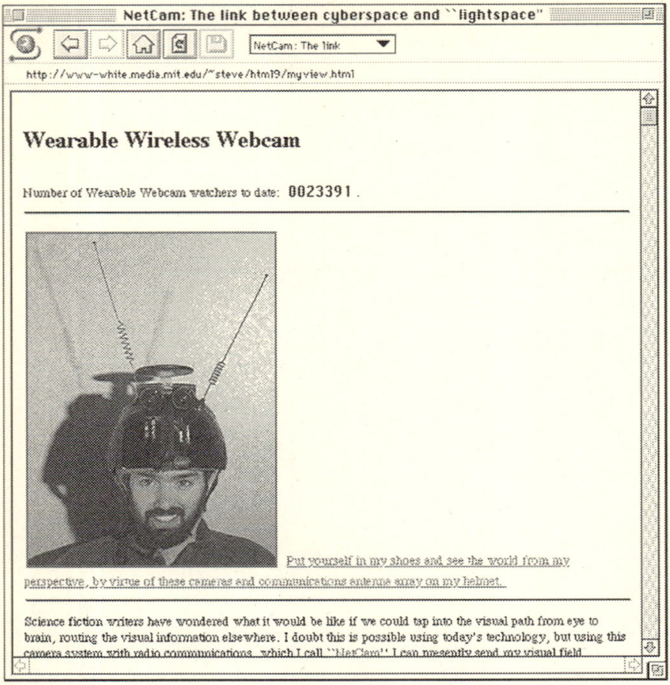

Steve: «Steigen Sie in meine Schuhe und sehen Sie die Welt aus meiner Perspektive. Die Mittel dazu bieten die beiden Kameras und die Funkantennen auf meinem Helm.»

sichtige die Kapelle des King´s College, weil sie so hübsche gotische Dachspitzen hat. Ich betrachte das östliche der hohen Glasfenster, geschaffen von einem Team von Glasermeistern zur Zeit Heinrich VIII. In der oberen Hälfte ist die Kreuzigung Christi und der zwei Schächer zu sehen.

Das Forschungslabor mit der Kamera auf dem Dach wird von einem großen Unternehmen betrieben und läßt sich ebenfalls bewebwandern. Die Homepage zeigt ein Bild der anklickbaren Vorderfront des Gebäudes, das Erdgeschoß ist mit «G» (*ground floor*) gekennzeichnet, die Etagen mit 1, 2 und 3. Darunter ist ein Bild vom Arbeitsplatz eines gewissen A. H., ein kleines Büro mit einem Rechner auf dem Tisch, einem schlichten Stilmöbel als Schreibtischsessel und einem schneeweißen Sprossenfenster, das den Blick ins Grüne führt.

Der Projektschwerpunkt in dem Labor liegt in der Entwicklung sogenannter *Active Badges* – kleiner elektronischer Anstecker, die innerhalb des Gebäudes fernabgefragt werden. Sie geben auf etwa drei Meter genau den aktuellen Standort des jeweiligen Trägers an. Absolut Orwell. Aber wenn ich so was kriegen könnte, würde ich auch erstmal eine Weile damit rumlaufen, schon wegen der **Spielfreude**.

Ich klicke mich in das Arbeitszimmer von A. H. Hier kann ich mir den Inhalt dessen, was er gerade auf seinem Computerbildschirm hat, rüberziehen. Ein kleines Programm auf seinem Mac fertigt jede Minute einen Screenshot an, der übers Netz abgerufen werden kann. Die WWW-Seite trägt den Titel *Is There No Privacy?* und beantwortet die Frage auch gleich: *I guess not*. Folgt eine Liste von Leuten, die sich ebenfalls übers Web auf den Bildschirm sehen lassen.

Was A. H. gerade macht? Er arbeitet mit dem Retuschierprogramm Photoshop und ei-

CeBit 95. «Haben Sie eigentlich schon irgend etwas Interessantes entdecken können?» fragt der Pressesprecher von Olivetti die Redakteurin eines Computermagazins. Sie schüttelt den Kopf, **gähnt** und rafft sich auf zum Weitergehen.

TAZ, 19.3.1994

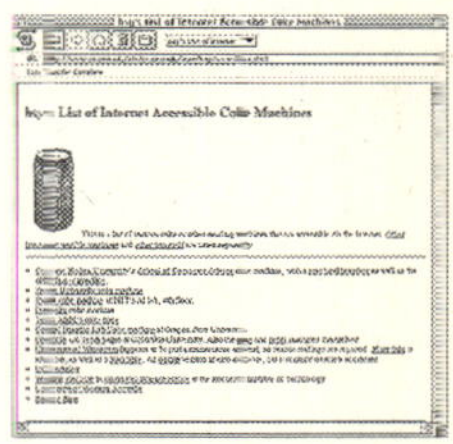

Eine Liste via Internet erreichbarer Cola-Automaten. Es gibt inzwischen auch bereits eine Liste von Cola-Automaten, die **nicht** ans Internet angeschlossen sind.

Die BayCam
http://live.net/sandiego/

Cats on the Internet
http://http2.sils.umich.edu/~ctorres/cats/cats.html

nem Programm zur Gestaltung von Hintergrundmustern. Den summierten Angaben aus der Infozeile eines Fensters ist zu entnehmen, daß A. H. eine Ein-Gigabyte-Festplatte an seinem Rechner hat und daß er Dokumente und Programme in Arbeit hat, die mit dem WWW zu tun haben. In einem Fenster, von dem nur ein Stück zu sehen ist, liegt eine miniaturisierte Abbildung – ein Bild, das *sunsettitle.jpeg* heißt. Mit etwas Phantasie kann man einen Horizont und ein paar Rottöne der späten Dämmerung sehen.

Berührt mich seltsam, auch hier auf dem Bildschirm einen Sonnenuntergang zu sehen. Es war eine lange Reise von den Planetenbahnen zu diesem winzigen Abendrot.

Das Netz sickert bereits durch alle Poren in unsere Lebenswelten ein. Ich frequentiere meine Sammlung von Listen und Verzeichnissen, welche die Orientierung im WWW erleichtern. Diese Meta-Ressourcen sind der gehütete Schatz eines jeden Netsurfers. Die Liste, nach der mir ist, heißt *Interesting Devices Connected To The Net*. Ich möchte noch tiefer ins Persönliche, nicht bloß auf den Bildschirm von A. H.

Zu den «Interessanten Geräten» gehören die legendären Internet-Kaffeemaschinen und Limonade-Automaten, deren Füllstand man sich ansehen oder in Form kleiner Statusreports abfragen kann, diverse Videokameras (*PeepHoles*), etwa die BayCam in San Diego, über die Surfer sich die Wellenlage ansehen, ehe sie zum Strand gehen, Geigerzähler, fernsteuerbare Robotarme und ein Sprachsynthesizer, der via WWW eingegebene Sätze spricht – *Talk To My Cat* (steht in einem Zimmer, in dem eine Katze lebt).

Einer der Einträge in der Liste ist Pauls Hottub Status. Paul Haas, ein Unix-Fachmann aus Ypsilanti in Michigan, hat seine Badewanne ans Internet angeschlossen – die wohl innovativste derzeit bekannte Methode, ein Bad in der Menge zu nehmen. In der Wannentemperaturabfragestatistik ist der 13. Dezember 1994 besonders hervorgehoben, an dem Tag erfolgten erstaunliche 3510 Zugriffe auf den Temperaturfühler. Wie ich sehe, hat es derzeit 100 Grad Fahrenheit in Pauls Badewanne, bei einer Außentemperatur von 60 Grad Fahrenheit.

Paul hat auch seinen Kühlschrank ans Internet angeschlossen. Es ist ein General Electric TB14SBM. Es herrschen 7 Grad Celsius in dem Kühlschrank, -11 Grad im Tiefkühler, eine Dose Diätcola im Kühlfach ist 1 Grad warm, und das Licht im Kühlschrank ist aus. Der Netzanschluß ist über einen Einplatinen-Computer realisiert, der 82 Dollar gekostet hat und oben auf dem Kühlschrank liegt. Er ist mit drei Temperaturfühlern verbunden. Außerdem gibt´s noch einen Türkontakt, einen Dosensensor und eine Photozelle. Für 75 Dollar (!) hat Paul eine gebrauchte 3/50 Sun-Workstation gekauft, die gewöhnlich ein paar tausend Dollar kostet und das ganze steuert.

Nun möchte Paul seinen **Internet-Kühlschrank** verkaufen und sich dafür einen kleineren Kühlschrank besorgen. Der Internet-Kühlschrank soll 500 Dollar kosten (ohne Transport; Sie müssen selbst nach Ypsilanti fahren und ihn holen). Da der Kühlschrank ohne den Netzwerk-Anschluß keinen Spaß macht, bekommt man für die 500 Dollar also nicht nur einen Kühlschrank, sondern noch eine Sun-Workstation, einen Einplatinen-Computer und eine Dose Diätcola.

Bei **Interesse** schicken Sie eine E-Mail an paulh@hamjudo.com.

Ich erinnere mich an einen warmen Tag. Wir saßen in Liegestühlen im Garten. Vor den Liegestühlen stand ein großer, runder, graphitfarbiger er Plastikbottich, wie ihn Maurer zum Mörtelanmischen verwenden, Gärtner, um einen Miniaturteich daraus zu machen, und Netsurfer, um ihre nackten Füße reinzustellen. An der schrägen Innerenseite fühlte ich Reste von Beton. Das Wasser in dem Bottich war kalt. Marion kam auch in den Bottich und gab pantomimisch eine Statue. Später stellte jemand eine Flasche Sekt mit einem vernehmlichem PLOP in das Wasser. Es war genau dasselbe Geräusch, das ich an meinem Rechner als Warnton eingestellt habe (*Drop*). «Falsche Eingabe», sagte ich zu dem, der die Flasche ins Wasser gestellt hatte.

21 Uhr. Die vierzehnte Stunde.

Schlüsselstellen

Mit der Dunkelheit stelle ich die Bildschirmfarben um, Hintergrund schwarz und weiße Schrift. Der Nachthimmel und der Bildschirmhintergrund liegen nun auf einer Ebene. Die Sterne und die Zeichen am Bildschirm sind gleich nahe.

Das **Geheimnis** des Geheimnisses

I*s There No Privacy?* – Die Frage ist, ob es so etwas wie Privatsphäre im 21. Jahrhundert noch geben wird. Individualität – das Recht, ein eigenes, selbstbestimmtes, freies Leben zu führen – ist die Wurzel unserer westlichen Kultur. Privatsphäre – ein unantastbares Refugium – ist der Humus, in dem sie gedeiht. Tiere kennen kein Geheimnis. Geheimnis ist eine menschliche Erfindung und hat mit Sprache, genauer mit Verschweigen zu tun. Information ist der natürliche Feind des Geheimnisses. 1969 strahlte der britische Fernsehsender BBC eine Dokumentation über die **Royal Family** aus, in der ihre Untertanen Queen Elisabeth das erste Mal nichtformell sprechen hörten. Der Anthropologe David Attenborough sah bereits während der Dreharbeiten schwarz für die Monarchie. «Die ganze Institution beruht auf einem Geheimnis und dem Stammeshäuptling in seiner Hütte. Wenn irgendein Mitglied des Stammes jemals das Innere der Hütte sieht, kann es sein, daß der Stamm zerfällt.»

Der älteste Sohn von Prinz Charles und Lady Diana, der zwölfjährige **William**, soll, wenn er demnächst aufs Eton-College geht, zu seiner Sicherheit ständig einen elektronischen Signalgeber bei sich tragen. Es handelt sich um ein Gerät, das üblicherweise zur räumlichen Überwachung von Strafgefangenen eingesetzt wird.

TAZ, 22.5.1995

Das Geheimnis des Geheimnisses besteht seit jeher darin, daß nichts dahinter ist. Ob altägyptisches Tempelgeheimnis, Staatsgeheimnis oder die Coca Cola-Formel – immer ist es ein Mythos, aus dem das Geheimnisvolle sich errichtet, weiter nichts. Und oft, ob religiös oder profan, ist das Geheimnis der Mantel, in den sich die Mächtigen hüllen. Auch das Individuum hat ein Geheimnis: seine Unbestimmtheit, man kann auch sagen: seine **Freiheit**.

Bis in die siebziger Jahre gab es niemanden außerhalb von Geheimdiensten, nicht einmal außerhalb der Kontrolle von Geheimdiensten, der sich ernsthaft mit Verschlüsselungstechnik (**Kryptographie**) beschäftigte. 1975 entwickelte ein junger, amerikanischer Computercrack namens Whitfield Diffie ein neues System, das er *Public Key* nannte und das die Welt der Verschlüssler auf den Kopf stellte. Diffie fand die traditionelle Herangehensweise unbefriedigend – den Schutz von Dateien durch Paßworte, die in der elektronischen Entsprechung eines Tresors gespeichert und von System Operators gehütet werden, die die Rechner in einem Netzwerk verwalten. «Du kannst geschützte Dateien haben», bemerkte Diffie, «aber wenn jemand dem Operator mit einer Strafandrohung kommt, sind sie nicht mehr geschützt.»

Die Schwäche der bis dato existierenden Verschlüsselungssysteme lag darin, daß immer sichere Informationen über unsichere Leitungen liefen. Der Empfänger verwendet denselben Schlüssel wie der Absender. Das Problem dabei ist, den Schlüssel sicher vom Sender zum Empfänger zu schaffen. Wenn man ihn durch eine Leitung schickt, kann er abgefangen werden. Bei Diffies Verfahren hat jeder zwei Schlüssel: einen öffentlichen – den Public Key – und einen privaten. Der Public Key kann beliebig verbreitet werden, ohne die Sicherheit zu gefährden. Der private Schlüssel sollte gehütet werden wie ein Augapfel. Aus ziemlich komplizierten mathematischen Gründen kann eine Nachricht, die mit dem öffentlichen Schlüssel codiert wurde, mit dem privaten Schlüssel wieder in Klartext verwandelt werden.

Wenn ich jemandem eine sichere Nachricht schicken möchte, codiere ich sie mit seinem öffentlichen Schlüssel und sende ihm den verschlüsselten Text. Im Netz werden Public Keys heute meist in der Signatur von E-Mails, einer Art elektronischer Visitenkarte, verbreitet.

Der Empfänger decodiert dann den Text, indem er seinen privaten Schlüssel benutzt. Andersrum kann er eine Nachricht an mich mit meinem öffentlichen Schlüssel eintüten, und ich hole sie mit meinem privaten Schlüssel aus dem virtuellen Umschlag. Das Prinzip kann man auch dazu verwenden, elektronische Nachrichten oder Verträge authentisch zu machen, denn es gibt nur eine Person, die Text mit meinem privaten Schlüssel decodieren kann: mich.

«Turing ... sah schon 1937, daß seine Erfindung jeden **Geheimcode** herstellen und jeden knacken kann. So kam es, daß aus dem antimilitaristischen Dozenten ein Geheimdienstmann wurde, und aus einer unmöglichen Maschine der erste elektrische Computer. Colossus, das Monster von Bletchley Park, decodierte mit 10.000 Angestellten und 15.000 Röhren (denn Transistoren als Schalter gab es noch nicht) den deutschen Wehrmachtsfunk. ... 50.000 lesbare Meldungen pro Monat reichten hin, um die U-Boot-Rudel im Atlantik oder Rommels Durchbruch auf Kairo zu stoppen.»

Friedrich Kittler

Ich habe ein kleines Bild der berühmtesten Kaffeemaschine der Welt vor mir auf dem Bildschirm: Die Kaffeemaschine aus dem **Trojan Room** im Computerlabor der Universität von Cambridge. Die erste Kaffeemaschine am Internet. Ich lasse mich in das Bild der Kaffeemaschine einsinken, ihren schwarzen Henkel, die winzigen Unebenheiten der Kunststoffoberfläche, seine molekularen Strukturen, und ich stelle mir ein analoges Verschlüsselungsverfahren vor, bei dem man, wie es bereits gemacht wird, mit der ultraspitzen Wolframnadel eines Rastertunnelmikroskops einzelne Atome in Position schiebt und auf diese Weise Buchstaben und Worte schreibt. Sodann würde die Kaffeemaschine an ihren Bestimmungsort geschickt. Während ich noch überlege, wie man die Stelle wiederfinden könnte, an welcher der atomgroße Text geschrieben steht, befällt mich eine erschreckende Vorstellung, in der auf technischem Weg jedes einzelne Atom der Erde von einem Punkt aus verändert, gesteuert und kontrolliert werden könnte.

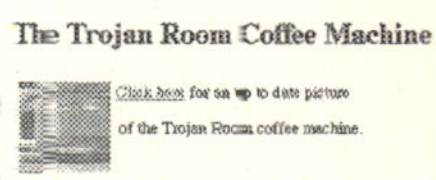

Die **Kaffeemaschine** im Trojan Room des Computerlabors der Universität Cambridge, ist es nicht?

http://www.cl.cam.ac.uk/coffee/coffee.html

Whitfield Diffie schuf sein Verschlüsselungsverfahren unabhängig von irgendwelchen Behörden und Diensten. Es war das Morgenrot der freien Kryptographie. 1977 entwickelten drei Mitglieder der Crypto-Gemeinde ein Verfahren, das auf dem Konzept von Diffie und seines Kollegen Martin Hellman aufbaut. Es wurde nach seinen Schöpfern – den MIT-Wissenschaftlern Rivest, Shamir und Adleman – RSA genannt und lieferte Verschlüsselungen, die besser waren als der bei IBM entwickelte *Data Encryption Standard* (DES), eine von US-Behörden bevorzugte Alternative, die ohne öffentlichen Schlüssel arbeitet. DES trägt eine zusätzliche Bürde: Gerüchteweise habe die National Security Agency (Schnack: *No Such Agency*) die Firma IBM veranlaßt, die Software mit einer undichten Stelle zu versehen, so daß DES-verschlüsselte Nachrichten jederzeit zu knacken seien.

Cyberspace ist heute ein freizügiges und schwer kontrollierbares, öffentliches Medium. Ein Ende der **Idylle** zeichnet sich ab, da nach der amerikanischen nun auch die europäischen Regierungen im Begriff sind, die Netze zur Leittechnologie und wirtschaftlichen Superstruktur zu erklären. Länder wie Holland oder Frankreich versuchen, die private Verwendung von Verschlüsselungsprogrammen zu verbieten. Die US-Regierung propagiert den Einbau eines Standard-Verschlüsselungschips namens *Clipper* in jedes Kommunikationsgerät.

Clipper hat das bei DES gerüchteweise erörterte Hintertürchen, durch das Behörden «auf richterliche Anordnung» Datenströme mithören oder mitlesen können, deklariertermaßen. Mit dem Konzept entsteht zugleich ein Sicherheitsproblem völlig neuer Art. Da eine Behörde den Clipper-Nachschlüssel zentral verwalten soll, braucht dort nur einmal eingebrochen zu werden, und die Vertraulichkeit von Geschäftsgeheimnissen, Transaktionen und privaten Telefongesprächen eines ganzen Kontinents ist hinüber. Was mißbrauchbar ist, wird auch mißbraucht werden.

Wie wäre es, wenn jeder fände, daß gesetzestreue Bürger ausschließlich Postkarten für ihre Post benutzen sollten? Wenn ein kecker Geist seine Privatsphäre zu sichern versuchte, indem er einen

Umschlag für seine Post verwendete, würde er sofort Mißtrauen erregen. Möglicherweise würden die Behörden seine Post öffnen, um zu sehen, was er versteckt. Zum Glück leben wir nicht in einer solchen Welt. Jeder steckt einen Großteil seiner Post in Umschläge, und niemand wird mißtrauisch, weil er das tut.

Auftritt Phil Zimmermann.

Als Phil zum ersten Mal von Public Key-Verschlüsselung hörte, hatte er zwei Jobs: einen als Programmierer und einen unbezahlten Posten zur Rettung der Welt. Er suchte nach einem Weg, die beiden Jobs miteinander zu verbinden. 1984 begann er damit, ein Public Key-System für PCs zu schreiben, das nach dem RSA-Verfahren funktioniert, zwei Jahre später stand das Grundgerüst des Programms. Im Sommer 1991 war das Programm ready to go. Zimmermann nannte es PGP, **Pretty Good Privacy**. Da ihm daran gelegen war, das Programm möglichst weit zu verbreiten, entschied er sich dafür, es umsonst freizugeben.

PGP ist ohne Vorbild. Im Sommer gab Zimmermann seine erste Version einem Freund, der sie ins Internet einspielte, und PGP verbreitete sich im Cyberspace «wie Tausende von Pusteblumensamen, die der Wind verweht». Innerhalb von Stunden zogen sich Leute von überall das Programm aus dem Netz. «Am Tag nach der Freigabe war es über den Teich», erinnert sich Zimmermann. «Ich habe Post aus praktisch jedem Land der Erde erhalten.» Für die wesentlich mächtigere Version 2.0 arrangierte Zimmermann eine Verbreitung von Neuseeland aus in die USA – damit es von vorn-

«3. April 1945. Saß bei Kurt Sch., der schreckliche **Kopfschmerzen** hatte. Ein anderer Deutscher saß mit auf seinem Bett. Ich setzte beiden ganz offen meine Ansichten auseinander, und sie waren aufmerksam, erstaunt, interessiert, zum Teil auch betroffen. Konnte ich wirklich deutsche Radiosendungen hören? Erklärte ihnen, was es heißt, in einem *freien* Lande zu leben, unser parlamentarisches System und das Leben überhaupt.»

Aus dem Tagebuch von Marie Kuhn, die 1933 nach England emigrierte und sich ab 1944 für das Rote Kreuz als Dolmetscherin zur Verfügung stellte. Im St. Hughs College in Oxford war ein Hospital eingerichtet, in dem auch deutsche, in der Normandie schwerverwundete, kriegsgefangene Soldaten behandelt wurden.

«Wenn jemand bei uns anruft und sagt, schauen Sie mal, Ihr PGP-Programm – damit verschlüsseln doch auch die Neonazis, da müßte man Verschlüsselung doch verbieten, dann sage ich ihm, daß es keinen Sinn macht, die **Demokratie** dadurch zu schützen, daß man sie abschafft.»

paceluun@bionic.zerberus.de

herein keine Diskussion über den Export verbotener Werkzeuge gab. Im Februar 1993 wurde er von Mitarbeitern der Zollbehörde in die Mangel genommen, die wissen wollten, wie das Programm wohl aus dem Land gekommen sein könnte.

Der eigentliche Wert von PGP liegt darin, die Power von Verschlüsselung zu demokratisieren. Tom Jennings, der Begründer des Fidonet, gerät ins Schwärmen, wenn er laut über den Einfluß von PGP auf das öffentliche Bewußtsein nachdenkt. Für Jennings, einen engagierten Homosexuellen, hat die Kryptographie das Potential einer tragenden Kraft zum Schutz der Privatsphäre. «Leute, denen noch nie Polizisten durchs Haus getrampelt sind, interessiert das nicht», sagt Jennings. Er ist davon überzeugt, daß das öffentliche Interesse an der Sache nur dadurch gefördert werden kann, daß die Tools verfügbar gemacht werden.

Vor der Aussicht auf Demokryptie – leistungsfähige, einfach zu benutzende Verschlüsselung, die für jeden verfügbar ist – graut es denen, die an die Zeit des Kalten Kriegs gewöhnt sind. Auf den Punkt bringt diese Angst der Sicherheitsfachmann Donn Parker: «Wir haben die Fähigkeit zu hundertprozentiger Privatheit», sagt er. «Aber wenn wir sie nutzen, glaube ich nicht, daß die Gesellschaft überleben kann.» Leute wie Parker favorisieren ein Vorgehen, das jedem **Cypherpunk** Schauder über den Rücken jagt: Public Key-Verschlüsselung nur dann, wenn jeder – siehe Clipper-Chip – damit einverstanden ist, seinen privaten Schlüssel in einem Depot zu hinterlegen, das von einer Behörde kontrolliert wird. Das würde bedeuten, wieder Dritten vertrauen zu müssen, die ihre eigenen Interessen verfolgen – genau das Problem, das Diffie veranlaßt hatte, das Public Key-Verfahren zu entwickeln.

Heute wird Information abwechselnd als Beute und als Bedrängnis erfahren. Mal sucht man dringend Daten, dann wieder sucht man sich bildschirmringend gegen (zu viel) Daten zu schützen. Das Dilemma wurde in Deutschland während der Anläufe zur Volkszählung in den achtziger Jahren deutlich. Umfragen ergaben, daß jeder vierte Bundesbürger sich nicht an der Befragung beteiligen wollte. Der «Gläserne Mensch» warf als überwachtes Angstgeschöpf seinen elektronischen Schatten voraus. Während Innenminister Friedrich Zimmermann noch einen «Angriff auf das ganze System» ortete, erklärte das Bundesverfassungsgericht das Volkszählungsgesetz im Dezember 1983 in zentralen Punkten für verfassungswidrig. In einem Grundsatzurteil wurde dem Recht auf informationelle Selbstbestimmung Verfassungsrang eingeräumt. Jeder soll wissen, wer welche Daten über ihn hält.

Als im Frühjahr 1987 doch noch gezählt wurde, griff ein Großteil der Kritiker zur klassischen Verweigerungsstrategie. Einige bemerkten aber, daß es effizienter ist, den Spieß umzudrehen, und gaben mehr an Daten, als irgendeine Behörde verarbeiten kann: «Ich finde die Volkszählung sehr gut», hieß es da beispielsweise, «übersende Ihnen in der Anlage ausführlichen handschriftlichen Lebenslauf anstelle zu knapp bemessenen Fragebogens.» Etwa zur selben Zeit hatte eine US-Telefongesellschaft, die die Gebühren erhöht hatte, ebenfalls mit affirmativen Attacken zu kämpfen. Zahllose Kunden überwiesen exakt einen Cent mehr als den korrekten Betrag der Telefonrechnung und brachten so das computerisierte Buchungssystem des Unternehmens zum Erliegen. Nach ein paar Tagen wurde die Gebührenerhöhung wieder zurückgenommen.

Noch vor wenigen Jahren hörte und las die NSA routinemäßig den gesamten transatlantischen Telefon- und Telexverkehr mit. Das rasante Anschwellen der Informationsflüsse hat inzwischen auch hier die Verarbeitung

Jeder, der sich dafür entscheidet, persönliche Verschlüsselung und die Idee dahinter zu verbreiten, ist ein **Cypherpunk**.

Im Herbst 1993 riefen die Erfinder der diffizilen RSA-Verschlüselungsmethode im Internet dazu auf, ihr System zu entschlüsseln. Sie gaben dazu eine 129-stellige Zahl vor. 600 Interessierte folgten weltweit dem Aufruf und schalteten über das Internet ihre Rechner zusammen. Nach 45 Stunden war die **Lösung** gefunden. Auf diese Weise könnte auch der DES geknackt werden. Ein Bankenvertreter: <Wir gehen davon aus, daß auch das organisierte Verbrecher daran arbeitet.> Würde der Schlüssel gefunden, müßten die Banken ihn weltweit in allen Geldautomaten und Autorisierungszentralen austauschen. Die Karten müßten neue Geheimzahlen bekommen, vielleicht auch ausgetauscht werden. <Wir würden es nie an die Öffentlichkeit geben, wenn das System geknackt wäre>, gesteht der Pressesprecher der Deutschen Bank, Uwe Kückenhoff.

Die Woche, 25.5.1995

sämtlicher Daten unmöglich gemacht. Mit Überwachungssoftware, die erst auf bestimmte Schlüsselworte hin Gespräche aufzeichnet, versuchen die Sicherheitsbehörden angeblich, den durch Computer verursachten **Schwierigkeiten** mit Computerhilfe beizukommen. Ich würde aber mal vermuten, daß sich professionelle Spione oder Drogenhändler am Telefon etwas anderes einfallen lassen, als explizit von vertraulichen Memoranden oder Kokain zu sprechen.

Kryptographie für jeden hat auch ihre Nachteile. Dieselben Programme, die Journalisten und Kontoinhaber schützen, können Kinderschändern und Terroristen nützlich sein. In einem gewissen Sinn ist die Debatte allerdings müßig, da der Geist aus der Flasche ist. Zumal es Verschlüsselungsverfahren wie die sogenannte Steganographie gibt, die eine staatliche Reglementierung kryptographischer Methoden hinfällig machen. Dabei wird eine Nachricht nicht nur wie üblich nur in sich selbst verschlüsselt, sondern in einer anderen Nachricht versteckt.

Nehmen wir an, Sie haben eine einfache Grafikdatei – ein Bild von Conan, dem Bibliothekar, in schlichten 256 Graustufen. Jeder Farbpunkt des Bilds hat acht Bits, eins davon können Sie bedenkenlos für Ihre Zwecke benutzen, ohne daß dem Bild etwas anzusehen wäre. In der Folge dieser einzelnen Bits bringen Sie Ihre eigentliche Nachricht unter. Die unerwünschte **Dechiffrierung** dieser Nachrichtenbits kann man noch weiter erschweren, indem man die Abstände zwischen ihnen variiert und dem Empfänger auf einem sicheren Weg die passenden Zahlen mitteilt. Um das ganze auf die Spitze zu treiben, kann die zu verbergende Nachricht zuvor mit einem sicheren Algorithmus – etwa PGP – verschlüsselt werden (wobei allerdings ein großer Anteil an Ballastdaten anfällt).

Eine Reglementierung kryptographischer Methoden würde nur den normalen Bürger – und damit den falschen – behindern. Jeder, der sich dafür entscheidet, persönliche Verschlüsselung und die Idee dahinter zu verbreiten, ist ein Cypherpunk. Cypherpunks wissen, daß Software nicht zerstört werden kann, und sie wissen, daß ein weitverzweigtes System nicht abgeschaltet werden kann. Cypherpunks wollen die Netze zu einem Paradies des Privaten machen. Und so wie es die Cypherpunks sehen, ließe sich der Zauber der Public Key-Verschlüsselung weit über den sicheren Austausch von Nachrichten hinaus erweitern.

Letztlich besteht der Wert der Verschlüsse-

Nach dem Willen der Stadtverwaltung sollten in Tokyo transparente Müllsäcke eingeführt werden, auf die die Bürger noch ihre Namen schreiben sollten. Showstars, Sumo-Champions und Oppositionspolitiker taten ihren Unmut kund. Remi Hirano, eine bekannte Sängerin, empörte sich: «Ab morgen werden alte Frauen in den Müllsäcken herumwühlen, um alles über ihre Nachbarn herauszubekommen.» Den Bürgern ist bereits eine einfache Lösung eingefallen: Der Müll wird in **undurchsichtigen** Plastiksäcken gesammelt. Die Säcke werden dann in den durchsichtigen Müllbeuteln verstaut.

TAZ, 4.10.1993

«Alle Wissenschaften der Spurensicherung machen vielmehr den Freud-Satz wahr, daß *die Sterblichen kein Geheimnis verbergen können*, weil *der* **Verrat** *aus allen Poren dringt.* Und weil (wie zu ergänzen ist) seit 1880 für jeden Verrat ein Speichermedium bereitsteht. Sonst gäbe es kein Unbewußtes.»

Friedrich Kittler

lung darin, jemandem Anonymität zu verleihen – das gefürchtetste Recht einer umfassend digitalisierten Gesellschaft. Unsere Transaktionen und Gespräche sind heute einfach zu verfolgen durch die digitalen Spuren, die wir hinterlassen. Indem er die virtuellen Verbindungen zurückverfolgt, die wir hergestellt haben, kann jemand ein erschreckend detailliertes Profil unserer Person zusammensetzen – Krankenakten, Telefonrechnungen, Schufa-Auskünfte und E-Mails verflechten unsere elektronischen Handlungen und Äußerungen mit unserer physischen Identität.

Echte Cypherpunks arbeiten an der Schaffung von automatischen Nachrichtenversendern (*Remailer*), die es erlauben, Nachrichten ohne jeden Hinweis auf den Absender zu verschicken. Das ultimative kryptoanarchistische Werkzeug wäre anonymes digitales Geld – die Idee hat der Kryptograph David Chaum vorgeschlagen, von dem auch die Idee der Remailer stammt. Sogar altmodische Telefongespräche lassen sich, jedenfalls in den USA, anonymisieren. Wer nicht möchte, daß seine Telefonverbindungen zurückverfolgt werden, kann sich an Spurlosigkeitsspezialisten wie die Firma *Private Lines* in Beverly Hills oder *Traceless International Telephone* in Sunnyvale wenden. Vereinbarungen auf Papier brauchen dazu nicht ausgefertigt zu werden.

Es gibt die Angst, daß mit anonymen Systemen illegale Aktivitäten einfacher werden. Entscheidende Nachrichtenpassagen, die Behörden heute einfach abhören können, könnten nicht mehr wahrgenommen werden. Man kann Demokratie allerdings nicht dadurch beschützen, daß man sie abschafft. «Wenn Privatsphäre gesetzlos ist», schreibt Stephen Levy in einem Essay über die *Crypto Rebels*, «haben nur Gesetzlose Privatsphäre.»

Verschlüsselung für jeden ist unvermeidlich. «Ich sehe keine Chance, daß es politisch gemacht wird», sagt ein Cypherpunk. «Es wird technologisch gemacht. Es geschieht gerade.»

22 UHR. DIE FÜNFZEHNTE STUNDE.

INDIVISUALISIERUNG

Alltag in einer langgestreckten Wohnung, in der überall kleine Fernseher stehen. Wir rufen einander gegenseitig interessante oder lustige **Sendungen** zu, die gerade anfangen. Mir fällt auf, daß es mal wieder Zeit wird, die Programmierung der Kabelfernsehprogramme neu zu ordnen, um diejenigen Programme, an denen ich in der letzten Zeit Gefallen gefunden habe, wieder auf die einstelligen Tasten der Fernbedienung zu legen. Es ist ein moderner Rhythmus, eine kleine, neuzeitliche, höchstpersönliche Ära, in der sich das Gesamtgebilde der Programmsympathien vernehmlich in sich selbst bewegt. Manchmal wünsche ich mir eine Fernbedienung mit Motor oder batteriebetriebenem Autorepeat, die von alleine, oder nach einem programmierten Muster, alle x Sekunden weiterzappt.

Ich sehe ein wenig fern und fühle die Entfernung als die eigentliche Botschaft der Bilder. Es sind die Entfernungen, aus denen Modefotos und Reklamebilder aufgenommen werden. Draußen in den Straßen werden nicht nur die Kleider und Posen nachgemacht, welche die Propaganda vorgibt. Unbewußt werden auch die Entfernungen eingehalten, aus denen Schauspieler, Models und Produkte schön aussehen. Diese **Schönheit** ist unberührbar; sie verschwindet, sowie Details sichtbar werden.

«Krankhaft ist **Hellsehen** dann, wenn, was bei Schwächung der Nerven leicht eintritt, die an sich regulierbare Fähigkeit nicht mehr ausgeschaltet werden kann und der Betreffende in den qualvollen Zustand gerät, alles dauernd sehen zu müssen, was um andere Personen sich an Bildern der Vergangenheit oder Zukunft herumspinnt.»

Manfred Karl Albert Kyber

Ich lege eine Videokassette ein, auf die ich an einem frühen Fernsehvormittag in der letzten Zeit das «Alpenpanorama» aufgenommen habe. Es sind Live-Bilder aus automatischen Videokameras, die sogenannte Erholungsgebiete zeigen – Feldberg (Doppelsesselbahn; Nebel), Jöchelspitze (Nebel), Arosa, Sedrun, Samnaun (Nebel, Kameraobjektiv naß beschlagen), usw. Ich mag die handlungslose Ruhe dieser Art von Fernsehbildern. Auch in den Endlosschleifen der TV-Nachtprogramme wird die Befreiung des Films von Handlungsrahmen und Story eingeübt, das absichtslose Flanieren durch die Bilder der Welt. Vox streift nachts einen Strand in Los Angeles entlang. Im ZDF fährt man über die Berliner Stadtautobahn Avus. Auf 3Sat rollt der Blick durch die East Side von Fort Worth, Texas, begleitet von lapidar vorgetragenen **Polizeiberichten**. Bei den Aufnahmen wurde darauf geachtet, daß keine Bewohner zu sehen sind, wodurch sich die reale Stadtlandschaft den immer realistischeren computersimulierten Stadtlandschaften annähert, in denen ebenfalls keine Menschen zu sehen sind, allerdings weil ihre Bewegungen so schwer nachzuahmen sind. «Jemand brach mit einer Brechstange ein Fenster auf und stahl zwei nicht zusammenpassende Cowboystiefel»; «Diebstahl. Eine Klimaanlage»; «Ein Verwirrter wurde auf der Straße angehalten. Er behauptete angeschossen worden zu sein, aber es war keine Verwundung zu entdecken. Möglich, daß der Mann ein Fernsehprogramm mit einem Angreifer verwechselt hat.»

Es gibt am Anfang von Stanley Kubricks Film «Shining» eine lange Autofahrt einen Berghang an der Seite eines weiten, herbstleuchtenden Urstromtals entlang, die das Auge des Zuschauers über eine Kamera vom Dach des Wagens aus miterfährt. In einer Kurve, in der das Auto nach rechts biegt, schwebt der Blick plötzlich alleingelassen geradewegs weiter über die Straße und über sie hinaus, fliegt, und noch in dem Hochgefühl der gewaltigen Landschaft, die sich nun frei nach allen Seiten hin unter dem Blick öffnet, wird klar, daß es keine Kamera auf dem Dach war, sondern ein Hubschrauber.

Es gibt hier in Hamburg seit einiger Zeit einen Regionalfernsehsender, und meine Lieblingssendung aus dem Programm ist mit auf der Videokassette: «Zoom City.» Morgens zeigen sie von Verkehrsüberwachungskameras aus, die sich auf den Dächern von acht Hochhäusern an verschiedenen Orten der Stadt befinden, live die Verkehrslage; abends dürfen Anrufer eine Minute lang jeweils eine der Kameras mit ihren Anweisungen steuern, um eine Sehenswürdigkeit oder ein bekanntes Gebäude im Weichbild der Stadt zu finden – «Zoom City». Einübung in das technische Sehen der Welt.

Ich gehe einer Vorstellung nach, was alles vor sich gehen könnte, wenn man sich als Videosurfer übers Netz auf alle möglichen öffentlichen Kameras aufschalten kann. Bei statischen Kameras gibt es wenig Probleme. Schwieriger wird es, wenn eine Kamera schwenkbar oder sonstwie steuerbar ist. Die Künstlergruppe Ponton hatte anläßlich einer Ausstellung in einem ihrer Arbeitscontainer eine Robotkamera installiert, die auf Schienen an der Decke fahrbar und schwenkbar war. Das Bild der Kamera wurde zu bestimmten Zeiten im Fernsehen gezeigt. Zuschauer konnten anrufen und mit den Ziffern eines Tastentelefons die Richtung der Kamera steuern.

Die Probleme, die sich durch die «Indivisualisierung» – die Individualisierung von TV- und Videotechnik, Netztechnik und Live-Berichterstattung – ergeben werden, deuten sich in bescheidener Form bei der Fernsehnutzung an. In Haushalten, in denen nur ein Fernseher zur Verfügung steht, hat derjenige die Oberhand, der die Fernbedienung schaltet. Das Fernsehen bringt Gereiztheit ins Familienleben, wenn nicht jeder das sehen kann, was er

«Für die Kalifornier war der 9. Februar 1971 ein kombiniertes medial-kosmisches Großereignis. Es begann mit einem Erdbeben inklusive einer totalen Sonnenfinsternis am Nachmittag. Zugleich strahlten alle Kanäle während des ganzen Tages Gespräche mit den Astronauten auf dem Mond aus. Immer wieder war auch die an einen der Mondfahrer gerichtete Mahnung zu hören, er solle keinen größeren Gesteinsbrocken hochheben. Nach Houston übertragene EKGs kündeten nämlich von einer Herzbelastung, wovon der Betroffene selbst allerdings nichts wußte. An diesem Nachmittag überfiel ein Mann in San Jose eine TV-Bank, eine jener Drive-in-Banken, in denen der Kassierer auf einem Monitor erscheint. Der Räuber richtete die Waffe auf einen der Bildschirme und drohte zu schießen, und tatsächlich zahlte die Bank den gewünschten Betrag aus.»

Edmund Carpenter

Die New Yorker Polizei hat einen Roboter bei dem Versuch gestellt, eine Bank im Stadtteil Queens auszurauben. Das Gerät hatte nachts versucht, die Wand zu einem Tresor zu durchbrechen.

Hamburger Abendblatt, 15.7.1993

sehen möchte. Übrigens hat sich die Faszination, also die massive Inanspruchnahme der Aufmerksamkeit, die dem TV immer so angekreidet wurde, nach mehr als drei Jahrzehnten Umgang mit dem Medium längst verflüchtigt. Werbetreibende wissen ein Lied davon zu singen, was die Leute alles machen, während der Fernseher läuft, bloß nicht fernsehen.

Als ich vor einiger Zeit im Krankenhaus war, waren gerade Kabelfernsehen und neue Telefone neben jedem Bett installiert worden. Ich lag in einem der obligaten Dreibettzimmer, in denen jeweils ein Fernseher an der Wand montiert war. Umschalten konnte man über die Zifferntastatur des Telefons. Das führte zum einen dazu, daß Krankenschwestern und Pfleger einen Großteil ihrer Zeit damit zubrachten, den Patienten zu erklären, in welcher Reihenfolge man # und * und eine Zahl drücken muß, um mit Oma zu sprechen oder Hans Meiser zu sehen. Oberhoheit übers Umschalten hatte derjenige, der den Fernseher als erstes eingeschaltet hatte. Unstimmigkeiten in der Programmpräferenz wurden durch Zurufe oder stummes Hinnehmen geregelt. Meine Lieblingsgewohnheit, immer wieder mal wie blöde durch alle Programme zu blättern, stellte ich ganz ein und bat stattdem einen technophilen Freund, mir eines dieser zigarettenschachtelgroßen LCD-Fernseherchen und einen Ohrstöpselkopfhörer mitzubringen, das ich mir an das Grifftrapez überm Bett klebte, wo schon die Klingel mit dem eingebauten Radio hing. Ab da war ich wieder unabhängig, jedenfalls was die Sender angeht, die über Antenne zu empfangen sind.

Stellen wir uns mal vor, was passiert, wenn sich hundert Leute gleichzeitig auf die Kamera am Dach der Hamburger Astra-Brauerei schalten, von der aus man einen schönen Blick über den Hafen hat. Einer möchte runtergucken Richtung Landungsbrücken, ein anderer eher elbaufwärts Richtung Övelgönne, die anderen achtundneunzig haben auch so ihre Vorlieben oder möchten einfach mal probieren. Vielleicht sind auch Künstler oder Kontemplative dabei, die Lust haben, in den Himmel zu blicken, nicht zu vergessen Betrunkene und sonstwie Benebelte, Gelangweilte, Unentschlossene, Cliquen, die sich erst noch intern streiten, wohin man nun schauen möchte und so fort.

Augen rechts und alle gucken in die selbe Richtung? Wie löst man das Problem, ehe es eine Rundumblick-Kameratechnik gibt, die es jedem erlaubt, sich aus dem Panorama-Bildstrom das Seine zu suchen und Schwenks, Zooms und Fahrten softwareförmig zu simulieren (so wie man heute in 3D-Konstruktionsprogrammen Pfade festlegt, an denen dann eine gedachte Kamera langfährt und die gewünschten Perspektiven liefert)? Einen nach dem anderen ranlassen in der Art der Münzfernrohre an Strandpromenaden oder Aussichtspunkten, eine Minute für eine Mark? Die Kamerabewegungen unbeeinflußbar vorgeben, etwa so wie in den drehbaren Fernsehturmrestaurants, in denen der Blick im Lauf einer halben Stunde einmal um die Windrose über die Stadt geschwenkt wird? Trauben von Kameras aufstellen?

Am Elbstrand in Övelgönne ist jedenfalls schon eine installiert, auf einem Mast. Sie dient der Überwachung eines Gebäudes zur Frischluftversorgung für den Elbtunnel und wird aus der Betriebszentrale für den Elbtunnel ferngesteuert. «Das ist **Voyeurismus** und eine Schweinerei», empört sich Bikini-Mädchen Carmen (26) in der Hamburger Morgenpost.

Die Durchdringung der Wirklichkeit mit technischen Blickstellen wird extrem kontrovers wahrgenommen. Nach einem Sexualverbrechen an einem Kind auf einem Schulparkplatz in einem idyllischen Hamburger Vorort bemängelte ein Bericht in der TAZ: «Offensichtlich ist es unmöglich, solche zu bestimmten Tageszeiten verlassenen und mit dem

Einige Geldautomaten von Banken und Sparkassen in Schleswig-Holstein sind mit versteckten Kameras ausgerüstet. Von jedem Kunden wird automatisch ein Foto geschossen, das kombiniert mit Datum, Uhrzeit, Konto- und Kartennummer gespeichert wird. Als einziges Bundesland hat Schleswig-Holstein die Videoüberwachung öffentlich zugänglicher Räume gesetzlich geregelt. Allerdings muß danach deutlich auf die **Ablichtung** und die Speicherung der Bilder hingewiesen werden.

TAZ, 20.3.1995

Als zwei Mieterinnen und ein Mieter einer Wohnung in München das Badezimmer renovieren wollten, entdeckten sie hinter halbdurchlässigen **Spiegeln**, später auch in den Zimmern der Wohnung, Öffnungen für Videokameras, die der Vermieter installiert hatte. Im Büro des Vermieters, ein ehemaliger Religionslehrer, fand die Polizei in einem Schrank ohne Rückwand die betriebsbereite Videokamera und einen Monitor auf dem Schreibtisch. In seiner Wohnung beschlagnahmte die Polizei eine Reihe von bespielten Videobändern.

Hamburger Morgenpost, 25.2.1992

Auto einfach zu erreichenden Orte, von denen es hier etliche gibt, lückenlos zu observieren. Ein sonniger Platz, der nun sogar am helllichten Tag Beklemmung auslöst.»

Etwa zur selben Zeit stand eine Entscheidung über die Möglichkeit videoübertragener Zeugenaussagen von sexuell mißbrauchten Kindern an, die den Opfern in einem solchen Prozeß traumatische Aussagen ersparen sollen. Nach Ansicht von Justizministerin Leutheusser-Schnarrenberger könnten Videoaufzeichnungen die Wahrheitsfindung erschweren: «Über Video können vielleicht viele notwendige Signale des Kindes nicht mehr gewonnen werden.»

Ebenfalls in diesen Tagen hat ein Videofilm mit Aufnahmen ihrer Kinder eine 42jährige Italienerin nach zwanzig Tagen aus dem Koma erweckt. Nach Auffassung der Ärzte war die Frau unbewußt blockiert gewesen, da sie irrtümlich glaubte, die zwei Kinder bei einem schweren Verkehrsunfall in der Nähe von Padua getötet zu haben.

Wenn es wirklich um Leben und Tod geht, erweist sich die rationalisierte Überwachungstechnik als nutzlos.

Im Februar 1995 zertrümmerte ein Unbekannter auf dem Hamburger U-Bahnhof Gänsemarkt nur wenige Meter von einer Überwachungskamera entfernt den Kopf eines alten Mannes, der am folgenden Tag im Krankenhaus **starb**, ohne das Bewußtsein wiedererlangt zu haben. Aus Kostengründen schaltet die Kamera nur alle vier Minuten für jeweils 60 Sekunden auf den Bahnsteig und springt dann zum nächsten U-Bahnhof um. «Es wäre zu kostspielig und für uns ohne betrieblichen Nutzen, Endlosbänder aufzunehmen», sagt ein Sprecher der Hochbahn AG. Das System sei «ziemlich optimal», sogar «besser als jeder Haltestellenwärter».

Der Mord sei «einfach Pech gewesen».

23 UHR. DIE SECHZEHNTE STUNDE.

DAS PYJAMA-ZEITALTER

Ich erinnere mich an eine Autofahrt mit Marion vom Vortag, wir fuhren die Elbchaussee entlang, und angesaugte Blütenblätter flogen und flatterten aus den schwarzen Lüftungsschlitzen in das Wageninnere.

In einer großen, blauen Tasse neben mir zieht Tee. Sacht sickert der braune Schleier durch die Gaze des Teebeutels in das heiße Wasser. Im Licht der Schreibtischlampe werden die Wärmeströmungen als Verläufe unterschiedlicher Lichtdurchlässigkeit sichtbar – in wurmförmigen Windungen über den Tassenboden kriechende Schlieren mit einem dünnen Lichtmark und einem schmalen Schattensaum auf dem gläsernen Grund. Die schattigen Fäden kreuzen sich und biegen sich und zerfließen in die Hintergrundfarbe. Unbeeindruckt von der aufgeregt rieselnden Teeoberfläche – ich bin daneben am Tippen – gabeln sie sich in die Klarheit des Wassers.

Nachdem die Siedehitze verstrahlt ist, kommen die Temperaturkerne und Konvektionszellen, in denen die Hitze gegen die jeweils benachbarten Zellen drängt, langsam zur Ruhe. Das Lichtmark der Wärmefäden wird dünner und verliert sich; es werden gewöhnliche Schlieren, die träge durch die Flüssigkeit wölken. Daneben fließen Schattenmuster der von der Wärme über der Flüssigkeit transparent

«In Zukunft besteht die **Arbeit** nicht mehr darin, seinen Lebensunterhalt zu verdienen, sondern darin, im Zeitalter der Automation leben zu lernen.»

Marshall McLuhan

«Manche von uns führen eine privilegierte Existenz, in der Arbeits- und Privatleben fast synonym geworden sind. Mit der Einführung einer wirklich intimen Technik und der voll integrierter elektronischen Anwesenheit jedes einzelnen können immer mehr Menschen dieselben Privilegien genießen.»

Nicholas Negroponte

hochflammenden Luft über die Tischplatte wie ein winziger, eiliger Autoverkehr.

Ein Computer ohne Modem ist wie ein Auto, mit dem man nicht fährt, sondern in das man sich nur reinsetzt, um aus dem Autoradio Musik zu hören. Ein Computer mit Modem ist wie gar kein Auto mehr. Man fährt nicht mehr zur **Arbeit** und kommt erledigt nach Hause, sondern die Arbeit kommt durch das Modem und fährt erledigt in die Firma zurück.

Telearbeit wird die Herrenschneider zum Wahnsinn treiben. Nicholas Negroponte, Leiter des Media Lab am Massachusetts Institute of Technology (MIT), bringt den neuen Lebensstil auf den Punkt: «Ich war heute morgen um zehn immer noch im Pyjama, nachdem ich schon ein paar Stunden ... am Electronic-Mail-System gesessen hatte.» Das Recht, im Pyjama zu bleiben, gehört zu den Privilegien, an denen in Zukunft jeder teilhaben kann.

Ich bin nun seit zehn Jahren online. Niemand sagt «Ich arbeite online», man *ist* online. Es nimmt einen als ganze Person in Beschlag, hat also die Qualität einer Daseinsform. Zu den Dingen, mit denen innovationsfreudige Manager oft nicht rechnen, gehört die Leidenschaft und Radikalität, mit der sich Mitarbeiter den neuen Kommunikationsmitteln zuwenden. Wer einmal im firmeneigenen Netzwerk Features wie Telekonferenzen oder die Anbindung an das Internet ausfindig gemacht hat, wird in den nächsten Wochen oder Monaten an die acht Stunden gewöhnlicher Arbeit gleich noch mal acht Stunden ungewöhnliche, aber hochgradig motivierte Betätigung anhängen.

Aussehen, Statusdinge oder Machtmätzchen spielen, wenn man online tätig ist, keine Rolle mehr, da sie schlichtweg nicht mehr präsent sind. Status wird definiert über das Talent und die Eleganz, mit der man sich verständlich macht. Das erzeugt eine sehr angenehme Atmosphäre von Gleichheit. Das Vergnügen nimmt zu, wenn man feststellt, daß einen der Chef via Bildschirm nicht mehr auf diese blöde Art anschreien kann, AUSSER IN GROSSBUCHSTABEN oder, wenn er richtig fuchtig ist, indem er *SEINE* *WORTE* *SPORNT*.

Und Telearbeit versöhnt scheinbar unlösbare Situationen und

Widersprüche. So können, sofern jeder Teilnehmer von seinem Rechner in seiner persönlichen Umgebung aus arbeitet, Raucher und Nichtraucher wieder einträchtig am selben Projekt arbeiten.

Es gibt eine wichtige Übergangsphase, in der Menschen, die an einem Computer zu arbeiten begonnen haben, sich Aufschluß über ihre Lebens- und Arbeitsgewohnheiten geben müssen. Dies ist eine gute Gelegenheit, Gewohnheiten zu verändern. Danach, wenn sie herausgefunden haben, daß man die Maschine seinen Gewohnheiten vollkommen anpassen kann, läuft alles wieder unbewußt weiter.

Telearbeit wird die Struktur der Familie verändern. Wenn die Eltern zu Hause unter den Augen der Kinder arbeiten, wird der Nachwuchs endlich den falschen Respekt und die Angst vor ARBEIT als dem Fremden verlieren, das denjenigen in der Familie, der das Geld verdient, tagsüber in seinen Klauen hält. Die «Nethäkchen» von morgen werden eine realistische Vorstellung von Arbeit vermittelt bekommen, indem Papi nicht morgens im Anzug an den rätselhaften Ort «Büro» verschwindet, sondern leger ins Nebenzimmer latscht, den Rechner anwirft und erstmal tief seufzt.

Ebenso wie die akkuraten Fenster und straighten Listen auf einem Computerbildschirm darüber wegtäuschen, daß man die Unordnung auf seinem Schreibtisch mühelos 1:1 in die Datenstruktur einer Festplatte umsetzen kann, irrt das Vorurteil, das Computer als

> «Inzwischen sehen sich auch traditionelle Vorstellungen von Beschäftigung und **Arbeit** einer neuen Herausforderung gegenüber; die neue Technologie verändert den Charakter der Arbeit und der Beziehungen zwischen Arbeitern und Managern. Shoshana Zuboff, Professor an der Harvard Business School, sagt <Die herkömmliche Sprache der Arbeit ist nicht mehr imstande, die neuen Realitäten zum Ausdruck zu bringen. Wir verharren in den letzten Jahren des zwanzigsten Jahrhunderts als Gefangene eines Vokabulars, in dem Manager Mitarbeiter fordern; Vorgesetzte Untergebene haben; Jobs darauf ausgerichtet sind, spezifisch, detailliert, nahe und schrittbezogen zu sein; und Organisationen haben Ebenen, die Befehlsketten und Kontrollbereiche ermöglichen . . Wie auch immer, die Bilder, die wir mit physischer Arbeit assoziieren, können nicht mehr länger für unsere Vorstellung von Arbeit herhalten.>»
>
> David Ronfeldt

Unter *3615 Tonton* kam Francois Mitterand im Februar 1993 zur Abendbrotzeit in die französischen Wohnzimmer. 3615 ist die Telefonnummer, unter der das französische Minitel-System, vergleichbar dem deutschen BTX/Datex-J, landesweit erreichbar ist. *Tonton*, **Onkelchen**, nannten die Franzosen ihren Präsidenten. Die zum Dialog aufgerufenen Bürger konnten aus 30 Themenvorschlägen auswählen und Fragen eintippen. Vorher mußte Name, Beruf und Telefonnummer eingegeben werden. Unter den 23.000, die ihre Fragen gestellt hatten, wurden 24 ausgewählt und in Fernsehstudios eingeladen. Der Präsident war aus Paris zugeschaltet. Die Angst vor der Arbeitslosigkeit beherrschte den Fernsehabend. Außer Fatalismus hatte Mitterand nichts zu bieten. «Wir können nichts dafür», sagte er, und von einem Ingenieur auf die zunehmende Automatisierung angesprochen: «Daran können wir nichts ändern.»

TAZ, 20.2.1993

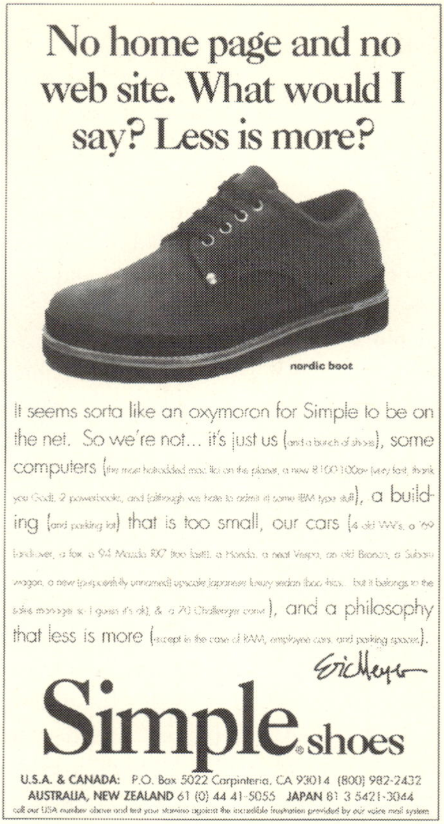

kalt und ein Leben und Arbeiten im Netz als entfremdet und entwirklicht ansieht. An den unterschiedlichen virtuellen Orten des globalen Dorfs kann es ebenso sonnig wie ungemütlich sein. Und wenn aus dem Telegreenhorn nach kurzer Zeit ein Teleholic geworden ist, stellt sich meist die Erfahrung ein, daß die Abwesenheit von differenzierenden und ironisierenden Verständigungshilfen wie Mimik, Gestik oder Untertönen der Stimme im Hin und Her der E-Mails nicht selten zu Mißverständnissen führt, die nur noch durch Telefonat oder fleischliche Begegnung (*meating*) behoben werden können.

Telearbeit bedeutet, daß – vorerst – Freiberufler und leitende Angestellte wieder das Leben von Bauern führen: wohnen, leben und arbeiten am selben Ort. Bezeichnend ist, daß die verlassenen Höfe des verarmenden Nährstands nun bevorzugt von jener stadtflüchtigen Spezies gekauft und bewohnt werden, welche die ersten Ernten aus dem Datenland einfährt.

Die teils kuriosen Versuche der **Arbeitsbeschleunigung** in den sechziger Jahren, als die Manager noch «leitende Herren» hießen und plötzlich, wie etwa in einer englischen Kleiderfabrik, mit Tretrollern oder Fahrrädern durch die Hallen zu eilen hatten, sind in unseren Tagen dem Versuch gewichen, Arbeit zu verbilligen, ohne die Löhne zu senken, indem man Büros, Heizkosten und oft auch das Geld für Computerequipment einspart.

Die Illusion, Computer seien dazu da, unternehmerische oder behördliche Effektivität zu steigern, hat sich nicht lange gehalten. Durch die Computer ist alles schwieriger, aber auch spielerischer geworden. Das englische Wort für Rundfunk – *Broadcast* – kommt aus der Landwirtschaft. Es steht für das, was der Sämann mit der Saat macht.

Durch die Arbeit in den eigenen vier Wänden werden vordem unsichtbare Machtgerüste sichtbar.

Männer wie Frauen, jeder auf seine Weise, die im Büro durch Körpersprache Einfluß ausgeübt haben, werden sich ihrer stillen Macht beraubt sehen. Status wird über den Umgang

«Dieser Aufsatz ist ein Versuch, vor dem **Absprung** aus dem reibungslos rollenden Automobil noch einmal rückwärts zu schauen, um hinter den ausgerutschten Rädern noch einmal jenes strahlende Geheimnis zu erhaschen, von dem aus diese ganze Geschichte in Bewegung gesetzt wurde.»

Der letzte Satz im letzten Aufsatz von Vilém Flusser, der 1991 bei einem Autounfall in der Nähe von Prag tödlich verunglückt ist.

mit der Technik und die darauf zugeschnittenen Kommunikationsfähigkeiten neu definiert. Parfum und Rasierwasser spielen keine Rolle mehr, Affären bekommen einen neuen Charakter.

Leute, die in der Lage sind, ein gewisses Maß an Selbstdisziplin aufzubringen, sind als Telearbeiter im Vorteil. Im übrigen erfordert das selbständige Arbeiten Organisationsfähigkeit, was den gerechten Ausgleich der Interessen zwischen der klassischen Dreieinigkeit Arbeitnehmer-Arbeitgeber-Gewerkschafter angeht, die der Telearbeiter in Personalunion verkörpern muß.

Das Netz ist sozial, gesellig und mit menschlicher Wärme erfüllt. Das ist eine Sache, die Planer oft nicht beachten. Es läßt sich auch kaum kontrollieren oder unterbinden, außer man trennt die Verbindungen. In den Büroräumen bei Jil Sander ist es untersagt, Blumen aufs Fensterbrett zu stellen, weil es nach Auffassung der Unternehmensleitung nicht der Vorstellung von Klarheit und Unabgelenktheit entspricht, in der Büroarbeit stattfinden sollte.

Bei der Telearbeit sind Sie bei sich zu Hause. Sie können sich Ihre Privatheit vorbehalten. In den USA heißen Telearbeiter *open collar workers*, in Anspielung auf *white collar*, den weißen Kragen, mit dem bisher die besseren Jobs bezeichnet wurden. Jil Sander kann sich nun in ihrem klaren, weißen Büro Ihre Arbeit ansehen, die Sie für sie in Ihrer mit Nippes vollgeräumten Schreibtischecke erledigt haben. Sie beide können ihren Stil pflegen, ohne daß einer sich dem anderen unterordnen muß, bloß weil der eine Chef ist und der andere Angestellter.

Was das mobile Arbeiten angeht, so müssen wir uns neben dem Vergnügen an der neuen Unbeschränktheit natürlich auch fragen, was wir der Öffentlichkeit damit zumuten. Denken Sie an all die bei Klassikkonzerten piepsenden Digitaluhren, und Handys, die in manchen Restaurants bereits nicht mehr zugelassen sind, weil sie die Atmosphäre mit Arbeit kontaminieren, und die mich an die Männer im Jemen erinnern, die ihre Schwerter nicht einmal im Bett abnehmen – nur wenn sie ins Kino gehen, sind sie bereit, ihre Waffe an der Garderobe abzugeben. Ungeheurer Respekt vor dem neuen Medium, das.

24 Uhr, Mitternacht.
Die siebzehnte Stunde.

Arbyter aller Länder

*Everybody knows
the war is over.
Everybody knows
the good guys lost.
Everybody knows
the fight was fixed:
The poor stay poor,
the rich get rich.
That's how it goes.
Everybody knows.*

Leonard Cohen,
«Everybody Knows»

Die dunkle Nacht macht mich manchmal so ungeduldig auf den neuen Tag. Ich arbeite wieder ein wenig.

Dem Klassenkampf sind die Klassen abhanden gekommen. Soziologen, Marktforscher und Popkulturtheoretiker orten statt dem unablässig neue Soziotope, Subkulturen und metropole Mikrostammesgemeinschaften. Die Schwerindustrie, deren stahltragende Männer und glutende Hochöfen arbeiterklassische Ikonen waren, steht heute nur noch für Dreck, Massenarbeitslosigkeit und das definitive Ende der Eisenzeit. Mit dem anbrechenden Informationszeitalter stellt sich die Frage nach der verändernden Kraft der neuen Technologien und ob wir mit ihnen Revolution machen können oder sie mit uns. Oder fällt die Revolution ganz aus, weil alle morgen früh wieder zur Arbeit müssen?

Aus Arbeit wird **Arbyte** – zunehmend mit Computerhilfe verrichtete Tätigkeit. Niemand soll deshalb aber denken, daß die materielle Welt hinter dem Aufleuchten des kolossalen Konjunkturaufschwungs verschwinden wird, den Wirtschaftsprognostiker aus der erwarteten Entwicklung der Computer- und Kommunikationsindustrie für die nächsten Jahrzehnte ableiten. Weiterhin werden Güterzüge beladen

«Der **freie Fluß** von Information ist kompatibel mit unserem politischen System und unseren Werten. ... Totalitäre Staaten stehen vor einem Dilemma: entweder sie versuchen, diese Technologien zu verbieten, und fallen weit zurück in der neuen industriellen Revolution, oder sie fördern diese neuen Technologien und sehen, wie sich ihre totalitäre Kontrolle aufzulösen beginnt. ... Die Revolution der globalen Kommunikation bedeutet für alle Staaten, ihre traditionellen Auffassungen von nationaler Souveränität neu zu überdenken.»

U.S.-Staatssekretär
George Shultz, 1985

und Käsescheiben geschnitten werden müssen, und weiterhin werden Arbeitslose vom Erwerbsleben ausgeschlossen sein, ob EDV-geschult oder nicht. Aber auch das Klassenschicksal der Telearbeiter ist ungewiß. Heute sind es noch hochqualifizierte, eigenständige Leute. Schon morgen aber können aus ihnen abgewirtschaftete Pendler werden, die ein Arbeitsleben ohne Kantine und Komfort in trostlosen Datenerfassungscontainern am Stadtrand führen müssen. Sicherheit bieten die Hierarchien von morgen keine mehr. Alles fließt.

Unternehmertum verwandelt sich in Bit Business. Weltweite Hochgeschwindigkeits-Datenverbindungen, die Datenautobahnen, sollen in absehbarer Zeit wie ein Telefonanschluß in jedem Haushalt liegen und Online-Dienstleistungen verfügbar machen – Bildtelefonieren, Teleshopping, Videos auf Abruf. Das Ziel der Industrie scheint klar: Einkaufen, bislang ein punktueller Akt, soll zur Permanenz ausgeweitet werden, so wie der Nachrichtenfluß bei CNN. Die Klasse, für deren Bedürfnisse die Massendatennetze ausgelegt sein werden, ist vorerst nicht die der politisch Interessierten, der Bildungshungrigen oder der Hilfsbedürftigen, sondern die der Konsumenten.

Der Clou am Ganzen soll die Interaktivität sein. Man kann also nicht nur empfangen wie beim Fernsehen, sondern auch Signale zurücksenden. An der Frage, mit welcher Kapazität jeweils empfangen und gesendet werden kann, scheiden sich die Geister. Es ist nämlich keineswegs gesagt, daß, wie beim Telefon, für Hin- und Rückkanal dieselbe Kapazität bereitgestellt wird. Das ist keine technische, sondern eine essentielle Frage.

Am Beispiel von Datex-J, heute T-Online, vormals Bildschirmtext der Bundespost, läßt sich illustrieren, wie ein «Netz von oben» aufgebaut ist. In den ersten Jahren empfing man die Daten von Anbieterseite mit dem Sechzehnfachen der Kapazität, mit der man von seinem PC aus senden konnte. Das System war (und ist) also darauf ausgelegt, daß Informationsangebote konsumiert werden. Nachrichten zu verschicken ist relativ umständlich, eingeschränkt und kostenpflichtig; auch als Anbieter von Diensten muß man bezahlen.

Viele befürchten, daß dieses Konzept nun in potenzierter Form beim Aufbau der Datenautobahnen übernommen werden könnte. Uns, der datenfernübertragenden Klasse, ist es in den zurückliegenden Jahren selbstverständlich geworden, die volle alphabetische Ausdrucksbreite anzuwenden, die einem die Computertastatur ermöglicht. Nun werden Modelle sogenannter «interaktiver Benutzeroberflächen» vorgestellt, an denen man plötzlich nur noch ein paar Felder anklicken kann. Der eigene Beitrag, den man ins Netz schicken kann, beschränkt sich auf «kaufen» oder «nicht kaufen». Mutmaßlich wird es anstelle einer Tastatur in Zukunft ein Einknopfgerät in der Art des **Totmannschalters** in der Eisenbahn geben: Wenn man nicht alle zwei Minuten draufdrückt, wird automatisch abgebucht und nach dem Roulettesystem zugeloste Ware geliefert. Das Netz brummt, die Wirtschaft prosperiert

Um zu verhindern, daß ein vollbesetzter Zug unaufhaltsam und führerlos dahinrast, nachdem der Lokführer jählings von einem Herzinfarkt dahingerafft wurde, muß derselbe in regelmäßigen, kurzen Abständen den **Totmannschalter** betätigen, andernfalls eine Notbremsung eingeleitet wird.

Daß es so weit kommen konnte, verdanken wir einem großen Sieg der lötenden Klasse: dem Personal Computer. Der phantastische Siegeszug des PC gleicht dem Erfolg einer anderen sonderbaren Erfindung der Siebziger: **Slime** – grüner Schleim in einer miniaturisierten Plastikmülltonne. Es muß einen Moment der Kühnheit gegeben haben, in dem ein Mann zu einem anderen Mann sagte «Laß uns ekliges Zeug in Plastikmülleimerchen verkaufen und damit stinkreich werden». Genauso müssen sich die Erfinder des Mikrocomputers eines Tages gesagt haben «Laß uns allen Menschen kleine Maschinen verkaufen, mit denen man feindliche Funksprüche entschlüsseln und Verwaltungsvorgänge automatisieren kann».

Slime: kalt und klamm, wabbelig und schlickerig, schleimig und glibberig.

Dies sind die Dinge, die den Lauf der Welt verändern. Es war ein Triumph über jede Vernunft und über das EDV-Establishment, dessen Prognostiker damals den Computermarkt für gesättigt hielten. Aus einer verschrobenen Idee von Elektrobastlern ist zwanzig Jahre später die technologische Leitströmung ins 21. Jahrhundert geworden – und eine Maschine, die den Traum vom universalen Produktionsmittel in Arbeiterhand, ob Zeichenbrett, Kalkulator oder Schreibmaschine, konsequent simuliert. Mit per Modem ans Netz geschlossenen Computern schließlich vereinigen sich die Geräteklassen aller Länder zur Intelnationale. Wobei in der postsozialistischen Ära die Idee des Kommunismus ersetzt wird durch den Kommunikationismus und das Ideal der Kompatibilität, das verheißt: Alles paßt zusammen.

Das revolutionäre Potential der Netze, von dem man eigentlich aufrührerisches Durcheinander erwarten möchte, erweist sich als erstaunlich geordnet. So wurde beispielsweise die Ankündigung eines weltweiten «Zerschmettere einen Computer»-Tages (24. Februar) effizient mit Computerhilfe übers Netz verbreitet (*Fuck Capitalist Organization, Fuck Computers*). Über erfolgte Zerschmetterungen ist nichts bekannt geworden, wie überhaupt die Vielzahl an verschiedenartigen Informationen, die nun noch zusätzlich zu den gewohnten auf computerisiertem Weg ihre Verbreitung finden, ein Grundrauschen an gleichmütigem Interesse erzeugen, mit dem der Einzelne sich davor schützt, in einem Sturm von Appellen und Anforderungen zu verwehen. Auf die ungewohnt großen und schnell fließenden Mengen an computerverfügbarer Information reagieren die meisten Menschen mit der zeitgemäßen Ausbildung gesunder Ignoranz.

«Jugend '95 und Klassenkampf: Die Jugend der 90er Jahre ist nüchtern geworden.» Die Internationalistisch Sozialistische Organisation (ISO) mit Sitz in Frankfurt am Main verbreitet, wie viele andere, ihre Zeitschrift «Internationaler Sozialismus» auch in elektronischer Form; Ironie des Schicksals, daß sich das Kürzel ISO mit dem der internationalen Normierungsbehörde (International Standardisation Organisation) deckt. Der ISO-Veranstaltungskalender weist unter anderem darauf hin, daß an einem Tag im April im Bonner Oscar-Romero-Haus «Die **permanente Revolution**» stattfindet.

Wie arm ist jemand, der nicht computerisiert und schon gar nicht online ist? Er ist auf jeden Fall um ein paar Erfahrungen ärmer. So fehlt ihm beispielsweise der Blick auf einen Bildschirm, auf dem es zwar Fenster in jeder Größe gibt, aber keine Tür – zentrale Metapher dafür, daß es nach dem ersten Eintauchen in den Cyberspace kein Zurück mehr hinaus in die unvirtuelle Unschuld gibt.

Bestimmt kann man in Bereichen wie Administration, Verlagswesen, Konstruktion oder Prozeßsteuerung seine Arbeitsplatzchancen durch Computerkenntnisse erhöhen. Generelles Panikgefühl aber, eventuell als Informationsloser oder neuzeitlicher Analphabet hinter dem gesellschaftlichen Fortschritt zurückzubleiben, halte ich für unangebracht, wiewohl davon inzwischen eine ganze Industrie lebt. Sie versorgt zahllose Anwender, die eigentlich nur bescheidene Datenmengen bequem handhaben möchten, mit Überkapazitäten an PC-Rechenleistung, funktionsüberfrachteten Programmen und dem permanenten Gefühl, daß einem jedes Geräteteil im Zeitraffer unter den Händen wegschimmelt.

Werden die Datenautobahnen eine technologische Klassengesellschaft hervorbringen? Daß das Nord-Süd-Gefälle dadurch überraschende Perspektiven eröffnen wird, zeichnet sich ab. So erarbeiten sich manche Frauen in arabischen Ländern gerade das, was man hierzulande einen Anwendungsvorsprung nennt: Da sie dazu gezwungen sind, sich vorzugsweise zu Haus aufzuhalten, und das Com-

Bei den Regierungen der Welt beginnt sich die Erkenntnis zu verbreiten, daß die neuen Technologien den Charakter politischer Macht, von Souveränität und von **Staatsführung** nachhaltig verändern können.

putern als eine Art subordinierte Tätigkeit gilt, haben sie Gelegenheit, sich damit besser vertraut zu machen als ihre Männer. Zwar bleiben sie dadurch auch weiter zu Hause, aber unter ihren Händen sammelt sich sacht und beständig Herrschaftswissen.

Bei den Regierungen der Welt beginnt sich die Erkenntnis zu verbreiten, daß die neuen Technologien den Charakter politischer Macht, von Souveränität und von Staatsführung nachhaltig verändern können. Die Konstitution von Macht und die Absehbarkeit von Kooperation und Konflikten wird zunehmend als eine Funktion der unterschiedlichen Möglichkeiten von Regierungen gesehen, die neuen Technologien zu nutzen. Während manche Staaten sich bereits auf dem Weg zu globaler Informationsmacht sehen, fürchten andere, besonders in der Dritten Welt, elektronische Kolonialisation und Informations-Imperialismus. Die Informationsflüsse neuer Art unterminieren traditionelle Konzepte territorialer Souveränität. Elektronische Information ist schwer zu überwachen und kennt keine Zollkontrolle.

Eine Schlüsselerwartung ist, daß die neuen Technologien die Gemeinschaft dem Staat überlegen machen werden und auf diese Weise die Entwicklung der Demokratie stärken. Die Umbrüche von 1989 haben einen gewissen Optimismus dafür aufkommen lassen, daß **offene Gesellschaften** den restriktiven, geschlossenen überlegen sind. Es gibt aber auch Tendenzen, die demokratischer Entwicklung gefährlich werden können. So hat beispielsweise speziell in der US-Außenpolitik die Modernisierung der Bürokommunikationssysteme öfters dazu geführt, daß sich die Arbeit der Beamten auf eine Weise geändert hat, die bürokratische Rivalitäten herausforderte.

Es gibt bei Behörden dieselben Voraussetzungen für konzeptuelle und strukturelle Veränderung auf der Basis neuer Technologien wie in der Wirtschaft. Regierungen und Behörden scheinen sich aber wesentlich langsamer und unsicherer zu verändern.

Heute sind es nur einzelne, die aufstehen, nachdem sie durch ein Computernetz mit einem Menschen oder einer Idee in Berührung gekommen sind. Wer weiß, ob nicht auch einmal mehrere, viele, alle Frauen aufstehen und sagen: «Wir gehen», oder alle zukünftigen Telearbeiter sagen: «Wir schalten ab.»

In den elektronischen Medien – ob Radio, Telefon, TV oder Computer – ist die Stille stets der größte Skandal. Unterbrechung ist reine Revolution.

Vor langer, langer Zeit schrieb ich einmal auf einer elektrischen Schreibmaschine. Unvermittelt befiel mich der Eindruck, ich sei tot. Meine Finger schlugen auf die Tasten, aber die Typenhebel hatten aufgehört sich zu bewegen, kein Buchstabe klatschte mehr auf das Papier. Die Materie gehorchte mir nicht mehr, also war ich tot. Wie sich herausstellte, hatte ein Kurzschluß die Sicherungen ausgelöst. Für mich war dieser Kurzschluß mit einer fundamentalen Erkenntnis verbunden: daß es nämlich mit Maschinenhilfe eine neue, zusätzliche Art von Tod gibt und, als die Form, die den Schatten wirft, natürlich auch eine neue Art von Identität.

«Als 1969 Apollo auf dem Mond landete, hätte die erste Fotografie der Erde im Bewußtsein der Menschen eine **Offenbarung** auslösen können», beschrieb er die notwendige Umkehr zur Ökologie. Er selbst setzt sich seit Beginn der 70er Jahre für den Umweltschutz ein, kämpft für die Verwendung von Sonnenenergie und tritt für eine Dezentralisierung der Gesellschaft ein, die statt in Ballungszentren in kleineren Siedlungen lebt und über Computer kommuniziert.

Zum 85. Geburtstag von Jacques Yves Cousteau TAZ 10.6.1995

Yuri Rubinsky, Präsident der Firma Softquad, führte im Oktober letzten Jahres die Besucher einer Fachkonferenz für Computer Publishing in San Francisco ironisch in die Zukunft und demonstrierte virtuelle Identität. Noch während das Publikum auf den Großprojektionsschirmen seine Rede verfolgten, verließ er das Podium. Seine Rede war aufgezeichnet, und er hatte synchron mitgesprochen.

Das bedeutet einerseits, daß wir in Zukunft nicht nur unserem originalen Chef oder Vorgesetzten begegnen werden, sondern damit rechnen müssen, daß uns täuschend echte Autoritätssimulationen zur Arbeit antreiben werden. Vielleicht werden wir uns, wie bereits im Analogen zu virtuosen Formen gebracht, mit Arbeitssimulationen zu revanchieren wissen. Auf jeden Fall wird es hinkünftig eine neue Art von «halben Menschen» geben: Die, die über keine oder nur eine passive elektronische Identität verfügen.

Mit der rasanten Ausbreitung und Vernetzung der Informationstechnik erfährt die menschliche Persönlichkeit eine elektronische Ausweitung. Sie ist ein Teil unserer selbst – ein auf verschiedensten Datenträgern und Speichern verstreutes Stückwerk unserer Persönlichkeit, zusammengesetzt aus Kreditbiographie, Konsumverhalten, behördlichen Datensätzen (der passive Teil) und Bewegungsmustern in der realen als auch in der Welt der Datennetze (der aktive Teil).

Cyberspace – in dieser Zone werden viele von uns zukünftig arbeiten, sich unterhalten und schlichtweg sein. Auch wenn nicht viel anderes kommuniziert wird als in der herkömmlichen Welt, so schafft doch bereits das Gefühl, an dieser technologischen Kulturform aus – beispielsweise – Unsicherheit oder Unlust nicht teilnehmen zu können, einen merklichen Unterschied in der Zugehörigkeit. Das elektronische Proletariat mischt sich neu auf aus allen Milieus und Bildungsschichten. Ungelernter Arbeiter, Hausfrau, Bildungsbürger, älterer Manager, Universitätsdozent – jeder kann sich plötzlich deklassiert im Stand des **Uncomputerisierten** wiederfinden.

Es wird neben denen, die sich Informations-Kompetenz verschafft haben, auch stets Menschen geben, die keine Möglichkeit haben, auf Computer und Netzwerke zuzugreifen, die nicht wissen, wie das geht, kein Geld dafür haben oder einfach nicht daran teilnehmen WOLLEN. «Wieviel würden Sie dafür ausgeben», fragt Chip Rowe, Kolumnist der nichtelektronischen Zeitschrift «Spy», in seine Leserschaft hinaus, «Ihre Abende und Wochenenden mit einem Zimmer voller Kleinkünstler, Misogyner, Computerfreaks, vorlauter Akademiker, patziger Teenager, Businessleute mit Drückertouch, Hausfrauen aus Iowa, schlechter Dichter, Nazisympathisanten, ... Elvis-Fans, rückfälliger Alkoholiker, angegrauter Hippies, pockennarbiger Pornographen und FBI-Agenten zu verbringen?»

Kritiker dieses Kalibers brauchen Willensstärke, da ihre Kritik sie zwangsweise in das elektronische Proletariat katapultiert. Während sie vor ein oder zwei Jahren noch an einer technophil orientierten Schicht männlicher Jugendlicher herumsticheln konnten, legen sie sich nun, da der Weg in die Informationsgesellschaft regierungsamtlich und zur neuen Heilslehre für die Weltwirtschaft geworden ist, mit dem Mainstream an und riskieren das Label «Maschinenstürmer».

«Ein wirklich wichtiger Punkt war die Feststellung, daß die jetzigen Netze Computernetze sind und keine **Menschennetze**, daß die Kommunikation sich eigentlich zwischen den Computern abspielt und nicht zwischen den Menschen, und auch die technischen Probleme bis jetzt noch im Vordergrund stehen, und nicht die zwischenmenschlichen. Wau Holland [Alterspräsident des CCC] bemerkte, daß ganz definitiv in vielen Bereichen von kompetenten Menschen Wissen zurückgehalten wird.»

Chaos Communication Congress 1994

Die Aufregung um die Technologie ist allem Anschein zum Trotz nicht zentral überlebenswichtig. Um nochmal die Verheißung anzusprechen, durch die Vernetzung läge nun das Wissen der Menschheit griffbereit vor uns ausgebreitet: Ein Großteil der kommerziellen Online-Datenbanken beispielsweise entspricht aufgrund geschmalzener Tarife und grauenhafter Abfragemechanismen eher Datenbestattungsanlagen als Bibliotheken. Die gegenwärtigen Formen von Unübersichtlichkeit lassen die Nutzung von Computernetzen oft eher als geistige Gefangenenbefreiung erscheinen denn als einen Akt zielgerichteter Materialgewinnung. Auch das WWW, die modernste Form der Verknüpfung weltweit verstreuter Informationen, kommt einem neugierigen **Flaneur** oder Netsurfer weit mehr entgegen als einem strategisch vorgehenden Agitator oder Rechercheur.

Und wo es um Machtwissen oder mit ganz konkreten Auswirkungen verbundene Informationen geht, enden die Harfengesänge vom freien Zugriff ziemlich schnell. Der Traum von mehr Demokratie durch mehr Technik ist nicht ganz von selbst wirklichkeitsmächtig. Menschen haben ein Recht darauf, zu erfahren, ob in ihrer Gegend ein erhöhtes Krebsrisiko besteht oder nach welchen Kriterien gentechnisch veränderte Lebensmittel zugelassen werden.

Während es aber in vielen europäischen Ländern erprobte Regelungen zur Informationsfreiheit gibt, versteckt sich das deutsche Verwaltungswesen hinter einem bürokratenen Vorhang, dem «Amtsgeheimnis», und verweigert seinen Bürgern Auskunft und Akteneinsicht.

Information, klar. Aber wer tut sich schon von früh bis spät Nachrichten rein? Der Interessierte sieht ein oder zwei Nachrichtensendungen täglich. Nicht zuletzt, weil es mehr Nachrichtensendungen als Nachrichten gibt, kommt es immer häufiger zu Wiederholungen. Die fortwährende Frontalbeschallung läßt kaum noch Platz für Hintergrund oder Analysen. «Beschleunigte Wirklichkeit» nennt das Will Teichert, Direktor der Hamburger Akademie für Publizistik.

Information ist Opium fürs Volk. Die permanente Belieferung mit nur sogenannter Information kann zu einer paradoxen Umkehr von Informiertheit führen. Sieht man, ein Beispiel, nacheinander mehrere Nachrichtensendungen oder Wetterberichte in verschiedenen Fernsehprogrammen, ergibt sich daraus eine ähnliche Verunsicherung wie von zu vielen Uhren in einem Zimmer, die meist alle ein bißchen voneinander abweichen. Was auf den ersten Blick als Fülle und große Auswahl erscheint, führt letztlich nur dazu, daß die Uhrenindustrie prächtig gedeiht und man immer noch nicht weiß, wie spät es ist.

OK. Es ist ein Uhr nachts.

EIN UHR NACHTS. DIE ACHTZEHNTE STUNDE.

KOMMUNIKATIONS-WAFFEN

Ich stocherte ein wenig im Usenet. Eine Nachricht – «Alle Leute, die heute persönliche Mail aus dem Internet bekommen haben, haben diese in mehr als 200facher Ausfertigung erhalten. Tschuldigung. Die Nachrichten wurden nach dem Verteilen versehentlich nicht gelöscht und daher immer wieder eingelesen. Kommt nicht wieder vor.»

Was hilft gegen **Nervsäcke**?

Als ich noch am Gymnasium war, haben wir unserem Lateinprofessor von der Landwirtschaftsmesse aus eine Tonne Schweinefutter bestellt. Heute ist das Instrumentarium zum Umgang mit Eiergängern (Leute, die einem auf die Eier gehen) differenzierter geworden. Zwar gibt es heraußen in Welt I immer noch keine Methode, sich in beispielsweise einem Lokal gegen Laberfritzen und bramarbasierende Banausen ohne Umstände zur Wehr zu setzen. In der elektronischen Welt der Netze aber zeigt sich auch in dieser Hinsicht, was Fortschritt bedeutet.

Einer der großen kommerziellen amerikanischen Online-Services ist GEnie, betrieben von der Firma General Electrics. Die Firma hat unter anderem die Toiletten im Space Shuttle entwickelt, die noch nie richtig funktioniert haben. Zu den Features von GEnie gehört die Möglichkeit, online zu plaudern (*chatten*).

Das Grauen lauert auch im Netz: **Spinner** und Bozos allerorten.

Als die Duisburger Studentin Silvia Weber, 31, ihre Hausarbeit über *Genese und Betrachtung eines wesentlichen Strukturelements der Uno: das Vetorecht* in den Computer eingegeben hatte, ließ sie das Werk vom Rechtschreibprogramm ihrer Textverarbeitung prüfen. Das Programm *Word für Windows* blockierte erst den Computer, dann war der ganze Text futsch. Zum Datencrash mit dem Programm kommt es immer dann, wenn das geprüfte Skript den Wortbeginn *Realitäts* enthält - bei Begriffen wie **Realitätsverlust** oder *Realitätsbezug* droht sofortiger Textschwund. Die Software-Falle, vermuten Experten, könnte von einem hinterhältigen Programmierer, der den Ruf seiner Firma schädigen will, absichtlich eingebaut worden sein.

Der Spiegel, 22.8.1994

Dabei sieht jeder das, was die anderen eintippen, auf seinem Bildschirm.

Derjenige, der die Konferenz eröffnet, ist ihr Moderator. Der Moderator verfügt über einige interessante Privilegien wie etwa das Stummschalten der anderen Teilnehmer. Es ist dafür gedacht, ein geschäftsmäßig striktes Konferieren zu ermöglichen. Wer gern etwas sagen möchte, kann «aufzeigen», indem er einen entsprechenden Befehl eingibt. Eine weitere, ungemein nützliche Einrichtung ist das *Rausvoten*: Wenn jemand nachhaltig nervt, kann er per Abstimmung (*voting*) rausgeschmissen werden. Geben beispielsweise von fünf Teilnehmern einer solchen virtuellen Versammlung drei – also die einfache Mehrheit – das «nervt»-Kommando ein, sitzt der ungeliebte Gast unversehens wieder draußen im Hauptmenü.

Nach der damals neuen Fähigkeit des 1984er Apple Macintosh, Textstellen in einen Zwischenspeicher zu kopieren und beliebig oft wieder einzufügen (*paste*), ist eine computergestützte Nervwaffe benannt, das *paste bombing*. Die handbetriebene Version hiervon sind die F-Key-Schlachten, die so heißen, weil viele Kommunikationsprogramme es erlauben, die Funktionstasten (*F-Keys*) mit einzeiligen Phrasen zu belegen, welche dann auf den entsprechenden Tastendruck hin immer wieder abgefahren werden können.

Ich erinnere mich an die Schlacht am Wounded F-Key, die in einer Herbstnacht 1983 in einer netten Online-Runde dadurch ausgelöst wurde, daß unsere Katze über die Tastatur spazierte und, unter meinem Namen, etwa zwei Bildschirmseiten lang «ATD 5117002» (einen automatischen Anwahlbefehl, den ich auf einen F-Key gelegt hatte) auf die Bildschirme der anderen Teilnehmer pumpte. Einer übertrug daraufhin die digitale Version des Fahrplans der Hamburger Verkehrsbetriebe von seiner Festplatte in die Telekonferenz, ein anderer knatterte unaufhörlich seinen Lieblings-F-Key («18 cm...?») dazwischen. **Stalingrad** war nichts dagegen.

Bernard Aboba, Autor der ausgezeichneten *Online User's Encyclopedia*, ist wie viele andere der Ansicht, daß bessere Tools hermüssen, um die Info-Nuggets aus dem vielen Netz-Schotter zu filtern. Um die Entwicklung entsprechender Filter zu fördern, hat Aboba einen **Preis** von 250 Dollar für das beste Filterprogramm ausgesetzt, das von einer Expertenjury beurteilt wird. Die Regeln für die Teilnahme an dem Filter-Wettbeweb erhält man mit einer Mail an

aboba@world.std.com

Betreff: *contest*

In jeder etwas größeren Gruppe von Menschen gibt es einen oder mehrere jener Zeitgenossen, die in Amerika **Bozos** heißen und deren ganzes Sinnen und Trachten sich darauf zu konzentrieren scheint, einem auf den Wecker zu fallen. Jeder, der eine zeitlang online ist, hat eine persönliche Bozo-Liste. Es gibt Netbozos, die Tausende von Leuten pesten, und welche, die sich wie psychologische Cruise Missiles präzisionsgesteuert an die elektronischen Fersen einer bestimmten Zielgruppe oder Person heften. Argumentieren, explizit abweisende Bemerkungen und auch Beschimpfungen nützen nichts, im Gegenteil – der Bozo ernährt sich davon. Man kann die Nervensäge ignorieren, aber irgend jemand, der grade neu dazugekommen ist, fängt sicher wieder von vorn an mit dem ganzen Quatsch.

1992 erfand Jef Poskanzer einen kostenlosen Bozo-Filter für *The Well*, ein beliebtes Onlinesystem in der kalifornischen Bay Area. Die Namen der Bozo-Kandidaten und -Themen kommen in eine *.blist.* Beim Lesen von Nachrichten wird dann jedesmal an signifikanter Stelle nur ein *bozofiltered* angezeigt, man hat also noch einen kleinen Genuß davon.

Die Vor- und Nachteile des Nachrichtenfilterns werden schon lange debattiert. User befürchten, die Installation von Textabsaugautomaten könnten den offenen Meinungsaustausch oder das Gemeinschaftsgefühl beeinträchtigen, das zu den höchsten Werten des Netzes gehört. Ein Instrument, mit dem man Ärger einfach ausweichen kann, könne die Bereitschaft zur kritischen Auseinandersetzung schwinden lassen. Ein anderes Argument ist, daß Leute, die verschiedene Filter laufen haben, unterschiedliche Teile derselben Debatte übersehen würden.

«Ich habe einen Bozo-Filter ausprobiert und war umgehend bekehrt», berichtet der Cyberschreiber Howard Rheingold. «Von 7000 Leuten auf The Well und nach sieben Jahren konstanter Benutzung habe ich nur vier Bozos auf meinem Zettel. Und ich finde, daß die Perspektive, morgens in The Well reinzugucken, nun wesentlich erfreulicher ist, weil ich mich nicht mehr wegen des täglichen Blabla der vier zu sorgen brauche. Tools sometimes work better than rules.»

Inzwischen bekriegen sich bereits vollautomatische Nervnachrichten mit entsprechenden Abwehrprogrammen. Wer gegen die selbstverordneten Regeln des Netzes verstößt, wird staunen, mit welchen Mitteln er zur Räson gebracht wird. Im Mai 1994 verbreiteten Mitarbeiter der Anwaltskanzlei Canter & Siegel aus Phoenix, Arizona, einen Werbetext zur *Green Card Lottery*, bei der in den USA jedes Jahr 35.000 Arbeitsgenehmigungen (*Green Cards*) verlost werden, in einigen tausend Diskussionsbereichen des Usenet – ein sogenanntes *Crossposting*, das jede Menge unnötigen Datenverkehr verursacht. Außerdem handelte es sich dabei um die erste (wilde) Werbeaktion im Netz. Sie löste die größte und erbittertste Nachrichtenlawine seit seinem Bestehen aus. Der norwegische Informatikstudent Arnt Gulbrandsen schrieb ein Programm, das als *cancelbot* (etwa: Abfang-Roboter) Berühmtheit erlangte. Alle Rechner, auf denen E-Mail mit der Absenderangabe «Canter & Siegel» eintrudelt, desintegrieren nun die entsprechenden Nachrichten.

Mit Kommunikationswaffen wie dem Cancelbot werden in Zukunft Netzkriege und Klassenauseinandersetzungen wie die zwischen den geschäftstüchtigen **Anwälten** und den kommerzfeindlichen Netizens ausgetragen werden. Besonders hartnäckige Schwätzer wurden von enervierten Programmierern bereits mit Simulatoren bedacht, die in der Lage sind, den signifikanten Sprachduktus des Schwätzers nachzuahmen und kilometerlange, ziemlich sinnfällige Antworttexte zu generieren.

Amerikanische **Anwälte** tauschen Tips aus, wie man bei einer Scheidung aus dem Computer eines Ehepartners eine Goldmine kompromittierender Information für den jeweils anderen Partner machen kann. Jerry L. McIntyre hielt für seine Kollegen in Rhode Island einen Trainingskurs ab, in dem sie darüber informiert wurden, wie ein Klient Zugriff auf den PC seines Partners erhält, um gegebenenfalls verdeckte Buchführung oder verborgene Aktiva zu entdecken. «Der Computer ist nicht nur eine Quelle finanzieller Informationen, er kann auch weitere Informationen enthalten, die sich auf datierbare Aktivitäten des betreffenden Partners beziehen», sagt McIntyre. Ein prominenter New Yorker Anwalt berichtet, daß eine seiner Klientinnen die Korrespondenz ihres Gatten mit der «anderen Frau» auf seinem PC entdeckte. In einigen US-Bundesstaaten ist solcher Zugriff illegal. Die Gesetzgebung im Bundesstaat Maryland dagegen nimmt den Zugriff auf Homecomputer ausdrücklich von den strafwürdigen Delikten aus

Privacy Journal, 7/94

Ein User, der sich Guru Gnosis Sahib nennt und aus einem aparten Netzbereich namens nullnet in Finnland schreibt, hat einen Neutopia-Simulator geschrieben. Doctress Neutopia ist eine gefürchtete Schwafelkapazität im Usenet. Sahibs Zurückschwafelprogramm ist, wie man nicht ohne Stolz vernehmen kann, «voll konfigurierbar von einem kurzen Statement bis zum kompletten, 100 K langen Neutopia-Manifest», Demo-Output anbei («Wenn Sie sich für die Gaia-Revolution entscheiden, sollten wir meinen Revoliebes-Kreuzzug kreieren...»).

Subversiver wäre die Vorstellung, jemand könnte unerlaubt Zukunftsminister Rüttgers simulieren, der als erstes Mitglied der Bundesregierung per E-Mail erreichbar ist, oder gar in einem hinkünftigen virtuellen Bayern einen Destoibilisator ins Netz schicken, der sämtliche digitalen Bekanntmachungen der Landesregierung atomisieren würde. Gar nicht auszudenken wäre es, wenn ein Bürgersimulator auf der einen Seite mit einem Politikersimulator auf der anderen Seite kommunizieren würde und aber die Menschen im Hintergrund auf beiden Seiten von der Authentizität ihres jeweiligen Gegenübers überzeugt wären.

Eine Art Anti-Filter ist der *feed the NSA line-eater*. Das Programm respektive die Strategie bezieht sich auf die Verschwörungstheorie, daß die National Security Agency (NSA) und möglicherweise noch andere Geheimdienste den ganzen Usenet-Datenstrom nach interessanten Schlüsselworten absuchen. Vom «line-eater» hofft man, daß er eine Menge solcher Schlüsselworte enthält: er schreibt sie an den Anfang jeder Nachricht, die man ins Netz schickt, in der Hoffnung, damit die armen NSA-Computer zu überladen.

Man kann es nie allen recht machen. Peter Mandrellas Programm *CrossPoint* beispielsweise ist ein Juwel an Nützlichkeit, ein sogenanntes Point-Programm, das einem viel Telefongebühren, Sucherei und Hektik beim Umgang mit Mailboxen und Netzen erspart. Das Programm ist Shareware, das heißt, man kann es in Ruhe ausprobieren und sich erst, wenn man es wirklich brauchbar findet, dazu entschließen, die Nutzungsgebühr an den Programmierer zu bezahlen, worauf man eine registrierte Programmversion erhält. Die nichtregistrierte Programmversion erzeugt automatisch am Ende jeder abgeschickten Nachricht eine Zeile mit «unregistrierte Cross-Point-Version».

Fundamentalisten im Netz betrachten das «als Werbung für das kommerzielle Produkt CrossPoint» und damit als «strikt unerwünscht. Nachdem Peter [Mandrella] keinerlei Anstalten macht, dieses Verhalten zu korrigieren», schlägt die virtuelle Revolutionsgarde vor, auf verschiedenen Rechnern im Netz Filterprogramme zu installieren, die jedesmal, wenn sie der CrossPoint-Schlußzeile ansichtig werden, «eine Mail an Herrn Mandrella schickt mit dem Inhalt '<user foobar> hat am <datum> in Gruppe <de.foo> wieder einmal das UseNet mit Deinem Footer verseucht. Diese Mail ist eine Bestätigung dafür, daß es das Netz nervt.»

Folgt ein etwa 400 Zeilen Code umfassendes Programm («kleiner Filter, um Peter Mandrella an die Netiquette zu gewöhnen»).

Sowohl offensives Nerven als auch kreative Formen des Zurücknervens gestatten diverse Arten von Text- und Gesprächssimulatoren. In einer Hamburger Multiport-Mailbox treibt beispielsweise jeweils zu Silvester und am Neujahrstag ein User namens *Comerzus* sein Unwesen im Forum. Comerzus heißt eigentlich COMputer-ERZeugter USer und steht in der Tradition von Programmen wie ELIZA, der virtuellen Psychologin, PARRY, das einen Dialog mit einem Paranoiden vorgibt (zu Programmstart kann man den gewünschten Paranoia-Grad eingeben), oder RACTER – der Name ist eine

Abwandlung von Rezitator -, einer überaus raffinierten Talkware, mit der man sich über Quantenzerfall ebenso wie über italienischen Salat unterhalten kann.

Auf manchen Rechnern ist ein eigenes Kommando (*/bla*) verfügbar, das einfallslosen Zeitgenossen die Faselarbeit abnimmt. «Glaser möchte invertierte Regressionsängste bereden», heißt es dann etwa auf Knopfdruck, «Glaser möchte moribunde Diskussionsperversion einbringen» oder «Glaser will deduktive Übertragungsmaximierung verinnerlichen», ganz wie die kleine Phrasendatenbank grade drauf ist.

In Entsprechung zu Youngs Gesetz der Telekinese («Alle unbeseelten Gegenstände können sich gerade so weit bewegen, daß sie einem im Weg sind») finden sich Netznervensägen stets so weit im Cyberspace zurecht, daß sie es schaffen, interessante Debattenbereiche mit ihrem Gelaber lahmzulegen. Im Usenet behilft man sich in dem Fall mit einem sogenannten *Killfile*. Man erzeugt - a la Poskanzers .blist - eine Datei, die von dem Programm abgefragt wird, mit dem man die Usenet-News liest. Wenn man den Namen einer bestimmten Person in die Datei schreibt, sieht man nie wieder eine Nachricht von ihr. Man kann auch Debattenthemen in das Killfile schreiben, schon ziehen diverse Kelche wohltuend an einem vorbei.

Mandrellas CrossPoint hat einen subtil differenzierbaren «Laberfilter». Auch damit kann man Nachrichten bestimmter User noch vor dem Lesen abfangen. Es lassen sich bis zu zwei Dutzend verschiedener Filterbedingungen definieren. Ebenso kann man damit aber auch, im positiven Sinn, Nachrichten mit bestimmten Begriffen wie etwa «nobody expects the spanish inquisition» oder «Entomologie» in der Betreffzeile einsammeln.

Nützlich ist es also auch noch.

ZWEI UHR NACHTS. DIE NEUNZEHNTE STUNDE.

MEIN ALLEIN

Nacht. Licht läßt mit sich spielen, Abende sind weich, die Nacht aber ist unfaßbar, unteilbar und leicht. Der Raum verlischt, von allen Seiten her flutet Horizont durch die Straßen, und in der Dunkelheit öffnen sich die Fluchten aus Licht. Nacht kommt. Noch vor ein paar Jahren hörte irgendwann nach Mitternacht der eisblaue Signalstrich am Videorekorder auf zu zucken – *Flatline*. **Muerto Media**. Heute dringt die Medienpermanenz vor. Als letztes schließt die ARD nun ihre Nachtlücke.

Ich fühle Millionen von Menschen um mich herum schlafen. Die Wirklichkeit hat ihre Blätter eingerollt, die Phantasie phosphoresziert: Ihr gegenüber leuchtet der Bildschirm meines Computers. Ich bin der Nachtvogel. Der Mann auf dem Leuchtturm, der hier seit hunderttausend Jahren sitzt und langmütig in die Dunkelheit schaut. Ich bin der schweigende Mann auf dem Leuchtturm, der sitzt neben der großen Brennschale, die dreht sich, und der Mann wacht.

Muerto Media.

Ich kann jetzt nicht zu Bett gehen, wo Sie mich doch durch dieses Buch begleiten.

Im Vorland des Kilimandscharo, an der Grenze zwischen Kenia und Tansania, liegt Amboseli, in der Sprache der Massai die «leere Weite». Hier läßt sich der Urraum denken, der sich aus den Köpfen der ersten Menschen in die Welt ausbreitete. Vor zwei Millionen Jahren glühten hier Vulkane, und Jahrhunderttausende später am Fuß der brennenden Berge, im Schutz des von allen anderen Lebewesen gefürchteten Feuers, konnte der Mensch zum ersten Mal die ununterbrochene kreatürliche Anspannung ablegen, die eine in jeder Sekunde gefährliche Umwelt und ein Fortdrängen von Instinkten nötig machte, und er erlebte einen mythischen Moment – Frieden –, der im Inbild des Paradieses, der bezähmten Region, in uns fortlebt. In dem Traum einer von allem Menschbedrohenden bereinigten Welt wurzelt auch Cyberspace.

Alle schlafen. Nun bin ich allein und bin es gern. In der Einsamkeit stimme ich auf ungeheure Weise mit mir überein. Ich bin sehr für die schöne Originaleinsamkeit; mein Allein. Alles andere ist so unsinnig wie industrielle Massenprodukte, denen die Werbung gern eine Anmutung von Individualität verleihen möchte. Das Schöne an der Einsamkeit liegt darin, daß man den Dingen der Welt so geduldig näherzutreten vermag, der inneren Welt wie der äußeren.

Die äußere Welt: der Baum vor dem Fenster. Auf einmal schießt durch das Licht, das aus meinen Fenstern in den Hof fällt, ein Schwarm kleiner Vögel wie von Kanonendonner vertrieben aus einem Gebüsch, schwenkt hoch in die Lüfte und kurvt in einem engen Bogen zurück. Im nächsten Augenblick stürzt alles zu Boden wie von einer Schrotladung getroffen, jedes trudelt und kollert woandershin aus dem zerstörten Bewegungsfluß, und es war gar kein Vogelschwarm, sehe ich jetzt, sondern eine Schar Laub, die von einer Bö aus dem Gebüsch gescheucht worden ist.

Was macht es aus mir und der Welt, wenn ich allein vor dem Bildschirm sitze? Die Übereinkünfte, wie man gemeinsam mit anderen auf Wahrnehmungen reagiert, fallen in der Einsamkeit ab. Ich muß nicht mehr reden. Die Sprache spricht stumm und geduldig mit mir, und ich mache still oder so leichthin, daß es von jedem körperlichen Gegenüber verweht würde, die Form der **Gedanken** daraus. Einsamkeit läßt mir Zeit. Ich bin andächtig, und zwar ganz unromantisch; die Hundescheiße auf dem Gehsteig ist Hundescheiße, Sahnejoghurts sind Sahnejoghurts, Tod ist Tod.

Einsamkeit macht die Welt köstlich. Der Geschmack an dem, was zu erfahren ist, wird pur. Einsamkeit ist, ebenso wie Glück oder ein anderes der großen Gefühle, kein anstrebenswerter Dauerzustand. Sie hat ihren Platz in den Gezeiten der Gefühle und ist, wie etwa die Liebe, nicht einfach nur Gefühl, sondern Fähigkeit. Einsamkeit ist eine Handlungsmöglichkeit, etwas, für das ich kann. Ich bin für mich; etwas rundweg Positives also.

«Ich habe oft des Nachts über einen Einfall lachen müssen, der mir am Tage schlecht oder gar frevelhaft vorkam.»

Lichtenberg

Als ich noch sehr jung war, empfand ich bei Besuchen auf dem Land mit dem Abend und in der Nacht etwas Hartes, Seelendunkles, Unumgängliches, oder ich empfand es tags in Augenblicken der Stille, die sich wie große Fenster immer wieder in die Landschaft hinein öffneten. Es war das Vorgefühl derjenigen Einsamkeit, die nur Gefühl ist und die man erleidet. Jene Einsamkeit, die geradezu als Synonym für «falsches Leben» gilt: Verlorenheit, Verlassenheit, Leere. Glück erzeugt dieselben Symptome, wenn es zu lange nur gefühlt und nicht geschmiedet wird. Mir macht es immer wieder Freude, für mich zu sein.

Am schönsten ist es, wenn sich die äußeren Entsprechungen des inneren Alleinseins finden – die einsamen Orte. Plätze in unsichtbaren, nomadischen Zeltdörfern. Wie die elektrische Beleuchtung nachts in den Städten Schluchten und scharfe Schächte aus Licht aus dem Dunkel schneidet, breite ich mich in schöner Einsamkeit durch Landschaften hin aus, reale wie vorgestellte, und errichte Stützpunkte, die nur ich wiederfinden kann, an Orten, an denen ein Eindruck greifbar wird von den Jahrmillionen, durch die dieser Ort schon gegangen ist, und nun sitze ich an seinen Ufern, der Einsame.

Wie Wintersonne strahlt der Bildschirm, und zu der schönen Einsamkeit kommt noch das Glück der freien Hände – ohne etwas, das ich tragen muß oder möchte, unterwegs zu sein nach keinem Ziel.

Ich sehe noch einmal in das Schlafzimmer, wo meine Frau ruhig schläft, ihr zu Füßen die Katze, und fahre zu Winni. Die Stadt, Kraftwerk der Unrast, summt wie ein unausgesetzter Triumph über die Stille. Als ein vergröberter Widerschein der Netze erscheint die Stadt im Wasserspiegel der wirklichen Welt.

Winni ist mein Toastmaster. Für gewöhnliche Menschen ist es nach wie vor ein abenteuerliches Unterfangen, einen richtigen Internet-Zugang zu finden. Man ist gezwungen, sich Gleichgesinnten anzuschließen und etwas auf die Beine zu stellen, wofür die Amerikaner den Begriff *Toasternet* geprägt haben: ein Netzwerk oder einen Internet-Anschluß mit billigsten und einfachsten Mitteln.

Winni ist exzessiv computerophil. Er ist der einzige Mensch, den ich kenne, der diesen Instantkaffee trinkt, für den mit diesem Mensch-morpht-zu-Schwein-morpht-zu-Mensch-Spot geworben wurde, und ich bin sicher, er trinkt ihn als eine Art Tribut an den schönen Effekt, nicht weil der Kaffee besser schmeckt als anderer Instantkaffee.

Nichts ist zu hören als Festplattenlüfter und Tastaturklackern, das nach Gelassenheit und Routine klingt. So wie Winnis Zimmer müßte es aussehen, wenn Ikea Raumschiff-Kommandobrücken bauen würde. Oh, ich träume von einem Cyberpunk-Film, einer düsteren Space-Opera, in der die Raumschiffe von Ikea sind und das Wartungspersonal in klarblauen Raumanzügen vor der Weichholzwandung des Mutterschiffs im All schwebt, neben ihnen gigantische, mattschwarze Imbusschlüssel, die sich kaum abzeichnen vor der Tiefe des Kosmos.

Auf einem Regal hinter Winni steht ein kleiner Fischertechnik-Triumphbogen. Auf jeder freien Fläche ein Sediment aus Papieren und Tastaturen. Nie zuvor so viele verstreute Tastaturen gesehen. Auf einem Sperrholztisch drei zu einer totemistischen Traube zusammengeschobene Terminals.

Die Leitungskapazität, die Winni in seiner Sozialwohnung zur Verfügung steht, entspricht etwa derjenigen der Universität Hamburg. Toasternet.

Kellermann ist auch da.

Während aus der Küche die Kaffeemaschine röchelt, unterhalten wir uns über die offiziellen Nachtausmaße verschiedener Städte.

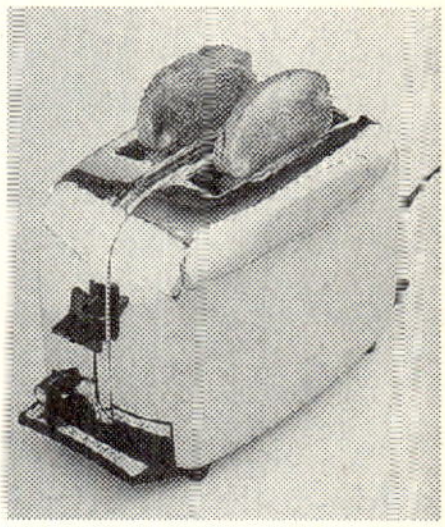

Kellermann kommt wie ich aus einer kleinen Stadt, in der spätestens gegen Mitternacht keine Busse mehr fahren und die Kneipen dichtmachen, und es hat ihn wie mich immer weiter fortgelockt in die rauschende Finsternis und die Lichter der Stadt. Er war zwei Jahre in New York gewesen, man möchte meinen: der nightiest aller Cities, «aber es wird nach einer gewissen Zeit langweilig», sagt er.

Ich nicke.

Der Versuch, die Tiefen der Nacht zu erforschen, stößt irgendwann an seine Grenzen. Ich erzähle vom Amenti, der altägyptischen Unterwelt. Durch dieses Land fährt die Sonne in der Nacht, und dort strahlt ihr Licht seine Kraft von unten auf die Pflanzen ab und läßt sie wachsen.

Gegen drei stößt Carsten zu uns, der nie vor Mitternacht kommt. Er ist Programmierer und war noch beim Chinesen essen. Programmierer essen gern chinesisch, weil die Menüs numeriert sind und die Gerichte kryptische Namen tragen, und sie lieben den nächtlichen Leuchtkreis der Schreibtischlampe, weil er dem begrenzten Datenraum des Computers mehr entspricht als die in irgendeine Unendlichkeit aufragende Helligkeit des Tages, und weil die

Lichtzeichen am Monitor dem elektrischen Glanz der städtischen Dunkelheit so nahe verwandt sind, ist auch er bevorzugt nachts unterwegs.

Carsten erklärt uns die Zusammenhänge zwischen dem Wachstumsverlauf einer Kletterpflanze, die sich neben dem Sofa über zwei Bambusstäben hochrankt, und der Struktur des Programms, an dem er gerade arbeitet.

Für die Menschen der Vorzeit muß es eine gewaltige Leistung gewesen sein, die Veränderungen und wiederkehrenden Muster in dem Meer der Sterne am Himmel zu beobachten und zuzuordnen. «Früher», sage ich, von einer Vorstellung belebt, «in der Nacht der Zeiten, müssen die Menschen jahrtausendelang im Dunklen auf dem Rücken gelegen und in den Himmel geschaut haben.»

«Mußten sich vom aufrechten Gang erholen», sagt Kellermann.

Nächtliche Gespräche sind inspirierter, zügelloser und verrückter als Tagesthemen. Wir kommen zu dem Schluß, daß diejenigen, welche die Lichter der Nacht richtig zu deuten wissen, seit jeher die Nase vorn haben. In unseren Augen leuchtet es.

DREI UHR NACHTS. DIE ZWANZIGSTE STUNDE.

DIE HERREN DER INFOBAHN

Jemand wählt sich von außerhalb in Winnis System ein. Das Modem pfeift. Mich erinnern die Töne immer an diese Pfeifen, die Jäger verwenden, um Wild anzulocken. Stelle mir vor, im Morgennebel auf einem Hochsitz einen 14400-Baud-Trägerton zu pfeifen und zu beobachten, wie sich unruhig nach einem Terminal suchende User auf einer Lichtung versammeln.

«Das ist Exrom», sagt Winni, der über ein virtuoses Unterscheidungsvermögen verfügt und unseren gemeinsamen Freund am Ton seines Modems (ein Zyxel) erkannt hat.

Datenautobahn? - «Die Autobahnen unterstehen der Länderhoheit.» (Kohl) Die Männer, die in Deutschland über die technologischen Weichenstellungen entscheiden, sind mit dem Röhrenradio aufgewachsen. Im September 1995 beklagt der Präsident des Bundesverbands der Deutschen Industrie (BDI), der ehemalige IBM-Europa-Chef Hans-Olaf Henkel (55) in einem Zeitungsinterview: «Bisher kann ich nur Forschungsminister Rüttgers per **Infonet** erreichen.» Henkel meint das Internet.

Cyberspace bedeutet eine Menge verschiedener Dinge für eine Menge verschiedener Leute. Einig sind sich alle darin, daß die politischen, wirtschaftlichen und sozialen Folgen seiner Kolonisierung enorm sein werden. Die gegenwärtigen Diskussionen werden getragen von den Fragen, wer Zugang zum öffentlichen Datenraum haben wird, wer davon profitieren wird und wer ihn kontrolliert. Soll die Entwicklung von Behörden privatwirtschaftlich oder von unabhängigen Organisationen betrieben werden? Wie weit soll die Freiheit von Meinung und Kunst gefaßt werden in dem neuen Gebiet? Was ist mit virtuellen Dingen, die über die Grenzen von Hunderten Staaten verbreitet werden und sich weder an Zollbestimmungen noch an nationale Regeln der Sittlichkeit oder des Urheberrechts gebunden sehen?

Wem gehört der **Cyberspace**? Uns. Daneben gibt es noch ein paar Leute, die drumrum dabei sind, die Bewässerungsgräben des Informationszeitalters auszuheben – Mediengiganten, Computerunternehmen, Telefonriesen, Videospielfirmen, die Unterhaltungselektronikbranche, die Kommunikationsgerätehersteller.

Der Götze der Wirtschaft für´s 21. Jahrhundert ist die digitale Konvergenz – die Vereinigung von TV, Telefon und PC zu einer einzigen Maschine. Information, das Graue Gold, durchströmt das Medium und macht uns zu Zwischenhändlern – «Interaktiven». Ein letztes analoges Abendrot sehen wir in Ruhe, danach nur noch den kalten Feuerschein der Jahrtausendschlacht um die Neueste Welt.

Und nicht nur die Technik konvergiert. Vor zehn Jahren beschrieb der amerikanische Rechtswissenschaftler Ithiel de Sola Pool, wie sich in den USA die gesetzlichen Grundlagen der drei Kommunikationsdomänen – Funk & Fernsehen, Printmedien und *Common Carrier* – ganz eigenständig entwickelt haben. Die Printmedien wurden vom Verfassungsgrundsatz der Meinungsfreiheit geleitet, die Common Carrier – Telefon, Post und einige Computernetzwerke – vom Prinzip der flächendeckenden Versorgung, die jedem Bürger zu fairen Konditionen und ohne Diskriminierungen zur Verfügung gestellt werden müsse. Einzig Radio und Fernsehen sind in hohem Maß staatlich reguliert, die Frequenzen werden festgelegt, Zulassungen von staatlichen Stellen vergeben. Mit der weiteren Ausbreitung der Telekommunikation werden sich die drei Domänen zu einem großen System verbinden. Pool befürchtet, daß der Trend zur politischen Regulierung anhalten wird und die Tradition der freien Meinungsäußerung in einer Informationsgesellschaft unterlaufen werden könnte.

Video auf Abruf, Online-Games, virtueller Einkaufsbummel und so viele Fernsehkanäle, daß man eine Fernbedienung mit Motor brauchen wird – umweht von hinkünftigen Herrlichkeiten hat ein titanisches Gerangel um Übertragungswege, Techniken und Programme eingesetzt, welche die Megamaschine im Wohnzimmer voll auslasten sollen. Eine weltumspannende Infrastruktur einheitlich digitaler Netze – der amerikanische Vizepräsident Al «AlGorithmus» Gore, dessen Vater am Aufbau des amerikanischen Autobahnsystems beteiligt war, nennt es den Information Superhighway. Keiner weiß genau, was es ist, und die Wirtschaft wird 100 Milliarden Dollar in es investieren, sagt die Marktforschung.

Die Datenautobahn ist der Weg. Das Ziel ist die Telezivilisation. Dazwischen liegt der Wilde Westen der Wirklichkeit. Als ihn im Mai 1994 eine Abordnung von Indianern im Weißen Haus besuchte, nutzte Vizepräsident Gore die Gelegenheit, ihnen die Verheißungen des künftigen Infohighways nahezubringen, und beklagte, daß bislang nur ein Stamm ans Internet angeschlossen sei. In abgelegeneren Teilen des Landes wären die Ureinwohner auch schon mit fließendem Wasser und Licht ganz zufrieden.

Fließendes Licht ist der Schlüssel zur ersten Ausbauphase der Datenautobahn – Glasfaserkabel. Die Inhalte der alten Medien sollen durch das neue Medium fließen. So war es bisher immer. Im Kino waren so lange Theaterstücke zu sehen, bis der Film zu sich selbst gefunden hat. Im Fernsehen waren erst einmal Kinofilme zu sehen. Im Cyberspace wird erst einmal ALLES zu sehen, zu hören und zu lesen sein. Konvergenz also.

Was passiert, wenn sich Computer und Telefon verbinden, sieht man am Inter-

Frank Wössner, Vorstandsvorsitzender Bertelsmann. Kontrolliert etwa 300 Einzelgesellschaften, u.a. Gruner + Jahr, RTL, VOX und den Pay-TV-Kanal Premiere.

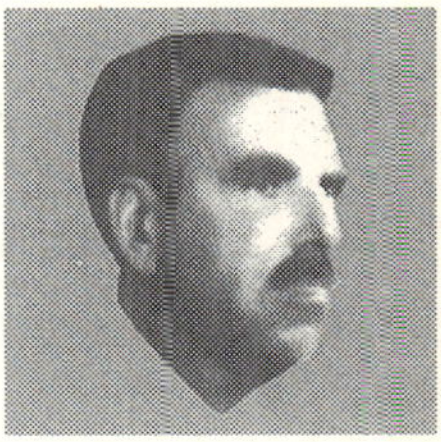

Gerald Levin, Chef von Time-Warner, Jahresumsatz 14,6 Mrd. Dollar. Von Disney durch den Erwerb des ABC-Networks von Platz 1 der Medienriesen verdrängt.

Ed McCracken, seine Firma Silicon Graphics machte mit leistungsfähigen Grafikrechnern Furore.

net. Das Internet ist ein humanistischer Traum. Aus historischen Gründen ist es immer noch stark am akademischen Betrieb orientiert. Das soll nun anders werden.

Es gibt zwei diametral entgegengesetzte Möglichkeiten, wie Cyberspace einmal aussehen wird: wie das Internet oder wie das Fernsehen. Zwei Superstrukturen auf Kollisionskurs.

Raten Sie mal, was aus der emsigen Debattier- und Schreiblust im Netz wird, wenn sich auf demselben Weg Filme und Videoclips abrufen lassen? Vielleicht aber haben bereits jetzt genug Menschen vor Begeisterung im Internet eine gewischt bekommen, wo Aktivität so selbstverständlich ist, daß nicht erst mühsam ein Begriff wie «Interaktiv» abgestellt werden muß, und wo sich ein praktischer und zugleich phantastischer Eindruck von fortschreitender Demokratie vermittelt – und von Freiheit. Vielleicht wollen die Leute das behalten. Cyberspace – Raum ohne Wände, offen und frei in dem Sinn, daß jeder eingeladen ist, teilzunehmen, und Möglichkeiten hat, sich frei mit allen anderen auszutauschen. Und eine Chance, der Spirale von Überindividualisierung in unseren westlichen Gesellschaften zu entkommen.

Nun kommen die Conquistadoren.

Was passiert, wenn sich Fernsehen und Computer verbinden, kann man am Videorekorder studieren. Er ist ein Fernseher (ohne Bildschirm) und ein Computer, der programmiert werden möchte. Kennen Sie jemanden, der seinen Videorekorder programmiert? Und warum würde jeder, der einen PC hat, mit Vergnügen ein Programm bedienen, mit dem sich der Videorekorder vom Bildschirm aus ansteuern ließe, der reale Rekorder aber bleibt ungedrückt im Regal stehen? Konzeptionsfehler wie winzige Tastenfelder oder irre Bedienungsanleitungen («Treten Sie die Nummer ein und lassen Sie sie eingelagert») haben das Massenphänomen des Rekordermuffels erzeugt. Das Problem der Bedienbarkeit vulgo Beherrschbarkeit läßt sich an zwei Ansätzen illustrieren: der Einknopfbedienung des Fernsehers und der Vielknopfbedienung über die Computertastatur.

Auf der Tastatur ist der gesamte alphabetische Zeichenvorrat unserer Kultur versammelt, ein Maximum an sprachlichen Ausdrucksmöglichkeiten. Das möchte man sich nicht nehmen lassen. Natürlich sieht auch der vollalphabetisch agierende Internet-User fern, spielt Supermario oder ißt den Spinat mit dem Blubb. Die meisten kulturpessimistischen Denkmodelle («Wenn Neil Postman zweimal klingelt») basieren auf dem Denkfehler einer scheinbar linearen Entwicklung, die jeweils Alternativen ausschließt – entweder Buch oder Fernsehen, entweder Natur oder Cyberspace. Damit bastelt man sich aber bloß ein Problem, das es nicht gibt. Es gibt nur das Viele.

Bill Gates. Seine Firma Microsoft will sich nicht nur auf Software konzentrieren. Will 840 Satelliten ins All schießen.

John Malone, Telecommunications Inc. (TCI), größter US-Kabelanbieter (5,8 Millionen. Haushalte).

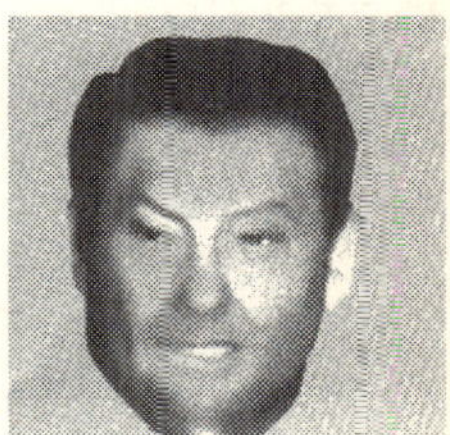

Leo Kirch, als «Filmhändler» unterschätzt. Plant einen Alleingang im Vertrieb von *Set-Top-Boxen*, die Zugang zu universellen TV- und Datendiensten leisten sollen.

Besitz heißt, die Begriffe zu beherrschen. Ein gutes Beispiel ist der Begriff Cyberspace selbst. Nachdem ihn William Gibson geprägt hat, übernahm ihn die amerikanische Hackerszene, um auf den Punkt zu bringen, daß ein Leben im Computer möglich ist und daß es wild und aufregend ist. Im zweiten Drittel der achtziger Jahre ließ der Boom im PC-Geschäft erstmals nach, der Markt war gesättigt. Für die Industrie stellte sich die große Frage, wie man jemandem nochmal 10.000 Mark für den nächstgrößeren Computer aus der Tasche ziehen kann, obwohl er bereits einen hat. Die Lösung hieß Cyberspace. Man muß den Leuten eine Weltanschauung verkaufen und kann ihnen nebenbei noch einen neuen Computer beilegen, der diese Weltanschauung angeblich umsetzt. Cyberspace – gemeint war 3D-Grafik in Echtzeit, die auf Körperbewegungen reagiert – wurde ein gefundenes Fressen für die Medien, allein des bizarren Equipments wegen, Datentaucherbrille usf. Kulturpessimisten sahen sich endlich in ihren schlimmsten Befürchtungen bestätigt: Die Leute fingen an, Fernsehapparate anzuziehen! Wie schon oft hatten Marketingleute einen Subkulturbegriff zu einem Teaser für ihre Produkte gemacht.

Infobahn ist Big Busineß und Ausdruck von Gesellschaften, in denen es anscheinend keine soziale Visionen mehr gibt, sondern nur noch Vorstellungen von neuer Technik. Für die Aufbauphase der europäischen Datenautobahnen forderte der Vizepräsident des Marktforschungsinstituts IDC, David Moschella, den Rückzug der Regierungen, die Aufhebung aller Monopole und restriktiven Vorschriften sowie finanzielle Unterstützung der neuen Strukturen durch den Staat. Die Sicherheit oder Privatheit der Datenströme solle die Industrie über eigene Gremien regeln, bis sich etwa um das Jahr 2020 das neue Netz saturiert habe und «Themen wie soziale Gerechtigkeit, Gleichheit sowie Fairneß ins Netz Einzug halten und im Konsens mit nationalen Vertretern ausgehandelt werden» könnten. «Niemand», sagte John Malone, Aufsichtsratsvorsitzender des Mediengiganten Telecommunication Inc. (TCI) in einem ABC-Interview, «wird Hunderte Millionen Dollar im öffentlichen Interesse investieren. Wenn jemand diese Haltung vertritt, fliegt er raus.»

Die amerikanische PR-Firma Ketchum Worldwide testet gerade für die amerikanische Kartoffelindustrie interaktive Kioske in Supermärkten und verbreitet im Internet Informationen über kulturelle Aktivitäten einer US-Brauerei. «Wenn wir künftig einen ganzen Highway für die Kommunikation zur Verfügung haben», schwärmt Chairman David Drobis, «dann ist es oberste Aufgabe der Public Relations, ihn im Sinne der Unternehmen zu nutzen.»

Der Handel fährt auf der Datenautobahn herrlichen Zeiten entgegen. Virtuelle Läden haben rund um die Uhr geöffnet, sie brauchen keine Verkäufer, und Ladendiebstahl ist praktisch ausgeschlossen. Marktforschung vereinfacht sich radikal, da die Konsumenten den Untersuchern direkt in den Computer laufen. Das Programm *Visionary Shop-*

per der US-Firma Market Ware Simulation Services erlaubt es, am Bildschirm durch einen Laden zu gehen, Waren in den Regalen anzusehen und zu kaufen. Gleichzeitig kann so präzise wie nie zuvor analysiert werden, wie lange ein Kunde vor einem Produkt verweilt oder wieviel er kauft.

Nun die gute Nachricht: Weil die Benutzer im interaktiven Medium die Kontrolle haben, werden Werbebotschaften sich nicht mehr so leicht aufdrängen lassen wie bisher. «Unsere Art der Kommunikation», sagt eine Marketing-Spezialistin, «muß sich vom Überfall zur Romanze wandeln.» Seid Netz zueinander.

Silvio Berlusconi, dem ehemaligen italienischen Ministerpräsidenten gehören die drei wichtigsten italienischen Kommerzsender und einige Pay-TV-Sender.

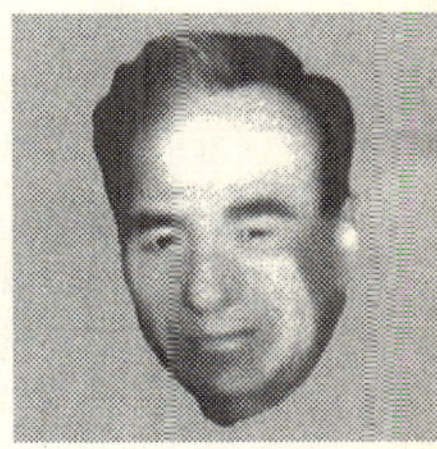

Rupert Murdoch, erreicht mit der News Corporation 2/3 der Weltbevölkerung.

Sumner Redstone, Inhaber von Viacom (MTV), kaufte den Videoverleih Blockbuster und die Paramount-Studios für 10 Mrd. Dollar.

Alles ist eine Frage von Information. Die Dinosaurier sind bloß ausgestorben, weil es damals noch kein Fernsehen gab. Man hätte eine Hilfsaktion ins Leben gerufen, Spenden wären geflossen, Reservate eingerichtet worden. Wie man an den Animationen in *Jurassic Park* sieht, verhilft die Informationstechnologie den Sauriern sogar entschädigend zu einer Wiederauferstehung.

Diejenigen, die heute schon das große Geld mit Film und Fernsehen machen, werden tunlichst im Cyberspace auf ihre Pfründe achten. Unerwünschte Tendenzen wären für sie beispielsweise, wenn sich nach der E-Mail die E-Videos durchsetzen würden, oder wenn ein Konzept weiterentwickelt wird, das Vordenker unter dem Begriff *Internet Money* diskutieren – eine Art Parallelgeld, genauer gesagt: Handel und Wandel ohne Geld.

In einigen Gegenden von England, in denen

die Arbeitslosigkeit hoch ist, gibt es Vergleichbares realiter. Dabei streicht ein arbeitsloser Maler einem arbeitslosen Schlosser die Wohnung und kriegt dafür einen geldwerten Betrag in einer im Bezirk vereinbarten Währung. Mit seinem Coupon kann er nun bei jedem, der sich dieser Währungsgemeinschaft angeschlossen hat, etwas kaufen.

Vor kurzem forderte der Nationale Forschungsrat der USA die Regierung auf, darauf zu achten, daß ein geplantes Telekommunikationsnetz für alle offen sei. Es darf keine Informationsobdachlosen geben. Zuvor hatten Bürgerrechtsorganisationen bereits kritisiert, daß Kabel- und Telefonfirmen ärmere Gebiete mit Minderheiten bei der Entwicklung des Netzes nicht ausreichend berücksichtigen.

In Seattle haben Obdachlose tagsüber in der öffentlichen Bücherei Unterschlupf gefunden – als Tramps am elektronischen Superhighway. Sie hängen nicht einfach rum, sondern sie sehen sich an einem von 35 Terminals mit freiem Zugang zum Internet in der Welt um. «Ich brauche keine Drogen. Ich trinke nicht», sagt einer von ihnen, «das hier macht mich high.» Im Netz könne keiner sehen, daß er schwarz sei und keinen Job habe.

Dem Konzept der Datenautobahnen muß man zugutehalten, daß es sich um den ersten wirklich friedlichen Versuch in diesem Jahrhundert handelt, unsere Gesellschaften technologisch umzuformen. «Wenn das Zeitalter der Information von uns den Einsatz aller Fähigkeiten gleichzeitig verlangt», schrieb Marshall McLuhan vor dreißig Jahren, «dann entdecken wir, daß wir dann am stärksten das Gefühl empfinden, frei zu sein, wenn wir am intensivsten <dabei>, also mit einbezogen sind.»

Telewelt. Wir werden kein Fernweh mehr fühlen in diesem magischen Anschein von Nähe, der den Cyberspace durchstrahlt. Das Bleiben wird die definitive Lebensart der kommenden Jahrzehnte werden; das Bleibenlassen die bevorzugte Handlungsweise.

Nur manchmal noch werden wir Heimweh haben nach einem satten, kleinen Hier und Heute, das matt geworden sein wird unter diesem wunderbaren Gefühl, überall und immer da zu sein.

VIER UHR FRÜH.
DIE EINUNDZWANZIGSTE STUNDE.

SEI ONLINE, SEI MEIN

An unserem Gespräch nehmen nebenher noch Leute aus verschiedenen Teilen der Welt teil: Auf zwei Bildschirmen läuft IRC, der *Internet Relay Chat*. Wir tippen ab und zu ein, was wir für mitteilenswert halten. Das IRC ist der größte elektronische Kaffeehaustisch der Welt. Man sitzt mit Leuten aus München, aus Clausthal-Zellerfeld, aus Oslo, New York und Tokyo beisammen. Bin ich online, so sehe ich den Computer wie einen Zimmerspringbrunnen. Statt Wasser plätschert Text.

«<Information ...>, seufzte ein Romanagent von 1945. <Was stimmt nicht mehr an Drogen und Weibern?> Kein Wunder, daß die Welt verrückt spielt, seitdem Information zum einzigen realen Tauschmittel geworden ist.»

Friedrich Kittler

Online zu sein ist eine Lebensart. Früher habe ich bei der Morgentoilette die Badezimmertür offengelassen und den Modemlautsprecher aufgedreht, um sofort zu hören, wenn ein angewählter Rechner einen Trägerton schickt (daß man nur schwer durchkommt, ist ja inzwischen auch wieder modern). Plötzlich hatte man Bekannte, die FRIMP, PAPPNASE, W.C.S. oder JUDAS heißen. Ich nenne mich POETRONIC, kurz POE, nach dem Dateinamen eines kleinen Basic-Programms, das ich mal vor Jahren geschrieben habe und das nach dem Modell des Satzes «Still ruht der See» automatisch aus einer kleinen Wortdatenbank schöpft und schlechte Gedichte erzeugt.

Ein echter Online-Junkie frühstückt am

Rechner und liest statt der Morgenzeitung seine E-Mail, die News oder hängt sich in einen der zahllosen Plauderkanäle des IRC. Er kann sich sorglos Kaffee in die Tastatur kippen, da ihr Inneres mit einer saugfähigen Mischung aus Brötchenkrümeln, Zigarettenasche und Katzenhaaren ausgepolstert ist.

Heutzutage ist jeder online. Sogar Biedenkopf haben sie schon vor ein Terminal gesetzt. Damals, als ich meine Frau – im Netz ist sie ROSA – kennenlernte, waren öffentlich zugängliche Online-Dialogsysteme noch rar wie Radioteleskope. Es gab ein System in München (Altos) und eins in Aachen (RMI), beide schwer zu erreichen. Und es gab den Relay Chat auf den Rechnern von CERN. Physiker benutzen die riesige Anlage bei Genf als Teilchenbeschleuniger. Deutsche Hacker benutzten sie als Zeilchenbeschleuniger. Um hallo zu sagen, mußte man eingeben: «TELL RELAY AT DEARN: hallo.»

Gelegentlich saßen wir zu viert vor meinem C64 und flirteten unter einem hüstel geborgten Namen mit wissenschaftlichen Assistentinnen, die sich an irgendwelchen Versuchsanordnungen mopsten.

Jeder hat **Herzklopfen**, wenn er das erste Mal online ist. Es ist ein seltsames, aufregendes Gefühl von Nähe. Während sich das erste Mal fremde Menschen auf ihrem Bildschirm zu Wort meldeten, sagt ROSA, sei ihr gewesen, als hätten sie leibhaftig im Zimmer gesessen, so präsent; ROSA hat sich nach einer Katze benannt (und die Katze nach Rosa Luxemburg). Man fühlt, daß es eine der seltenen Gelegenheiten ist, zu denen man etwas wirklich Neues erlebt. Alles sieht aus wie sonst. Ab und zu streicht von alleine eine Zeile über den Bildschirm, und könnte ebensogut der Output eines Programms sein. Etwas ist da, aber es ist nicht zu sehen, nur zu erfahren. Es ist die ungreifbare Nähe der neuesten Welt.

Es gibt Momente, in denen ich die Zartheit empfinde, mit der die Kathodenstrahlung das Glas von innen berührt und den Computerbildschirm zum Leuchten bringt. Ein Haus, an **Rosen** gelehnt, hieß es bei Gottfried Benn. Heute gibt es keine Gedichte mehr, dafür Prosa, an die Bildröhre gelehnt, an das gläserne Blatt.

Nach der Liebe ist das Licht die wunderbarste Zärtlichkeit der Welt. Licht berührt alles. Licht und Geist sind einander nah. Für mich war es eine Wohltat, von der Schreibmaschine auf den Rechner zu wechseln. Der Schriftsteller, seit jeher hart am Rand des Stofflichen tätig, rückt mit dem Schreiben am Computer seiner Bestimmung ein gutes Stück näher. Meine Tinte ist das Licht.

Technikfreaks und vor Wissenschaftlichkeit witzlos gewordene Studentinnen finden solche Ansichten romantisierend und fuzzy. Sie wissen nichts von der tiefen Macht der Sprache. Sie glauben, Poesie habe etwas mit Feuerschluckern in der Fußgängerzone zu tun. Aus demselben Grund werden sie in der Onlinewelt, die – noch – Sprache, Sprache, Sprache ist, keine wunderbare Liebe finden. Die Liebe nämlich ist das Allerfeinste. Und feiner als mit Worten läßt sich nicht locken. ROSA ist meine Zeugin.

Es ist nicht das Licht allein, aus dem die Worte am Bildschirm leuchten. Erst durch die Nacht wird das Licht zu einem wahren Leuchten. In einer klaren Nacht sieht man hinaus in die Unendlichkeit. Wie schwarzer Schnee fällt die Dunkelheit, kühl, herzlos und sanft, und der Raum verliert sich in Zimmern und unter den Lampen in Lichtdomen. Die Nacht ist unergründlich, die Liebe auch, das fügt sich. Dazwischen leuchten Bildschirme.

Nachts kehre ich die Bildschirmfarben oft um, weiße Zeichen auf schwarzem Hintergrund. So reicht die Nacht randlos vom All bis an meine Worte, und die leuchtenden Worte stehen gleichauf neben dem Licht der Sterne. Wer sich über all das Klarheit verschafft, kann sein Glück auch in einem Computer finden.

1988 programmierte der damals 19jährige Jarkko Oikarinen an der Universität von Oulu in Finnland das Original **Internet Relay Chat**-Programm.

«Wer in sich recht ernstlich hinabsteigt, wird sich immer nur als Hälfte finden; er fasse nachher ein **Mädchen** oder eine Welt, um sich zum Ganzen zu constituieren, das ist einerlei.»

Goethe

«Es ist albern, Menschen in gut oder schlecht zu gruppieren. Menschen sind entweder **charmant** oder langweilig.»

Oscar Wilde

Das System, in dem ich ROSA kennengelernt habe, heißt Tornado (heute TECS – Tornado Electronic Communications System). Vor zehn Jahren, im Dezember 1984, ging die Tornado als eine der ersten deutschen Mailboxen online. Die Software war von Sysop Thomas Schewe in Basic handgesägt und lief auf einem Sirius-1 mit 10 Megabyte Festplattenkapazität. Schewe hatte von seinem Vater einen Wollgroßhandel übernommen und konnte sich einen solchen Riesenrechner leisten. Den Namen verdankt die Mailbox einer Hose, welche die Firma in den siebziger Jahren produziert hat: die Tornado-Jeans. Im Herbst 1987 wechselte Schewe auf einen moderneren Rechner, schloß acht Telefonports an und schrieb ein Konferenzprogramm, das Forum.

Das Forum verwandelte die Tornado in eine Art Alices Restaurant der späten achtziger Jahre. Alles kostenlos und 24 Stunden geöffnet. Ein Teil der Hamburger Hacker-Hautevolee, Subkultur, Studenten, ganz gewöhnliche Leute und jede Menge Bitkids wählten sich im wahrsten Sinn des Wortes die Finger wund. Man muß sich das so vorstellen: Es gibt ein phantastisches Lokal in der Stadt, in das aber nur maximal acht Gäste reinpassen. Außerdem wird man nach 40 Minuten wieder abserviert und muß sich erneut mit den anderen am Eingang drängeln. Der automatische Rauswurf (*Timeout*) sollte auch anderen eine Chance geben, in die Box zu kommen.

Am 26. März 1989 erschien ROSA das erste Mal im Forum. Sie gebärdete sich kolossal kratzbürstig und weckte meinen Ehrgeiz, eine olympische **Charmeoffensive** zu versuchen, sowie meinen Missionierungsdrang, ihr die verborgenen Reize des virtuellen Ortes zu eröffnen («du bist willkommen, da hilft kein toben & kein schrein»). Mit Adleraugen versuchte ich in den nächsten Tagen an der Art, in der sie ihre Zeilen abfaßte, ihre Wesenszüge auszumachen.

Online miteinander verständig zu sein ist immer noch so neu, daß es kein deutsches Wort dafür gibt. Telekonferieren ist vollkommen unpassend. Manche verwenden die englische Bezeichnung chatten. Am verbreitetsten ist «online sein»; das, worum es geht, ist tatsächlich weniger eine Tätigkeit als vielmehr eine Verfassung. Am prägnantesten ist das englische Kürzel TBT – *Talking By Typing*. Sprechen und

Schreiben in einem.

Es gehört zu den besonderen Aufregungen des TBT, sein Fingerspitzengefühl so seismographisch wie möglich zu entfalten. Stumme Zeilen sprechen vom Bildschirm, ohne Mimik, Gestik und Untertöne. Geradezu klassischer Ansatz für eine vorurteilsfreie Begegnung. Daß nur der karge Standard-Bildschirmzeichensatz zur Verfügung steht, befördert übrigens die sprachliche Spielfreude und das Improvisationsvermögen ungemein. Wortstenogramme wie -= («bis gleich»), ge* («gestern») oder n8 («´nacht») lassen den Dialogfluß glitzern. Wir vergnügten uns wie lang nicht mehr. Wir spielten das Kinderspiel, bei dem man so tut, als würde man Kaffee eingießen, als würde man Milch dazugeben und als würde man den Kaffee trinken.

London (dpa) - Internet macht süchtig. Einige der Süchtigen lassen sich absurderweise behandeln, wo sie krank geworden sind: Seit Februar existiert das «Zentrum für Online-Sucht» im weltweiten Internet. Das berichtet das britische Wissenschaftsmagazin *New Scientist* in seiner neuesten Ausgabe. Die ständige Datensuche in den Netzen könne zu «klinisch signifikanten Streßsymptomen führen», erklärte der Psychiater Ivan Goldberg dem Magazin.

Wer noch nie online war, soll nicht zu viel erwarten. Die meisten Gespräche verlaufen online ebenso uninspiriert wie in der Kneipe. Wie in Welt I kommt es auch online auf die Leute an, und auf die Gunst der Stunde. Für die meisten ist der Computer schlicht Arbeits- oder Spielgerät und Datenfernübertragung ein netter Spaß. Es ist eine Frage der Einstellung. Für mich ist der Computer ein Meditationsobjekt. Andere sitzen den ganzen Tag vor einer weißen Wand, ich sitze den ganzen Tag vor meinem Mac. Durch das, was die Maschine nicht kann, zeigt sie uns, was wir alles können.

«Ein Onliner aus Oregon hat mir die Geschichte von dem Autor erzählt, dem berühmten, der den unverzeihlichen Fehler gemacht hatte, sich unter seinem RICHTIGEN Namen in eine Unterhaltung einzumischen. Ich bin es **WIRKLICH**, tippte der Mann ein, doch keiner in der Runde glaubte ihm. Nach einer Stunde verließ der Unterschätzte, frustriert und verkannt, den elektronischen Ort der Niederlage.»

Reise zu den Infonauten

Zugleich schönste Kunst und wundervollstes Vergnügen im Forum ist das gemeinschaftliche

Surfen auf der Zeilenwelle. Baden mit ROSA, im Silbensee. Das größte Vergnügen bereitet sich der Verstand, wenn er ebenso schnell sein darf wie das Gefühl. Natürlich braucht es dazu die richtigen Leute. An Idioten ist auch im Cyberspace kein Mangel. ROSA wurde Mitglied der *Midnight Crew,* deren Mitglieder ein ausgeprägter Sinn für Unsinn, zorrohaft zustechende Zitierfreude («soso, sie heißen james bond und haben meine formen bewundert») und eine strapazfähige Auffassung von Ironie («neues aus der gähntechnologie: die eierkraulende wollustsau») verbindet.

Während Neulinge gewöhnlich einem Humorhärtetest («User versenken») unterzogen wurden, sorgte ich dafür, daß man ROSA mit Artigkeit begegnete. Junge Männer, die zwei Stunden einem freien Port hinterhergewählt hatten, stürzten sich ritterlich zurück hinaus in die kalte Welt der Besetztzeichen, wenn es hieß: «ROSA will rein.»

Bis fünf Uhr früh streifte der Cursor jede Nacht wie eine kleine Textspachtel **die Worte** über den Schirm. Jeden Tag um neun mußte ROSA, nach drei Stunden Schlaf, zur Arbeit, was unsere ungeteilte Bewunderung erregte.

Wir verliebten uns ineinander. Die Liebe ist wunderbar, wenn die Nacht wie eine Katze am Rand der hellen Lust sitzt. Ich hatte mich noch nie in eine Frau verliebt, die ich noch nie gesehen habe. Das Sonderbarste war meine Angst, es nicht ernst zu meinen, sondern irgendwo außerhalb der bewußten Kontrolle ein abgehobenes Spiel zu spielen. Die Kunst des Zitats, der Mehrdeutigkeiten, vielschichtigen Anspielungen und **Feinheiten** wurde von niemandem so obsessiv betrieben wie von den Mitgliedern der Midnight Crew. Was, wenn ich nun meinem eigenen Hang zur Subtilität aufgesessen war und mich nur selbst bespiegelte? Nichts ist sicher - aber wenn ich ein einziges, eigenes

«Während des Nachtdienstes, wo kaum mal eine Klappe gefallen ist, hatte man Zeit, nach rückwärts mit den Blitzmädchen in Polen zu telefonieren. Dabei gab es natürlich lustige Gespräche, und ein-, zweimal ist es mir gelungen, mindestens eine Stunde lang den Dialog mit den Blitzmädchen in Schlagern zu führen:
<Sagen Sie mir doch mal, wie Ihre Augen aussehen.>
<Ich habe blaue Augen.>
<Oh! - Korn-blu-men-blau...>, sang ich dann
Damals verfügte ich über einen großen Schatz an Schlagern.
Abends hören wir ja dauernd den Soldatensender Belgrad. Das war eine **Sehnsuchtssache**. Unsere Empfangsgeräte waren so gut, daß wir alles hören konnten. Wir hatten 50er Klappen, diese großen Dinger.»

Werner Wischnowski,
5. Januar 1943,
vor Stalingrad

Stück Gewißheit hatte, dann das, daß ich verliebt war.

Wir telefonierten miteinander. Ich meine, ohne Modems und Rechner dazwischen. Stimme. Für ein Mal hatte ich mich ehrlich an einen Rat gehalten, den alle Weisheitslehren der Menschheit geben: Du sollst Dir kein Bildnis machen, daher war ich weder überrascht noch enttäuscht. Wir waren beide nervös, aber die Nervosität ruhte auf einem soliden Fundament. Ich fühlte, daß längst alles klar war. Wir waren ein bißchen hilflos beim Reden, wie zwei, die schlecht englisch sprechen, es aber aus Rücksicht auf ausländische Gäste trotzdem tun. Die Art verbaler Wendigkeiten, die TBT erlaubt, funktionieren in gesprochener Form nicht; das ist ja grade der Witz daran.

Als ROSA und ich einander nach drei Monaten das erste Mal leibhaftig begegneten, war es ein wundervoller Triumph über ein Jahrhundert der Bilder. Wir küßten und umarmten einander schwerelos von dem schönsten Gefühl.

Am Tag darauf schrieb ich meiner damaligen Freundin, daß ich sie verlasse. Daß auch ROSA im Begriff war, von ihrem Freund wegzugehen, mit dem sie die letzten sechs Jahre zusammengelebt hatte, war mir schon ersichtlich geworden, wenn sie im Forum geschrieben hatte «ach, jetzt wird grade der türstock rausgetreten» und Sekunden später die Verbindung unterbrochen war.

Ich habe die Frau fürs Leben in einer Mailbox gefunden. Eine moderne Liebesgeschichte, meinetwegen. Was ich bemerkenswert finde: daß all das rein durch Worte geschehen ist. Ich war beschämt, als ich erkannte, daß ich an der Sprache gezweifelt hatte. Der Computer hat mich davon abgehalten, ein Leben in Lüge zu führen.

Ein paar Worte reichen für ein Wunder. Heute gibt es keine Gedichte mehr, dafür POE und ROSA.

FÜNF UHR FRÜH.
DIE ZWEIUNDZWANZIGSTE STUNDE.

MASCHINEN GEGEN DIE NACHT

Ich mache mich wieder auf nach Hause. Unterwegs im Taxi drückt eine Sturmbö Regentropfen gegen das Fenster. Natur geht über die nächtliche Stadt, und das Herz ist ein wenig schwerer als sonst. In manchen Nächten verliere ich den Schlaf wie eine leere Brieftasche. Der Fahrer schiebt eine Kassette mit Mozartsonaten in den Rekorder. Als wäre es Licht und als leuchtete es im Fließen durch alle Kabel, sehe ich den Strom draußen in den Straßen, der all die Maschinen gegen die Nacht treibt.

Als ich aussteige, höre ich vom Stadtrand her die erste Verkehrsmaschine rauschen. Es ist die Stunde, ehe die Autos gestartet werden. Nach der ausgedehnten Stille der Nacht steigt das Rauschen an zu einer Übermäßigkeit und klingt wie ein ganzer Verband. In den achtziger Jahren hatte ich zu dem Rauschen bisweilen gedacht, daß der letzte Angriff begonnen hat.

Dann setze ich mich neben meinen ausgeschalteten Rechner ans Fenster und warte auf die Abfahrt des gegenüberliegenden Fassadenzugs.

«Vielleicht bin ich immer noch nicht richtig müde. In der Stunde der letzten **Müdigkeit** gibt es keine philosophischen Fragen mehr. Diese Zeit ist zugleich der Raum, dieser Zeitraum ist zugleich die Geschichte. Was ist, wird zugleich. Das andere wird zugleich ich.»

Peter Handke

Wer schläft, weiß nicht, wie gut es ist, mit klarem Kopf zu **träumen**. Nicht zu schlafen ist die einzige Droge, die bei mir richtig zündet und sich auf meine Arbeit förderlich auswirkt. Zwar brauche ich drei Tage, um mich von einem einzigen, langen Nachttörn zu erholen, aber ich wache einfach zu gern.

In den Stunden nach Mitternacht versucht die Müdigkeit, mich zu betäuben. Nach einer Weile schläft die Müdigkeit ein, aber ohne mich. Ist dieser Punkt erreicht, fühlt man sich destilliert, sehr kompakt und leicht wie Balsaholz. Dann stellt sich der zentrale Zustand ein: eine traumwandlerische Sicherheit.

Sie erlaubt mir das **Gedankensurfen** auf den symphonischen Gleichzeitigkeiten des Unterbewußtseins, getragen von Inspirationsflüssen, über ultraschnelle Assoziationswirbel und verschlungene Erinnerungsströmungen weg, und ab und zu gelingt es, mit Hochgenuß knapp unter dem silbenspritzenden Kamm einer ausgeformten Satzwelle durch die *tube* zu surfen, den überhängenden Tunnel der Welle, ehe all das Wasser und Rauschen und Gischt in den sprachgewohnten Bereichen des Bewußtseins anlandet, um gleich in die Hände auszulaufen und zu Bildschirm gebracht zu werden.

Müssen wir träumen, um uns die Wirklichkeit wiederzuholen? Ja. Denn wo sind wir, wenn wir schlafen und träumen, wenn nicht in einer Tiefe der Welt, vor der sich die helle Vernunft fürchtet.

Ich rieche an dem Glas des Fensters und fühle den Kuß der Tiefe, dann setze ich mich in einen Polstersessel und höre Musik und sehe dem Rechner zu, wie er startet und der Bildschirm in einem weichen Aufkommen von Licht zugänglich wird.

Lehrreich zu einer solchen Stimmung ist das Schwarze Loch. So bezeichnet der Astronom einen Stern, der so tief in seine eigene Schwere versunken ist, daß an seinem Körper kaum noch Zeit vergeht. Er hält sogar Lichtstrahlen zurück. Anders als der Naturwissenschaftler vermag ich als Schriftsteller allerdings immer noch eine Emission wahrzunehmen: Das Schwarze Loch gibt einen Vergleich ab. Ein Mensch, der nicht müde ist, hält sich tatenlos in einem Polstersessel auf und kann sich nicht vorstellen, jemals wieder aufzustehen. So ist die poetische Methode empfindlicher als das wissenschaftliche Instrument; freundlicher ist sie allemal.

Die kosmische als auch die alltägliche Erscheinung beruhen auf ungewöhnlicher Gravitation. Um das Schwarze Loch herum gibt es eine Grenze, den sogenannten Ereignishorizont. Ob Radiowelle oder Materiebrocken, was über den Ereignishorizont gerät, ist unwiederbringlich verloren. Wieder fällt uns ein Mensch ein. Er sitzt in einem Polstersessel und sagt, daß ich mir selbst was zu trinken nehmen soll. Er zieht mir die Kraft aus der Seele. Mein Unternehmungsgeist schwindet nach kürzester Zeit in seiner Gegenwart. Alles Umtriebige verlischt in eine warme Leere, ich bin wie hypnotisiert.

Der Mensch in dem Polstersessel träumt von der letzten Schwere. Die ersten Voraussetzungen zur Entstehung eines Schwarzen Lochs hat er erfüllt. Das unaufhörliche Aufwenden von Bewußtseinsenergie gegen die Gravitation hat aufgehört. Der Wille ist erloschen. Das Bewußtsein strebt leichthin nach dem Höheren. Der Mensch in dem Polstersessel will nun keinen Fortschritt der Zivilisation mehr. Er hat losgelassen. Es ist eine archaische Erinnerung, die ihn befallen hat. In seinem ersten Zeitalter schwebte das Leben in dem temperierten All des Urozeans. In der Erbsubstanz allen Lebens wurde dieses gewichtlose Schweben unauslöschlich verzeichnet. Der Mensch in seinem Polstersessel erinnert sich daran. Er weiß es in seinem Körper. Der Mensch ist aus der Höhe der Kultur in eine uralte Schwebe zurückgesunken.

Die bemannte Raumfahrt, die als Gipfelleistung der technischen Zivilisation angesehen

«Es handelt sich um die Produktion von **Tagträumen** mittels Computer. Der Reisende selbst steuert durch seine Phantasien diejenigen Reisen, zu denen er in seiner Phantasie nicht fähig gewesen wäre.»

Ein BMW-Manager über Virtual Reality

Der Mensch in dem Polstersessel träumt von der letzten **Schwere**. Die ersten Voraussetzungen zur Entstehung eines Schwarzen Lochs hat er erfüllt.

wird, führt zu nichts als dieser Schwebe. Der Mensch in seinem Polstersessel ist befremdet von den jahrtausendelangen Anstrengungen, das Meeresschweben zu vollenden. In der Verlorenheit des leeren Raums endlich schwebt es sich uneingeschränkt. Der Mensch in seinem Polstersessel sieht das Bild des ersten Menschen vor sich, der ohne jede Verbindung im All treibt. Der sitzt ebenfalls in einem Sessel (mit Düsenantrieb), in der Schwärze über dem geöffneten Laderaum des Space Shuttle.

Eigentlich gehört die Raumfahrt ja zusammen mit der Atomkraft und den Knautschlackstiefeln zu den unbedingten Verirrungen der sechziger Jahre, trotzdem schaltete ich das TV-Nachtprogramm mit der immer wiederholten Space Night ein. Ein letztes Mal gibt die Raumfahrt mir dann doch noch ein Bild unserer Gegenwart: Der Blick fällt aus dem Orbit auf die Kontinente und gerät ins Schwimmen. Nirgendwo auf der Erde sind Ländergrenzen eingezeichnet. Hallo Welt.

Es gibt auch eine Schwere, die bis an den Ereignishorizont geht. Der Schriftsteller kann nur bis von der äußeren Grenze berichten. Vor langer Zeit habe ich mit einem Fixer zusammen gewohnt, ein ironischer Mensch, der noch gerne Bier trank. Heroin läßt die süßeste Anziehungskraft des Nichts eintreten, nur soviel habe ich verstanden. Einmal hatte er zuviel erwischt. Es war in der Küche. Ich kochte mir gerade ein Würstchen. «Viel zuviel», sagte er zwischen zusammengebissenen Zähnen vor. Er drehte kurz die Augen über, dann zwang er sich, im Vorzimmer auf und ab zu gehen. Er ging wie jemand, der aus einem abgestürzten Flugzeug kommt und durchs Gebirge läuft.

Später konnte er nicht mehr und mußte liegen. Er bat mich, zu wachen. «Paß auf, daß ich nicht aufhöre zu atmen. Es ist so angenehm, daß nur noch das Atmen stört.» Ich nahm ein Buch und setzte mich neben sein Bett. Die süßeste Anziehungskraft streifte auch mich. Fallen, ewig fallen, ohne jemals aufzuschlagen. Hörte er auf zu atmen, trat ich ihn fest, aber nicht grob, in die Seite.

SECHS UHR FRÜH.
DIE DREIUNDZWANZIGSTE STUNDE.

KAMPFSCHWEIGEN

Wahrscheinlich bin ich kurz eingenickt. Ich öffne die Augen und muß sehen, daß es geschneit hatte. Im Zimmer. Es gibt Tage, an denen das Verhängnis neben einem steht wie ein kalter Kammerdiener. Der Fußboden ist schneeweiß. Ich schlüpfe aus einem Schuh und fasse mit den Zehen in die weichen Körnchen. Die Katze hat sich einen Styroporblock aus einem Karton gekrallt und in ein Meer von Perlen zerlegt.

Auf dem Weg ins Bad **schrie** ich die Katze schallgedämpft an, damit meine Marion nicht aufwacht. Wir lassen in unserer Wohnung die Türen zwischen den Zimmern offen, damit der Raum vom einen ins andre Zimmer fließen kann. Die Katze kuschelte sich an meine Beine, so daß ich sie vor mir herschieben mußte wie eine Lokomotive mit einem kleinen Wildfang. Hunde lernen von den Menschen, heißt es, und kluge Menschen lernen von den Katzen. Man lernt, wie man gestreichelt und versorgt wird, ohne etwas dafür zu tun. Und daß man sich am besten erst gar nicht auf ein Gespräch einläßt, egal was passiert. Alle Katzen können sprechen, man kann es fühlen.

Mir war, als hätte ich das alles schon einmal erlebt.

Um mich aufzumuntern, putzte ich mir die Zähne. Mir fiel auf, daß die Zahnpasta so un-

Marlon Brando verbrachte den Ostersonntag 1995 am Computer und korrespondierte über Internet anonym mit Netzfans in aller Welt, als in seiner Vier-Millionen-Dollar-Villa am Mulholland Drive in Los Angeles das **Telefon** klingelte. Am Apparat war Tarita Teriipaia, seine Ex-Frau aus Tahiti, die ihm mitteilte, daß ihre gemeinsame Tochter Cheyenne tot ist. Seit diesem Moment ist Brando für die Welt nicht mehr zu sprechen.

«Wir wollten unbedingt die Reaktionen von Menschen filmen, die **noch nie** einen Spiegel, eine Kamera, ein Tonbandgerät etc. zu Gesicht bekommen haben. Solche Leute gibt es tatsächlich noch in Neuguinea, obwohl es nur sehr wenige sind, und auch die verschwinden wie der Morgendunst im Sonnenlicht. Aber abgesehen von Inner-Borneo ist mir auf der ganzen Welt kein Platz bekannt, wo noch solche Gruppen leben, selbst hier ist dieser Zustand allerdings im vergangenen Jahr vielleicht ein für allemal zu Ende gegangen.»

B. McBride,
Patrouillenbericht
vom 19.1.1960

irdisch glänzte. Auf der Tube stand «Für Köpfe mit Kopf». Gut. Ich putzte mir die Zähne mit Haargel. Erstmal Kaffee aufsetzen. Eine nagelneue Kaffeemaschine. Zwei Minuten später war der schwenkbare Plastiktrichter fürs Filterpapier abgebrochen. Ich klebte ihn mit Superkleber, mit dem man angeblich Tresore an die Wand pappen kann, wieder an. Zwei Minuten nachdem das heiße Wasser angefangen hatte, durch den Kaffee zu laufen, machte es RIPS, und der dampfende Kaffeesatz lag wie ein Maulwurfshügel auf dem Teppich. Gut. Ich machte Instantkaffee.

Telefon.

«Ist da das Freibad?»

«Institut für zerstörende Werkstoffprüfung», sagte ich, «Sie müssen sich verwählt haben.»

Ich beschloß, zur Entspannung noch ein wenig zu programmieren. Ich mache das gelegentlich ganz gern, so wie Menschen, die Klavierspielen können, sich am Ende eines langen Tags nochmal an das Instrument setzen und eine Etüde auf die Tastatur legen wie eine feuchte Tomatenscheibe auf ein Käsesandwich. Als erstes sperrte ich mich aus meinem Computer aus, indem ich eine eigene Bildschirmseite im Speicher einrichtete und vergaß, nachdem diese aufgerufen war, wieder auf den gewohnten Bildschirm zurückschalten zu lassen. Alle Eingaben wurden nun auf die unsichtbare Hintergrundseite umgeleitet, und ich konnte nicht mehr sehen, was ich tippte. Auch eine Art von Datenschutz.

Telefon.

Ich startete nebenbei den Computer neu und hörte, wie die Festplatte fiepend auf Touren kam; ein sensibler Moment. Aus dem Augenwinkel nahm ich die Katze wahr, die aus dem Vorzimmer kam, und wunderte mich, weshalb sie immer länger wurde. Als ich genau hinsah, stellte ich fest, daß sie ein paar Meter Klopapier hinter sich herzerrte. Im nächsten Augenblick hüpfte sie wie aus einem Katapult abgefeuert auf die Topfpalme auf meinem Schreibtisch und krachte mitsamt Palme auf den Computer. Mein Herz zog sich auf Weintraubengröße zusammen.

Telefon. Mein Steuerberater.

«Ich habe erfahren, daß Sie noch leben, Herr Glaser.» Er hörte sich ganz unverzagt an. Vor acht Monaten hatte ich ihm gesagt, ich würde die paar fehlenden Unterlagen nächste Woche vorbeibringen. Der Humus aus dem Palmentopf hatte einen Hügel genau über den Lüftungsschlitzen der Festplatte gebildet. Sie war nun gewissermaßen geerdet. Ich holte den Staubsauger und kommunizierte mit der Katze. Da der Sauger ein sonderbares Geräusch von sich gab, öffnete ich ihn nach dem Erdewegsaugen und sah, daß kein Staubbeutel eingeklinkt war. Gut.

Telefon.

Zugleich begann es an der Tür Sturm zu läuten. Ich ging raus, aber da war niemand. Nach einer Viertelstunde hatte ich einen Kurzschluß in der Klingel lokalisiert. Ich riß den Draht ganz ab. Zur Belohnung hatte das Telefon aufgehört zu läuten. Dann bollerte es an der Tür. Ein Mann in einem grünen Overall sagte: «Ich komme die Fenster holen.» Mir war gleich so gewesen, als hätte ich etwas vergessen. Wir sollten neue Fenster bekommen, endlich Isolierglas.

Statt dem baute er sie erst einmal aus und nahm sie mit. Wie kubikmetergroße Eiswürfel schob sich die kalte Morgenluft ins Zimmer. Ich zog mich warm an und setzte mich an den Computer. Ein Atemwölkchen kräuselte sich wie ein Komma zwischen zwei schrecklichen Sätzen fahlweiß illuminiert vor dem Bildschirm.

Es schnarrte.

Ich habe zwei Telefone: ein altes, das

Im Hochland von Papua-Neuguinea ist ein Eingeborenenstamm entdeckt worden, der nach Aussage von Regierungsbeamten **noch nie** mit der Außenwelt Kontakt gehabt hatte. Die 79 Stammesangehörigen leben fast nackt und verehren eine Steinstatue, die sie mit auf ihre Wanderungen nehmen. Die von hohen Bergketten und tiefen Tälern durchzogene Landschaft weist immer noch zahlreiche unzugängliche Gebiete auf.

TAZ, 26.6.1993

schnarrt, und ein neues, das düdelt. Dann schnarrte und düdelte es. Ich hatte keine Lust mehr, mit jemandem zu sprechen. Ende der Kommunikation. Ich besprach das Anrufbeantworterband mit einem etwa zehnminütigen Abriß der Geschichte des Hauses Habsburg, dann versuchte jemand, die Wohnungstür einzutreten.

Es waren Freunde.

«Wir sind beunruhigt», sagten sie. «Du gehst nicht ans Telefon, und du beantwortest deine E-Mail nicht.»

«Ich bin okay», sagte ich, «ich will bloß nicht telefonieren.»

«Warum habt ihr keine Fenster?», fragte einer von ihnen.

Beide Telefone klingelten.

«Warum gehst du nicht einfach ran?»

«Weil es idiotisch ist, ans Telefon zu gehen und zu sagen <Ich möchte nicht ans Telefon gehen>.»

«Ich könnte statt dir rangehen», schlug einer meiner Freunde vor.

Wir lachten, und ich warf sie raus. Freunde verstehen so was. Sie waren noch nicht ganz zur Tür hinaus, als zwei Polizisten reinkamen.

«Sind Sie Herr Glaser? Wir haben einen Anruf von jemandem bekommen, der vergeblich versucht, Sie zu erreichen, und sich Sorgen macht.»

«Is nicht wahr», sagte ich.

«Hören Sie», sagte ich, «ich hatte einen anstrengenden Tag. Mir geht es gut, und ich gehe nicht ans Telefon. Das ist alles.»

«Weshalb haben Sie keine Fenster?» fragte der eine Polizist, vor dessen Brust ein schwarzes Funkgerät krähte.

«Ich bin Kampfschweiger», sagte ich, «ich härte mich ab.»

Sie gingen. Ich setzte mich vor den Computer und wachte auf. Wahrscheinlich war ich kurz eingenickt.

SIEBEN UHR FRÜH.
DIE VIERUNDZWANZIGSTE STUNDE.

MORGENWOLLEN, MORGENMÜSSEN

Einer dieser herrlichen Tage, an denen einem schon frühmorgens vor Ideen die Augen ins **Wachsein** aufplatzen wie ausgebrütete Falkeneier. Ich schiebe erfreut den Mauspfeil hin und her, da ich ihn noch ganz deutlich sehen kann, und lehne mich dann, eine Tasse Kaffee in Händen, wohlig ins Rauschen der Festplattenlüfter zurück wie in jene Sofagarnitur, die Herr Ingenieur Düsentrieb mal erfunden hat und die aus nichts als Luft besteht, welche aus Ventilen im Boden heftig hochhaucht.

Blottnik kam, in dieser Herrgottsfrühe. Blottnik kommt immer überraschend. Wenn später einmal, in vielen Quadrillionen von Jahren, die ganze Welt endlich geordnet, sortiert und in sich wohlgefügt sein wird, alles in Schachteln gepackt, erkannt und strukturiert, wird jemand wie Blottnik auftauchen, eine Tasse Kaffee verlangen und quietschvergnügt davon künden, daß das mit der Welt noch lange nicht erledigt ist.

Durch den Morgen gingen warme Sonnenstrahlungen, darunter lag klare Luft, in der das Licht eingeschlossen war wie in einer Schneekugel. Es war der erste dieser so seltenen südlichen Tage im Jahr, an denen die Luft sich ins Licht öffnet und die Helligkeit in eine Weite

«Wir blicken so gern in die **Zukunft**, weil wir das Ungefähre, was sich in ihr hin und her bewegt, durch stille Wünsche so gern zu unseren Gunsten heranleiten möchten.»

Goethe

«Es ist nie was in der Welt so gekommen, wie die **Propheten** und die Führer meinten und wollten, aber ohne die Propheten und Führer wäre es überhaupt nicht gekommen.»

Georg Simmel

«Hätte man den Menschen 1880 genau das Leben beschrieben, das wir **heute** führen, sie hätten es bestimmt gräßlich gefunden.»

Berliner Illustrirte Zeitung, 1928

führt, die erfüllt ist von den sanften Geräuschen des nahen Sommers und einer freundlichen Wärme. Blottnik, der erfüllt ist von technischen Visionen und vor Begeisterung kaum stehen konnte, sah mir zu, wie ich die Standardschrift meiner Textverarbeitung auf einen frühlingshafteren, leichteren Typ umstellte und damit schrieb: «Das ganze gegenwärtige Gerede von der Zukunft ist mir suspekt. Es erinnert mich an religiöse Heilsversprechen, an Leute, die mir was andrehen wollen, und daran, daß man gefälligst mit den Ungerechtigkeiten der Gegenwart leben solle, und alle Macht und alles Glück in einer fernen Zeit belassen.»

Dann setzten wir uns in den Hof.

In einem Beet hockte eine Ratte unter einem Farn und rüttelte mit den Vorderpfoten an einem Wedel. Die Katze saß daneben und versuchte, die Ratte totzugähnen. Blottnik erzählte, daß er eine Satellitenschüssel aus auf ein Brett geklebten Kronkorken basteln wollte. Das funktioniert, sagte er. Kann man in den Iran exportieren, sagte ich, die freuen sich. Blottnik war von der Telekommunikationsmultimediadatenautobahneuphorie erfaßt, er stand in virtuellen Flammen. Kenn ick, weeß ick, ha´ ick ooch zu Haus, sagte ich.

«Wir brauchen **Visionen**», heißt es auf einmal wieder ganz laut, denn es gibt eine neue Technik, von der niemand weiß, was wir mit ihr machen sollen und was sie mit uns machen wird. Alle, die vorhaben, damit Geld zu verdienen, sagen: «Wir brauchen Visionen.» Die Deutschen, denen die Beschäftigung mit der Vergangenheit nach dem Krieg als eine Sühne auferlegt worden ist, flüchten in die Zukunft als das vermeintliche Gegenteil davon. Soll die Gegenwart bleiben, wo sie ist.

Ein kurzes Grau wischte über den Himmel, und wir setzten uns wieder rein. Die Katze kletterte von meinem Schoß auf die Computertastatur und schnupperte nach der Maus, die sich am Bildschirm bewegte. Was heißt schon Zukunft? Alle Leute werden am Rechner zu Hause arbeiten und sich keine Mühe mehr geben, gut angezogen zu sein. Die Post wird nicht mehr nur vormittags kommen, sondern dauernd, und keiner wird sich mehr darauf freuen.

«Für mich sind Visionen ungeordnete, phantastische, rauschhafte Bilder», sagte ich zu Blottnik, der Internetonlinedaswissenderwelt murmelte. «Eine Vision muß so stark sein, daß sie reale Angst erzeugt. Dann wirkt sie. Wenn sie Harmonie will, ist sie falsch. Sie muß verrückt sein, ungeheuerlich, unbegreiflich, sonst macht es doch keinen Sinn, nach vorn zu schauen. Was die Technologieprediger wollen, sind immer dieselben alten Strukturen, die sie schöner, besser, größer in die Zukunft verlegen wollen. Schrecklich! Langweiligst! Es wird uns dringend nahegelegt, uns auszudenken, wie wir – nicht: wie wir leben wollen – wie wir die neuen Technologien nutzen möchten.»

«Maschinen allerorts werden miteinander verbunden sein, um einen Pool der Intelligenz und Macht zu formen. Am Ende kommt es einzig darauf an, daß die entstehende Macht zum Wohle der Menschheit arbeitet. Die Erfahrung sagt, daß mehr Kommunikation besser ist. Je mehr Dinge offen sind, je mehr wir miteinander verbunden sind, desto besser sind wir dran. Das ist die **Verheißung** zukünftiger Kommunikation.»

Lucky in Leebaert

Wir gingen auf die Straße, da war wieder Sonne. Blottnik ging langsam durch den perspektivisch auf einen funkelnden Punkt hin zulaufenden Morgen. Zwischen seinen Beinen schwebte eine Wolke Licht, die mit jedem Schritt ein wenig zusammengedrückt wurde, und etwas wie Lichtstaub verpuffte zu den Seiten hin. Dann wurde die Wolke ein wenig dunkler als die übrige Luft und sah aus wie der Eingang in eine Höhle, die in die Zukunft führt. Dann kam wieder dieser feine Lichtstaub und dieses leichte Illuminieren, das mich an geheime Gänge erinnerte, die in Abenteuerfilmen immer hinter Wasserfällen verborgen sind.

Da es draußen auf der Straße zu viele **Richtungen** gab, gingen wir einmal um den Block und wieder zurück in die Wohnung. Blottnik kann kleine Kunststücke mit der Fernbedie-

«Es gehört zu den Ironien dieses Metiers, daß man als einsamer - und warum nicht auch hochmütiger - Einzelner beginnt, um im Laufe der Arbeit zu begreifen, daß wir zur **Vielstimmigkeit** verdammt sind ... Zeitdiagnostik bedeutet gefährliches Denken als Beruf - sie übt das Amt der weltdeutenden Intelligenz in einer riskanten Welt, selbst riskant und daher angewiesen auf die anhaltende Solidarität fehlbarer und fehlerfreundlicher Klugheiten.»

Peter Sloterdijk

nung, wie früher Revolverhelden mit ihrem Colt. In der Wiederholung einer Talkshow redete eine junge Frau, die in der Namensunterzeile mit «Steht nicht auf Bärte» vorgestellt wurde. Was für eine unglaubliche Auslöschung, noch bis hinein in eine Negativform des Nichts.

Eingemauert in Nachrichten, Liveberichte und Informationen aus allen Teilen der Welt, aus allen Zeiten der Geschichte, aus allen auch noch so abseitigen Wissensbereichen und Debatten – wie sollten wir uns denn mit einer Zukunft beschäftigen, wenn wir mit der Gegenwart noch nicht fertig sind? «Die Zukunft», sagte ich zu meinem Freund Blottnik, «ist das, was wir an der Gegenwart tun.»

Dieter rief an. Er wollte gern, am liebsten sofort, einen Internetzugang und eine E-Mail-Adresse. Ich empfahl ihm meine Stamm-Mailbox und buchstabierte, wie seine Adresse dort lautete. Sagte ihm aber nicht zu. Er hätte gern was SCHLICHTES. Soll keiner glauben, daß die Leute, die unbedingt SE-KT 123 als Autonummer haben müssen, im Internet auf einmal verschwinden.

Blottnik ging, und ich ließ wieder die Bildschirme an mir zerren. Komm hierhin, dahin, dorthin. **Überall** ist Welt, warum bist Du noch nicht da? Elend, Schönheit, Landschaft, Leute, Lichter, New York, Hongkong, Kairo. Und alles will gewußt, gekauft, gesehen werden, wo ist da noch Platz für Zukunft? Alles, alles drängt mit aller Macht vorm Eingang der zwei kleinen Höhlen, in denen meine Augen sitzen, zwei scheue, blaue Tiere, die gern ihre Ruhe hätten und nur manchmal und aus echtem Hunger einen Blick abschießen möchten, um ein Stück Welt zu jagen.

Ein Tag und eine Nacht. 86.400.000.000.000 **Nanosekunden** sind vergangen. Ein paar Millionen Bits sind bewegt. Die Sonne legt wieder los, und der Bildschirm verschließt sich neuerlich unter einem Glanz. Ich strecke mich auf dem Sofa aus und genieße das Licht des kommenden Tages, das wie eigens für mich und für uns alle zum Fenster gebracht scheint, und lasse mich entspannt absinken in den Kern der Erde und die Zukunft über mich hinwegbrausen wie einen fremden Sturm.

«Wir haben einen Grund, warum wir uns für das Z-Netz **<u>engagieren</u>**. Wir wollen die Zukunft mitprojizieren. Wird es so sein wie in *Total Recall*, daß die Atemluft beschränkt wird, oder findet man Wege, daß man trotzdem überleben kann? Das bedeutet für uns, ein klares Konzept zu machen. Kommunikation für alle, aber so, daß jeder auch seinen Beitrag dafür leistet. Dieser Betrag beweist, daß es dir etwas wert ist. Das macht den entscheidenen Unterschied.»

padeluun

Gleichmäßig und ruhig atmet Xing Li durch einen Plastikschlauch in ihrer Nase. Sanfte Klaviermusik, schwere Ledersessel und **<u>Apparaturen</u>**, in denen neonblaue Flüssigkeiten blubbern - die Bar *Meng Huan*, zu deutsch «Traumland», im Westen Pekings hat nicht nur Drinks im Angebot, sondern auch einen Stoff, der in der Elf-Millionen-Metropole zu etwas ganz Besonderem geworden ist: Sauerstoff. 50 Yuan (8,70 Mark), fast der halbe Monatslohn eines Arbeiters, kostet der normale Sauerstoff pro halbe Stunde. Gemische mit Pfefferminz gegen Müdigkeit oder einer Kräutermischung für Herzschwäche sind teurer.

dpa 20.6.95

DIEDRICH DIEDERICHSEN
POLITISCHE KORREKTUREN

KiWi 429
Originalausgabe

Diedrich Diederichsens neueste Untersuchungen über politische und kulturelle Dissidenz und die deutsche Karriere des Begriffs »Political Correctness«.

KiWi Paperbackreihe bei Kiepenheuer & Witsch

Jörg Metes / Tex Rubinowitz
Die sexuellen Phantasien der Kohlmeisen

200 Listen, die Ordnung schaffen

KiWi 426
Originalausgabe

Das Buch, auf das die Leser gewartet haben: Das unübersichtliche Leben, endlich in Listen geordnet und sortiert.

KiWi Paperbackreihe bei Kiepenheuer & Witsch